Minerva Shobo Librairie

肢体不自由児の心理

金森克浩/大森直也
[編著]

ミネルヴァ書房

はじめに

帝京大学　金森克浩

文部科学省は特別支援学校教員免許におけるコアカリキュラムを作成し，教員として必要な資質能力の提示をした。各大学はそれに沿ってシラバスを作成している。肢体不自由のある子どもの教育においては，「心理生理病理」「教育課程」「指導法」があるが，多くの大学においては，生理病理には医師が担当し，学校教育をよく分かっている教員が心理を担当することが多い。大学教育における肢体不自由教育に関する教科書は作成されているが，心理に焦点を当てたものはまだ無い。その障害の多様さゆえ整理されづらいためかもしれないが，学生が基本的な知識として学ぶ内容を理解することはとても重要となる。

そこで，学校教育をよく分かっている各氏による肢体不自由児の心理に関する書籍を作成し，学校教育の場で生かされる知識を学ぶ書籍を作成することとした。

学生向けに作られたものではあるが，特別支援学校や特別支援学級など，肢体不自由のある子どもを教える現職の教員にとっても役に立つものとして作られている。ぜひ本書を活用し，肢体不自由のある子どもの教育に役立ててほしい。

肢体不自由児の心理　**目　次**

Ⅲ　コミュニケーション

Ⅳ　肢体不自由のある子どもの生活

I　肢体不自由児を理解するための基礎知識

第1章

肢体不自由児とは

大森直也

本章では，肢体不自由児を理解するための基礎的な知識について解説する。ここで学んだ事項をもとにして，各章で一層理解を深めてほしい。なお，みなさんが各章で肢体不自由について学ぶ中で，障害とは何か，必要な支援とは何かについて考えるとともに，障害のある子どもの自立と社会参加そして共生社会の実現に目を向けることを願っている。

1 障害と環境との関係

みなさんは，「障害者」という言葉から，何を思い浮かべるだろう。駐車場にある障害者マークだろうか。あるいは，パラリンピックに出場するアスリートだろうか。それぞれの経験や出会いにより違いがあるはずである。ここであなたに質問をしたい。あなたの目の前に車いすに乗った障害者がいるとする。さて，その人の「障害」はどこにあるのだろう。「歩けないのだから，その人は足に障害がある」という人がいるだろう。あるいは「移動することが困難な人にとって，段差が多く，手すりやスロープがない環境こそが障害である」という人もいるだろう。前者は「障害はその人の中の問題」であり，後者は「障害はその人と社会との関係の問題」であると言い換えることができる。さらに後者を補足すると，足が不自由で自力では歩けないけれど車いすでの移動はできるという人にとって，段差があったり道幅が狭かったりして車いすが通れないならば，そのような環境こそが障害であると言うことができる。障害者の権利に関する条約（国連，2006）では，障害が個人の中にあるという考え方を「個人モデル」，障害が社会や環境との関係で生じるという考え方を「社会モデル」と呼んでいる。先ほどの質問を「社会モデルで考えなさい」としたならば，多くの人が「社会や周囲の環境との関係に障害がある」と答えるだろう。

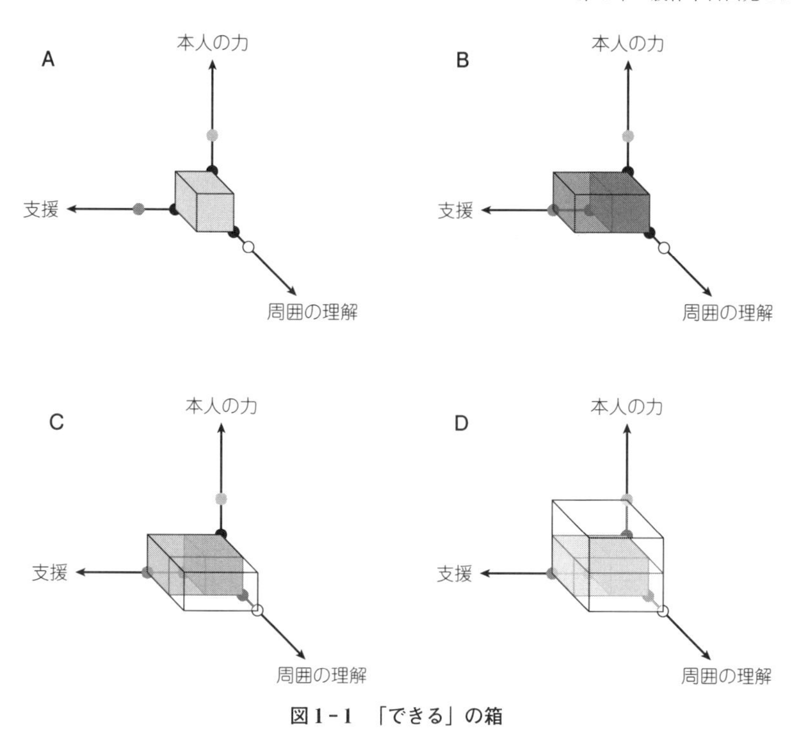

図１−１　「できる」の箱

では，社会モデルでいうところの「社会や環境」とはどのようなものだろう。たとえば，車いすの障害者が，近くのコンビニエンスストアに買い物に行く場合，段差や道幅といった移動しやすい物理的な支援の問題。コンビニエンスストアまで車いすを操作する体力や交通安全に関する知識や判断する力等によって，難易度は変化する。また，一人でコンビニエンスストアに行くことに対する周囲の理解があるかどうかということも関係するだろう。家族や周囲の人たちが「危ないからやめなさい」と言って許さなかったり，朝夕の通勤通学ラッシュ時等に車いすの障害者が外出したりすると迷惑がる人もいると，そのことも「障害＝ハードル」となるのではないだろうか。図１−１は障害者の「できる」を四角い箱で表したものである。箱が大きい方が「できる」可能性が大きいということである。Ａは「本人の力」「支援」「周囲の理解」がともに１だった場合の「できる」の箱である。Ｂのように段差をなくしたり，道幅を広くしたりといった「支援」が2になれば箱の容量は2倍である。また，それに加えてCのように「周囲の理解」が2になれば箱の容量はAの4倍となる。最後のDでは，支援や周囲の理解のもと，本人のやる気やがんばり，学習や経験を積んだ結果，「本人の力」が2になれば，箱の容量はAの8倍になるのである。

最後に障害について当事者の言葉から考えてみよう。水泳選手としてリオパラリンピックに出場した一ノ瀬メイさんの言葉である。一ノ瀬さんは高校生のときに全英連第8回全国高等学校英語スピーチコンテストで以下のことを語っている。実際のスピーチは英語であるが，和訳を紹介する。「私には『障害を持たされている』と感じるときがあります。私のことを他の人がじろじろと見るときや，私のことをよく知らないで『障害者』だと決めつけられたとき，私は自分のことを『障害者』なのだと感じます」。さらに続けて「あなたが泳げなければ，私がその方法を教えて差し上げます。そうすれば，あなたは海の中での『障害者』ではなくなります」(NHK，2015)。これからみなさんには，社会モデルを念頭におき，障害者の「できる」をどう伸ばすか考えていただきたい。

2　肢体不自由の定義

「肢体不自由」という言葉は，昭和初期に東京帝国大学の高木憲次教授によって提唱され，現在でも広く使われている語である。現在の定義を述べると，医学的には「発生原因のいかんを問わず，四肢体幹に永続的な障害があるもの」(特別支援教育総合研究所，2020) であり，先天的なものだけでなく，生後に事故にあう等のことで四肢等を失ったり，運動障害が起こったりといった後天的なものも含まれる。なお，「四肢」は両腕（上肢)，両足（下肢）を合わせたもの。体幹は，胴体部分のことを指す場合もあるが，本書では特にことわりのない限り，頭部等も含んだ四肢以外の他の身体と考えることにしよう。

我が国における肢体不自由の定義は複数存在するが，ここでは身体障害者福祉法と学校教育法等を例に挙げる。

表１－１　身体障害者福祉法　別表

1	一上肢，一下肢又は体幹の機能の著しい障害で，永続するもの
2	一上肢のおや指を指骨間関節以上で欠くもの又はひとさし指を含めて一上肢の二指以上をそれぞれ第一指骨間関節以上で欠くもの
3	一下肢をリスフラン関節以上で欠くもの
4	両下肢のすべての指を欠くもの
5	一上肢のおや指の機能の著しい障害又はひとさし指を含めて一上肢の三指以上の機能の著しい障害で，永続するもの
6	１から５までに掲げるもののほか，その程度が１から５までに掲げる障害の程度以上であると認められる障害

（１）身体障害者福祉法　第四条（令和４年改正）

「この法律において，『身体障害者』とは，別表に掲げる身体上の障害がある十八歳以上の者であって，都道府県知事から身体障害者手帳の交付を受けたものをいう。」としている。なお，別表は表１－１のとおりである。

（２）学校教育法（令和４年改正）等

「特別支援学校は，視覚障害者，聴覚障害者，知的障害者，肢体不自由者又は病弱者（身体虚弱者を含む。以下同じ。）に対して，幼稚園，小学校，中学校又は高等学校に準ずる教育を施すとともに，障害による学習上又は生活上の困難を克服し自立を図るために必要な知識技能を授けることを目的とする。」（第72条）とするとともに，「第72条に規定する視覚障害者，聴覚障害者，知的障害者，肢体不自由者又は病弱者の障害の程度は，政令で定める。」（第75条）とし，学校教育法施行令（令和４年度改正）第22条の３で表１－２のように定めている。

なお，文部科学省の「障害のある子供の教育支援の手引」（2021）では，「肢体不自由とは，身体の動きに関する器官が，病気やけがで損なわれ，歩行や筆記などの日常生活動作が困難な状態」とし，肢体不自由の状態等の把握が必要であるので，既往・成育歴や乳幼児期の姿勢や運動・動作の発達等といった「医学的側面」からの把握や，基本的な生活習慣の形成や意思の伝達能力と手段等の「心理学的，教育的側面」からの把握の必要性について述べている。

表１-２　学校教育法施行令に定める肢体不自由者

肢体不自由者	一　肢体不自由の状態が補装具の使用によっても歩行，筆記等日常生活における基本的な動作が不可能又は困難な程度のもの 二　肢体不自由の状態が前号に掲げる程度に達しないもののうち，常時の医学的観察指導を必要とする程度のもの

国立特別支援教育総合研究所の「特別支援教育の基礎・基本2020」では，「肢体不自由児は，上肢，下肢又は体幹の運動・動作の障害のため，起立，歩行，階段の昇降，いすへの腰掛け，物の持ち運び，机上の物の取扱い，書写，食事，衣服の着脱，整容，用便など，日常生活や学習上の運動・動作の全部又は一部に困難」があるとし，「運動・動作の困難は，姿勢保持の工夫と運動・動作の補助的手段の活用によって軽減される」ことが少なくないとして，「肢体不自由児の運動動作の困難の程度は一人一人異なっているので，その把握に際しては，個々の姿勢や身体の動かし方，バランス感覚やボディイメージなど運動を円滑に行う基礎となる能力の特徴を知る必要」があるとしている。障害の社会モデルを念頭におけば，運動・動作の困難が先天的か後天的かにかかわらず，医学的側面からの把握に加えて，日常生活や学習の場面等での困難の把握が必要であり，それらの困難は，適切な学習や補助的手段等によって改善されるという観点をもつ必要がある。

3　原因となる主な疾患と特徴

全国特別支援学校肢体不自由教育校長会が実施した，全国特別支援学校（肢体不自由）幼児児童生徒病因別調査（令和２年５月）では，表１-３のような結果となっている。

これによると，特別支援学校（肢体不自由）で最も多いのは脳性疾患であることがわかる。なお，脳性疾患で最も多いものは脳性まひとされている。以下に肢体不自由の原因となる主な疾患と特徴について代表的なものをあげる。

表1-3　肢体不自由の分類と割合

分　　類	割合（%）
脳性疾患（脳性まひ，脳外傷後遺症，脳水腫症，その他）	63.7
脊椎・脊髄疾患（脊椎側わん症，二分脊椎症，脊髄損傷，その他	4.4
筋原性疾患（進行性筋ジストロフィー，重症筋無力症，その他）	4.3
骨系統疾患（先天性骨形成不全，胎児性軟骨異栄養症，その他）	1.3
代謝性疾患（ムコ多糖代謝異常症，マルファン症候群，その他）	1.4
弛緩性まひ（脊髄性小児まひ，分娩まひ，その他）	0.1
四肢の変形等（上肢・下肢切断，上肢・下肢ディスメリー，その他）	0.2
骨関節疾患（関節リュウマチ，先天性股関節脱臼，ペルテス病，その他）	0.9
その他	23.5

出典：全国特別支援学校（肢体不自由）幼児児童生徒病因別調査（令和2年5月）.

（1）脳性まひ

脳性まひとは受胎から新生児期（生後4週間以内）までの間に生じた脳の非進行性病変に基づく，永続的なしかし変化しうる運動および姿勢の異常である。その症状は満2歳までに発現する。進行性疾患や一過性運動障害または将来正常化するであろうと思われる運動発達遅延は除外する（厚生省，1968）とされており，病因は遺伝子や染色体異常による脳の形成異常，胎児期や周産期における低酸素状態や頭蓋内出血等の脳損傷等（特別支援教育総合研究所，2020）があげられる。発生率は1千人に対して2人程度（日本医療機能評価機構，2018）である。このように脳性まひは，それぞれの原因によって生じる，運動と姿勢に関わる運動機能障害であり，成長によって運動機能が改善する場合もあるが，加齢，体重増加等により，日常生活動作が困難になる場合等の変化はするが，脳性まひ自体が治癒するというものではない。

（2）二分脊椎症

本来ならば脊椎の管の中にあるべき脊髄が脊椎の外に出て癒着や損傷しているために起こるさまざまな神経障害の状態であり，主に仙椎，腰椎（稀に胸椎，頚椎にも）に発生し，その発生部位から下の運動機能と知覚がまひし，内臓の機能にも大きく影響を及ぼす。1万人に対して6人程度の発生率とされている。（日本二分脊椎症協会）症状は，下肢のまひや膀胱直腸障害等がみられ，自己排泄ができない場合は導尿等の医療的ケアが必要となる場合がある。

（3）筋ジストロフィー

筋原性の変性疾患であり，筋力が徐々に運動が困難になり，変性が呼吸筋にもおよぶと呼吸困難に至る進行性疾患の総称である。原因は遺伝子の変異であり，近年の研究により原因遺伝子が特定されているものもあるが，いまだその発症メカニズムが不明なものもある。骨格筋障害による運動機能障害が主であるが，さまざまな機能障害や合併症が見られる。この疾患は，運動機能障害と筋力低下が進行するという特徴があり，徐々に歩行や立つことが困難や危険がある場合には，移動や主体的活動の手段として，車いすや電動車いす等の使用環境を整える必要がある。また，呼吸障害等がある場合には，酸素療法等の医療的ケアが必要となる場合がある。発生率は10万人当たり17～20人程度（難病情報センター）とされている。

「肢体不自由」は，運動・動作・姿勢等に困難が生じることの総称であり，原因となる疾患はさまざまである。また，起因疾患や発症の状態が違うことで，生活上，学習上の困難は一人一人違う。たとえば，脳性まひによって書字が困難である場合，保持しやすいペンホルダーを用意すればよいのか，体幹を保持するために工夫された特別の椅子や机を用意すればよいのか，タブレット型コンピュータ等の使用が効果的なのか等を個々に検討する必要がある。

4　肢体不自由の心理

肢体不自由のある子どもは，四肢体幹の運動や動作の障害のため，日常生活動作（Activities of Daily Living：以下 ADL）の一部もしくは全部に困難がある。なお，ADL は，起きる，座る，歩く等の移動をする，着替える，排泄する，入浴する，食事する，ものを運ぶ，字を書く等の日常生活に関する動作のことである。

（1）社会性や人間関係の発達の視点から

社会性につながる，愛着や信頼の構築等の人間関係の発達は，他者との相互作用が重要である。しかし，先天性の肢体不自由のある子どもの場合，乳児期の四つ這いや立ち上がり，その後に獲得する歩行等の運動・動作に困難が考えられ，手指の運動・動作の困難から物を持ったり，触ったりということができない場合がある。その結果，主体的に興味のある者や人等に近づき，触れるといったことができず，本来あるはずの，他者等との相互作用が経験できず，他者からの一方的な働きかけを受け止めるのみとなる可能性がある。さらには，他者が働きかけても，子どもの反応性が乏しければ，他者の働きかけの頻度が減っていくことも考えられる。また，成長とともに屋外に出て遊ぶという機会も制限されるとすれば，それによって得られる刺激や学び等の体験ができず，本来自然に身についていく，社会生活上のさまざまな経験や学びができないことも考えられる。中途障害の場合，受傷以前にはできていたことができないという心理的な混乱の影響も考えられる。

（2）認知やコミュニケーションの発達の視点から

先天性の肢体不自由の中で，脳性まひが最も多いことはすでに述べたが，四肢体幹の運動・動作の障害だけでなく，知的障害，言語障害，聴覚障害，視覚障害，呼吸障害，摂食障害，てんかんを併せ有する場合がある。知的障害は脳性まひのある子どものおよそ７割にあるといわれており，てんかんは約半数にあるといわれている。言語障害は，発声・発語器官に運動障害場合と知的障害に伴う言語発達の遅れのそれぞれ，あるいは両方がある。また，視覚障害は，斜視や眼振といった屈折異常がみとめられ，聴覚障害は新生児重症核黄疸後遺症のアテトーゼ型脳性まひの場合難聴となる。初期の認知の発達は運動発達と密接な関係がある。たとえば，「模倣」は初期の認知発達において重要であるとされているが，運動・動作の制限や併せ有する障害により，他者の動作や働きかけが把握できなかったり，再現でききなかったりした場合には，模倣する経験が著しく阻害される。また，発語は，唇や舌等の口腔，咽頭等の構音器官の運動が重要であるが，発語が困難であったり不明瞭であったりした場合には，言語による双方向のコミュニケーションが難しいので，コミュニケーションの発達が遅れる場合も考えられる。この場合には，言語によらない多様なコミュニケーション手段を用意する必要がある。

（3）パーソナリティの視点から

運動・動作の困難から主体的な活動が制限されている場合，一方的な働きかけを受け続けることにより，依存的傾向が強くなることが考えられる。また，嫌なことがあったり，恐怖を感じることがあったりしても自ら避けたり，逃げたりできないことが続くと不安傾向が強くなることが考えられる。他に肢体不自由のある子どもと関わった人がもつ印象として，劣等感が強い，頑固だといったものもあるが，これらは生得的なものではなく，成長・発達過程に培われるものである。たとえば，運動・動作の困難は，安定した姿勢保持のための特別な椅子や机の用意や，移動のための補装具，歩行器，車いすといった補助的手段によって軽減することも可能である。なお，補助手段は，持ち手を工夫した持ちやすいスプーン，書字のためのペンホルダー，着脱しやすい工夫がされた服を用意する等，多岐にわたって考えることができる。また，肢体不自由のある子どもの生活環境を整える意味で，手すりをつける，段差をなくす，移動の邪魔になるものを置かないといったことの他，自分でできることに関して過度な介助はしないことや，本人が自己決定する経験を増やす等のことが大切である。

5　学校教育での肢体不自由児の学びの状況

特別支援教育の理念は，下記のとおり，「特別支援教育の推進について（通知）」（2007）に述べられている。

> 特別支援教育は，障害のある幼児児童生徒の自立や社会参加に向けた主体的な取組を支援するという視点に立ち，幼児児童生徒一人一人の教育的ニーズを把握し，その持てる力を高め，生活や学習上の困難を改善又は克服するため，適切な指導及び必要な支援を行うものである。

> また，特別支援教育は，これまでの特殊教育の対象の障害だけでなく，知的な遅れのない発達障害も含めて，特別な支援を必要とする幼児児童生徒が在籍する全ての学校において実施されるものである。
> さらに，特別支援教育は，障害のある幼児児童生徒への教育にとどまらず，障害の有無やその他の個々の違いを認識しつつ様々な人々が生き生きと活躍できる共生社会の形成の基礎となるものであり，我が国の現在及び将来の社会にとって重要な意味を持っている。

（下線は筆者による。）

まず，特別支援教育は，「自立や社会参加に向けた主体的な取組」を支援するとし，「自立」「社会参加」を目指すことを明確にしている。これは，障害のある人を常に庇護の対象とし，健常者が助けるということではなく，障害のある人が自らも構成員として社会に貢献できる，「共生社会」の形成の基礎となるものであるとしている。共生社会とは「これまで必ずしも十分に社会参加できるような環境になかった障害者等が，積極的に参加・貢献していくことができる社会」（文部科学省，2012）である。さらに，障害のある子どもたちの教育を「特殊教育」や「障害児教育」と呼んでいた時代には対象とされていなかった「知的な遅れのない発達障害」もその対象とし，さらに，特別支援学校や特別支援学級という「特別な場」ではなく，子どもたちが「在籍するすべての学校において」実施されるものであるとしているのである。その後，学校教育法（平成19年4月1日施行）が改正され，障害のある子どもの教育の理念および制度が大きく変わったのである。

障害のある子どもたちの学びの場は，制度上以下のとおりである。

① 特別支援学校

対象は視覚障害者，聴覚障害者，知的障害者，肢体不自由者，病弱者（身体虚弱者を含む）であり，その目的は，「幼稚園，小学校，高等学校に準ずる教育を施すこと」と，「障害による学習上または生活上の困難を克服し自立を図るために必要な知識技量を授けること」である（学校教育法第72条より）。

② 特別支援学級

小学校，中学校，高等学校および中等教育学校には，「知的障害者，肢体不自由者，身体虚弱者，弱視者，難聴者その他障害のある者で，特別支援学級において教育を行うことが適当なもの」のために特別支援学級を置くことができ，障害による学習上又は生活上の困難を克服するための教育を行う（学校教育法第81条より）。

③ 通級による指導

通級による指導は，通常学級に在籍しており「当該障害に応じた特別の指導を行う必要があるものを教育する場合」に「特別の教育課程による」ことができるとし，その障害による困難の克服のための特別の指導を通級指導教室で実施している。対象は言語障害者，自閉症者，情緒障害者，弱視者，難聴者，学習障害者，注意欠陥多動性障害者，その他障害のある者で，この条の規定により特別の教育課程による教育を行うことが適当なものである（学校教育法施行規則第140条より）。

④ 通常の学級

幼稚園，小学校，中学校，義務教育学校，高等学校及び中等教育学校においては，（中略）教育上特別の支援を必要とする幼児，児童及び生徒に対し，文部科学大臣の定めるところにより，障害による学習上又は生活上の困難を克服するための教育を行うものとするとされている（学校教育法第81条より）。そのため，通常学級の指導者は，特別支援教育に関する知識・技能を高める必要がある。また，特別支援学校はセンター的機能として地域の通常の学校に対して必要な助言又は援助を行うことに努めることとされている（学校教育法第74条より）。

6 肢体不自由児に対応した教育課程

肢体不自由特別支援学校においては，幼稚園，小学校，中学校又は高等学校に準ずる教育を行うとともに，幼稚部，小学部，中学部及び高等部を通じ，幼児児童生徒の障害による学習上または生活上の困難を改善克服し，自立を図るために必要な知識，技能，態度及び習慣を養うことを目標としている。この目標を達成するために，小学部・中学部の教育課程は，各教科，道徳科，外国語活動，総合的な学習の時間，特別活動及び自立活動（高等部にあっては，各教科・科目，総合的な探求の時間，特別活動及び自立活動）によって編成されている。これらは，重複障害者等に関する教育課程の取り扱いを適用する等，障害に応じて多様な編成が必要である（特別支援学校学習指導要領より）。以下にその例を示す。

（1）通常学級と同じ（準ずる）各教科を中心とした教育課程

知的な遅れのない肢体不自由の子どもの場合は，小学校・中学校・高等学校の各学年進行どおりの各教科等の内容と自立活動を中心に教育課程を編成する。なお，障害の状態により特に必要がある場合には各教科及び外国語活動（高等部においては各教科・科目）の目標および内容に関する事項の一部を取り扱わないことができる（特別支援学校学習指導要領より）。たとえば，「体育」における徒競走や鉄棒等の学習が肢体不自由により困難な場合は，履修させないことができるといったことである。

（2）通常学級の下学年（下学部）の各教科を中心とした教育課程

障害の状態により特に必要な場合は，重複障害者等に関する教育課程の取り扱いに基づき，各教科及び外国語活動（高等部においては各教科・科目）の目標・内容の一部を取り扱わないこととしたり，当該学年（学部）より下の目標・内容と自立活動により編成したりするものである（特別支援学校学習指導要領より）。たとえば，生活年齢は中学部2年生であるが，中学部1年生の内容や小学部の内容で教育課程を編成するといったことである。

（3）知的障害の児童生徒に対する特別支援学校の各教科を中心とした教育課程

知的障害を併せ有する児童生徒に対しては，児童生徒の障害や発達に応じた教育課程が弾力的に編成できる（特別支援学校学習指導要領より）。具体的には，特別支援学校の知的障害の各教科の目標及び内容の一部あるいは全部と自立活動により編成することができるのである。また，外国語活動および総合的な学習の時間を設けないこともできる。

知的障害を併せ有する児童生徒は，発達が未分化であることから，学習によって得た知識や技能が断片的になりやすく，実際の生活の場で応用されにくいことなどがある。また，実際的な生活経験が不足しがちであることからも，生活を通して具体的・総合的に学ぶために，各教科等を合わせて指導することが考えられた。各教科等を合わせた指導の形態は「日常生活の指導」「遊びの指導」「生活単元学習」「作業学習」が例示されている（特別支援学校学習指導要領解説　総則等編より）。以下にそれぞれを抜粋する。

〈日常生活の指導〉

日常生活の指導は，生活科を中心として，特別活動の〔学級活動〕など広範囲に，各教科等の内容が扱われる。それらは，たとえば，衣服の着脱，洗面，手洗い，排泄，食事，清潔など基本的生活習慣の内容や，あいさつ，言葉遣い，礼儀作法，時間を守ること，きまりを守ることなどの日常生活や社会生活において，習慣的に繰り返される，必要で基本的な内容である。

〈遊びの指導〉

遊びの指導は，主に小学部段階において，遊びを学習活動の中心に据えて取り組み，身体活動を活発にし，仲間との関わりを促し，意欲的な活動を育み，心身の発達を促していくものである。特に小学部の就学直後をはじめとする低学年においては，幼稚部等における学習との関連性や発展性を考慮する上でも効果的な指導の形態となる場合がみられ，義務教育段階を円滑にスタートさせる上でも計画的に位置付ける工夫が考えられる。遊びの指導では，生活科の内容をはじめ，体育科など各教科等に関わる広範囲の内容が扱われ，場や遊具等が限定されることなく，児童が比較的自由に取り組むものから，期間や時間設定，題材や集団構成などに一定の条件を設定し活動するといった比較的制約性が高い遊びまで連続的に設定される。

〈生活単元学習〉

生活単元学習は，児童生徒が生活上の目標を達成したり，課題を解決したりするために，一連の活動を組織的・体系的に経験することによって，自立や社会参加のために必要な事柄を実際的・総合的に学習するものである。生活単元学習では，広範囲に各教科等の目標や内容が扱われる。生活単元学習の指導では，児童生徒の学習活動は，実際の生活上の目標や課題に沿って指導目標や指導内容を組織されることが大切である。

〈作業学習〉

作業学習は，作業活動を学習活動の中心にしながら，児童生徒の働く意欲を培い，将来の職業生活や社会自立に必要な事柄を総合的に学習するものである。とりわけ，作業学習の成果を直接，児童生徒の将来の進路等に直結させることよりも，児童生徒の働く意欲を培いながら，将来の職業生活や社会自立に向けて基盤となる資質・能力を育むことができるようにしていくことが重要である。作業学習の指導は，中学部では職業・家庭科の目標及び内容が中心となるほか，高等部では職業科，家庭科及び情報科の目標及び内容や，主として専門学科において開設される各教科の目標及び内容を中心とした学習へとつながるものである。

（４）自立活動を中心とした教育課程

重複障害者のうち，障害の状態により特に必要がある場合には自立活動を中心とした教育課程編成ができる。これは，肢体不自由の程度及び知的障害の程度共に重度で，各教科の学習が著しく困難なため，自立活動の内容を主として学習する方が適切であると考えられる場合である（特別支援学校学習指導要領より）。

7　自立活動の指導

肢体不自由特別支援学校は，幼児児童生徒の障害の重度・重複化が進んでいる。国立特別支援教育総合研究所が令和元～２年に実施した「重複障害のある子供の教育に関する調査」によると，重複障害のある子どもは，複数の障害を併せ有していることで生じる困難さによって，実態把握等に課題があるとし，教育課程では，知的障害である児童または生徒に対する教育を行う特別支援学校の教育課程，自立活動を主とする教育課程が多いことが示されている。

特別支援学校小学部・中学部学習指導要領解説では，自立活動の指導を次のように示している。

> 学校における自立活動の指導は，障害による学習上又は生活上の困難を改善・克服し，自立し社会参加する資質を養うため，自立活動の時間はもとより，学校の教育活動全体を通じて適切に行うものとする。特に，自立活動の時間における指導は，各教科，道徳科，外国語活動，総合的な学動習の時間及び特別活動と密接な関連を保ち，個々の児童又は生徒の障害の状態や特性及び心身の発達の段階等を的確に把握して，適切な指導計画の下に行うよう配慮すること。
>
> 小学部・中学部学習指導要領（第１章第２節の２の（４））より。

（下線は筆者による。）

学校における自立活動は，「自立し社会参加する資質を養うため」に行うことが明確化されている。また，週定表に指導時間を明記してあるといったような「自立活動の時間の指導」と，学校の教育活動全体の中に自立活動が含まれる「自立活動に関する指導」がある。また，自立活動の指導内容と区分・項目は，特別支援学校学習指導要領の再編や改訂で現在６区分27項目である。

学習課題

① 障害の個人モデルと社会モデルの違いは何か。障害のある人からの視点と社会からの視点で調べてみよう。

② 生まれながらの肢体不自由により，自己決定の機会や経験が阻害されないために行われている支援や補助手段について調べてみよう。

参考文献

NHK（2015）.【全英連 第８回 全国高等学校英語スピーチコンテスト】一ノ瀬メイ選手動画
http://www.nhk.or.jp/hearttv-blog/3300/212417.html （2023年９月７日確認）
独立行政法人国立特別支援教育総合研究所（2020）．特別支援教育の基礎・基本2020
文部科学省（2021）．障害のある子供の教育支援の手引き
厚生省（1968）．厚生省脳性麻痺研究班
公益財団法人日本医療機能評価機構（2018）．脳性麻痺児の実態把握に関する疫学調査報告書
日本二分脊椎症協会．二分脊椎症について
http://sba.jpn.com/spinabifida （2023年９月７日確認）
難病情報センター．筋ジストロフィー（指定難病113）
https://www.nanbyou.or.jp/entry/4522 （2023年９月７日確認）
文部科学省（2012）．特別支援教育の在り方に関する特別委員会報告１

第２章

認知発達に関する基礎的な理解

山崎智仁

そもそも「発達」とは何だろうか。「成長」と何が異なるのだろうか。本章では，認知発達に関して代表的なピアジェの理論とヴィゴツキーの理論を中心に基礎的な理論について解説を行う。経験と環境の相互作用における認知発達と社会や文化との関わりによる認知発達の違いを理解してもらいたい。

また認知発達に影響を与える要因として記憶と情報処理，メタ認知についても取り上げる。ワーキングメモリやメタ認知などの働きについて理解を深め，学習活動に生かすことで子どもたちの学びはさらに深まるだろう。

障害の有無を問わず，子どもたち一人ひとりの実態を正確に把握し，適切な指導を行うためには，確かな基礎理論の理解が必要となることはいうまでもない。

1 発達の定義

「発達（development）」とは，受胎から死に至るまでの心的・身体的な形態や機能に関する質的・量的な変化のことをいう。ギリシャ神話において，スフィンクスが「朝は四本足で歩き，昼は二本足で歩き，夜は三本足で歩くものは何か。」と門を通行しようとする者に問いかけたという。そう，答えは「人間」である。この問いは，人間の身体的な形態や機能の側面からみた発達を表現している。朝を乳幼児期に例え，あかちゃんが四つん這いで移動する様子を示し，昼は学童期から成人期に例え，二足歩行で歩く子どもや成人の様子を示し，夜は高齢期を示し，高齢者が杖をついて歩く様子を示しているのだ。四つん這いの状態から二足歩行を獲得していき，老化による筋力の衰えから杖を使って歩行するようになる様から認知面と身体面の変化がイメージできよう。このよう

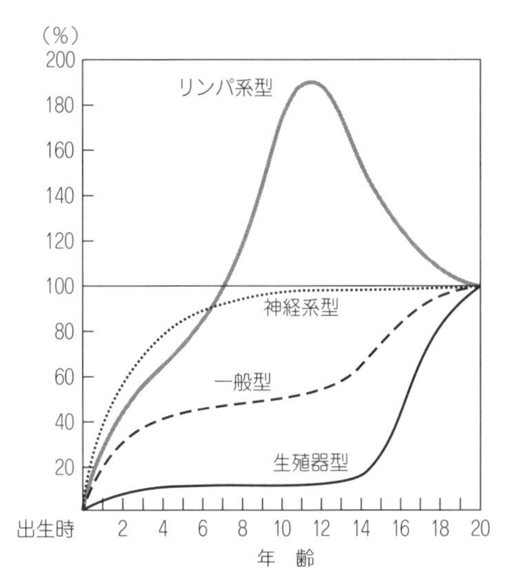

図２－１　スキャモンの臓器別発育曲線

出典：眞田（2010：107）.

に，発達とは乳児から成人に至るまでの心身の発展だけではなく，老化や退行といった過程も含めた一生涯の変化を指す。

発達と関連した言葉に「成長（growth）」という言葉がある。成長は，身長や体重といった量的な変化を指し，身体的な発達に用いることが多い。一方で，高齢期になると骨密度の低下や筋肉量の減少から身長が低くなったり，体の容量が小さくなったりする。こういった身体的な変化を成長とは呼ばないが，これは発達の過程とはいえよう。発達が一生涯の心身の質的・量的な変化を指すことに対し，成長は主に青年期頃までの身体の量的な増加を指していることは十分に理解しておく必要がある。

2　身体の発達の特徴

先述したように，発達は一生涯にわたって変化する連続的な過程である。しかし，発達は，一定の速度で進行するのではなく，急速に発達する時期と緩やかに発達する時期がある。そして，その時期はそれぞれの機能によって異なる。

スキャモン（Scammon, R. E.）は，出生後にそれぞれの臓器がどのように発育していくのかのプロセスを図式化した（図2－1）。たとえば，一般型は筋肉・骨格・呼吸器などを示し，乳幼児期に急速に発育し，学童期には緩やかとなる。しかし，思春期と呼ばれる中学生から高校生の頃にかけては再度急速に発育する。リンパ節や扁桃といった免疫機構としての働きをもつリンパ系型は，幼児期から学童期にかけて急速に増加するが，その後は徐々に成人のレベルまでに低下していく。

3　ピアジェの発生的認識論

認知発達理論の基礎として，発生的認識論の理解は重要である。この学問体系は，スイスの思想家であり心理学者のピアジェ（Piaget, J.）によって体系化が図られた。「発生的認識論（genetic epistemology）」とは，人間の認識の起源を系統発生（科学史）と個体発生（認知発達）の両面から考察しようとする学問体系である。

発生的認識論では，子どもが環境に適応していく過程を「シェマ（schema）」「同化（assimilation）」「調節（accommodation）」「均衡化（equilibration）」という概念を用いて説明されている。シェマとは，経験によって形成された「認識の枠組み」である。同化とは，シェマを適用し，取り組むことで新しい事象を処理することである。調節とは，シェマが新しい事象に適応するように変化させることである。均衡化とは，同化と調節を繰り返すことで，シェマがより高次な事象を安定して処理できるようになる過程を指す。

ピアジェは子どもの認知発達を下記の4つの時期からなる発達段階に分けた。

（1）感覚－運動期（sensorimotor period）0～2歳頃

赤ちゃんは，誕生したときから口に入ってきたものを強く吸う吸啜（きゅうてつ）反射といった生得的な反射で刺激に応じる。これらの反射は「原始反射」という。しかし，環境との相互作用により，次第に同化と調節を繰り返すことで吸啜の強さやタイミングなどを調整できるようになってくる。そして，偶発的に指を吸う機会があったことから，指しゃぶりなどの習慣的行為を獲得していく。その後，自分の手を動かした際に偶然周囲の事物に手が当たり，それが動いたことからその随伴関係に興味をもち，繰り返しその事物に手を当てようとする。

生後８ヶ月頃を過ぎると，偶発的な事象の繰り返しから，赤ちゃんが意図をもち，目的に応じた行為を行うようになる。たとえば，手で摑みたい人形があるとする。その前にボールなどの障害物があった場合，その障害をどかして人形を摑む行動がみられるようなる。１歳頃を過ぎると，自分の手が届かないところに置いてある事物を，棒を使って床に落とすといった試行錯誤を行うようになる。目的が達成できないときの代替手段を考えることができるようになるわけである。１歳半〜２歳頃になると，行為と結果について心的に表象することで，試行錯誤を行わなくても問題解決する方法を発見できるようになってくる。

（2）前操作期（preoperational period）２〜７歳頃

前操作期の子どもは，目の前にない事物を心の中で思い浮かべることができるようになる。たとえば，おにぎりがそこになくても，心の中でおにぎりをイメージし，考えることができるようになる。これを「表象（representation）」という。また，表象を獲得することで，ある事物を別の事物で表す「象徴機能（symbolic function）」も獲得する。幼児が泥だんごを作り，それを「おにぎり」だと言って食べる真似をすることがあるであろう。しかし，幼児は実際に泥だんごを食べることはない。これは表象と象徴機能を獲得したからこそ成立しているのである。テレビ番組にてお笑い芸人のギャグを見た次の日に，幼稚園などで友達や先生にギャグを真似してみせる幼児の姿がみられる。これは「遅延模倣」と呼ばれ，象徴機能によって成立している。子どもは２歳前後から語彙数が増え始める。「おにぎり」という言葉を聞いて，おにぎりを表象できるように，この時期には語彙の獲得によって身近な事物の概念を獲得していく様子もみられる。

ピアジェは，４歳頃から７歳頃までを「直観的思考（intuitive thinking）段階」と呼んだ。この段階の子どもは，感覚－運動期の頃より複雑な思考を行う

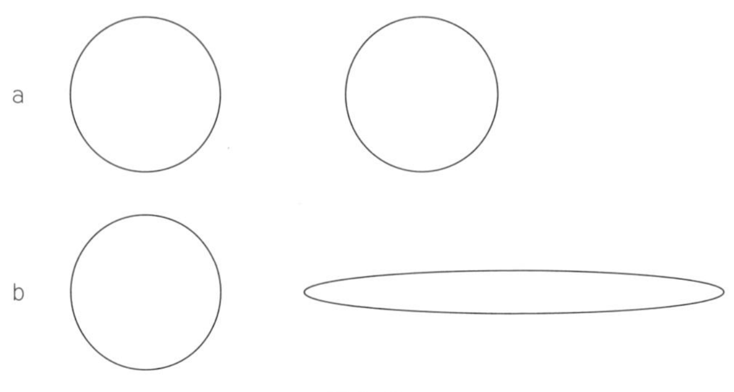

図２－２

出典：別府（2016：13）より一部修正.

ことができるようになる。一方で，直観的思考が優勢なため，見た目に左右される不十分さがある。図２－２を見てほしい。この図形を粘土にたとえるとする。４歳頃の幼児にａの２つの粘土を見てもらい，どちらが重いかを尋ねると「同じ」と答えることが多い。しかし，ｂの２つの粘土を見てもらい，どちらが重いかを尋ねると「長い方が重い」と答えがちなのである。見た目の長さに影響を受け，長細い粘土のほうが重いと判断してしまう傾向がみられるのである。コミュニケーションについても自分を中心とした視点しかとることができず，自身と他者，主観と客観などの区別を行うことが難しい。ピアジェは「３つ山課題」を幼児に行った（図２－３）。この課題では，自分とは異なる位置に立つ他者からどのように山の風景が見えているかを推測して答えてもらった。その結果，幼児は，どの方向から見ても自分と同じように山の風景が見えていると答える傾向にあることが明らかになった。この時期の子どもは，自分と他者の視点を区別し，他者の視点から風景を捉えることが難しいのである。

（３）具体的操作期（concrete operational period）７～11歳頃

具体的操作とは，直接的な事物を用いたり，具体的に理解したりできる事柄を対象に基づいて行う論理的思考のことである。この時期になると，前操作期にみられたような見た目によって思考が左右されるようなことはなくなる。先述した例の丸い粘土と細長く潰した粘土の重さが「同じ」であることがわかる

図２－３

出典：外山（2001：130）.

ということは，操作の手順を逆の順序で再生し，元の状況を再現できるようになったことを表している。これを「操作の可逆性」という。また，具体的操作期の中期から後期になると，長さの異なる複数の棒を比較していくことで短い順番に並べるといったことができるようになる。このように，知覚よりも論理を優先して考える姿がみられるのである。一方，思考内容は具体的操作を伴うものに限り，抽象的な事柄に関する思考を行うことは難しい。

（４）形式的操作期（formal operational period）11～15歳頃

形式的操作とは，具体物や具体的に理解できる事柄にとらわれることなく，抽象的なイメージや論理で推論を行う論理的思考のことである。ピアジェは，この形式的操作期を感覚－運動期から始まる人間の思考の完成形として位置づけた。

この時期になると形式的操作ができるようになることで，仮説に基づいて推論することができるようになる。このような思考を「仮説演繹的思考」という。図２－４を見てほしい。

図2-4　命題論理

この図は「命題論理」と呼ばれるものの例である。命題論理とは，異なる複数の命題を扱う論理形式である。具体的操作期の子どもに「年長者は誰か」を問うと抽象的な事柄を扱うため，結論を導くのに困難を示す。しかし，形式的操作期の子どもになると，「Aさん＞Bさん」「Bさん＞Cさん」といった仮説を立て，命題が成り立つように結論を導くことができるのである。このように認知は発達を遂げていき，やがて大人の思考へと辿り着くのである。

一方で，ピアジェが説いた理論には，その後の研究において追認されなかった点がいくつかあり，修正が必要だと考えられている。

4　発達の最近接領域（zone of proximal development）

AさんとBさんに発達検査を実施したところ，2人とも発達年齢が8歳であるという結果がでたとする。果たして2人の発達状況は同一であると断定してよいのだろうか。そこで，次は2人に発達年齢を上回る課題を出し，自分1人では解決することができない状況を設定し，解決の糸口となる助言を与えたとする。その結果，Aさんは助言を得たことで発達年齢10歳相当の課題まで解決し，Bさんは発達年齢9歳相当の課題まで解決できたとしよう。発達検査の結果は同一であっても2人の発達状況が異なることがわかるだろう。ロシアの心理学者ヴィゴツキー（Vygotsky, L. S.）は，独力で問題解決できる発達水準と他者との共同によって解決できる発達水準との間にある領域を「発達の最近接領域」と名づけた。子どもたちの実態を把握する際に発達検査を用いて評価を行うことはよくあることである。しかし，発達検査では現時点での発達水準しか評価できない場合がある。ヴィゴツキーは，現時点において獲得している機能に対して教育を行うのではなく，教示や助言などの共同によって発達の最近接領域に働きかけ，独力で問題解決できる発達水準を高めることが大切だと説いている。

ヴィゴツキーの理論では，社会における人々とのやりとりやその文化的背景などによって子どもの認知発達が促されることが論じられている。いうなれば，子どもの発達を促す上でいかに教育が重要であるかを指摘しているのである。

5　記憶と情報処理

（1）二重貯蔵モデル

人はどのようにして物事を記憶するのだろうか。心理学では古くから記憶について関心がもたれていた。アトキンソンとシフリン（Atkinson & Shiffrin, 1968）は，記憶を情報処理の過程として捉え，情報処理モデルを提唱した（図２-５）。このモデルは，記憶を「感覚記憶」「短期記憶」「長期記憶」の３つに区分しており，それぞれ保持できる記憶の時間と容量が異なっている。また，記憶を短期記憶と長期記憶に分けることから「二重貯蔵モデル」とも呼ばれる。たとえば，学校に向かう通学路において我々はさまざまなものを見たり，聞いたりするだろう。しかし，ほとんどの場合，それらを覚えていないだろう。一方，道端で猫を見かけたり，大きな騒音が聞こえてきたりしたらどうだろうか。印象的で記憶に残っていることもあるだろう。このように外界から入ってきた情報は感覚記憶に一時的に保存されるものの，すぐに消失する。そして感覚記

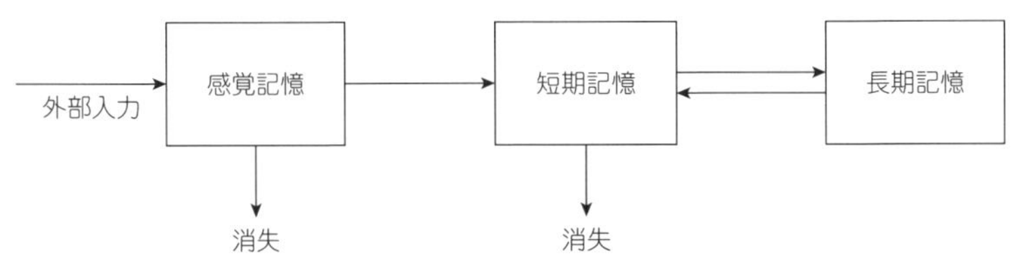

図２-５　二重貯蔵モデル

出典：藤村（2016：44）より一部修正。

憶の中で意識的に注意を向けた情報のみが短期記憶に貯蔵されるのである。短期記憶に貯蔵される際，その感覚的な情報は意味をもったものへと変換される。これを「符号化」という。符号化され，短期記憶に貯蔵された情報はさまざまな処理に利用することができる。しかし，短期記憶の容量は多くなく，何もしなければおおよそ15～30秒程度で消失することがわかっている。また，ミラー（Miller, G. A., 1956）は，短期記憶が一度に貯蔵できる情報の容量を測定し，およそ7±2チャンクと考えた。「チャンク」とは，情報の要素をまとめた単位である。たとえば，友人に携帯番号を聞いたとする。多くの場合，初めて聞く数列をすぐに覚えることは難しいだろう。一方で，冒頭の「090」や「080」はすぐに覚えられるのではないだろうか。これは「090」を1チャンクとして認識しているからである。携帯番号は，11桁あるが冒頭の3桁を1チャンクとするため，1チャンク＋8チャンク＝9チャンクとなるわけである。使い慣れた自分の携帯番号をすぐに言うことができるのは，1チャンクとして記憶しているからである。しかし，途中の数字が1つでも変わると途端に覚えづらくなるのは，チャンク数が増えることが原因といえよう。多くの情報を貯蔵したい場合は，情報をまとめてチャンクを構成する工夫を行うとよいだろう。

短期記憶に貯蔵された情報は，長期記憶に転送するための処理がなされないと消失してしまうことは先述したとおりである。そこで我々は，長期記憶に転送するため，日頃からさまざまな記憶方略を用いている。たとえば，中学生だった頃，英単語帳を確認しながら何度も同じ英単語やそのスペルを呟いたことはないだろうか。これは「リハーサル」と呼ばれ，短期記憶の情報を長期記憶に正確に転送し，貯蔵するための記憶方略の一つである。リハーサルには，「維持リハーサル」と「精緻化リハーサル」の2種類がある。維持リハーサルとは，長期記憶に転送したい情報を声や頭の中で何度も復唱する方法である。精緻化リハーサルとは，長期記憶に転送したい情報の意味を理解したり，関連する他の情報を結びつけたりする方法である。「鳴くよウグイス」と聞くと，多くの方が794年に平安京が遷都されたことを思い出すだろう。これは精緻化リハーサルの一つである。他にも情報をカテゴリーごとに分類したり，情報を言葉だけなく，映像と関連づけたりすることで短期記憶の情報を長期記憶に効率よく貯蔵することができる。

長期記憶の容量は非常に大きく，貯蔵された情報は失われないといわれている。長期記憶には，これまでの経験や記憶方略による学習などによって膨大な情報を貯蔵している。そして，それらは情報の種類によって「手続き的記憶」と「宣言的記憶」に区分することができる。手続き的記憶には，自転車の運転や暗算といった技能的なスキルや認知的なスキルなどがある。自転車の運転の仕方を言葉で説明するように求められても困るように，手続き的記憶はそれらの方法を言語化することが難しいものが多い。宣言的記憶とは，言語によって記述することができる記憶である。宣言的記憶は，情報の種類によってさらに「意味記憶」と「エピソード記憶」に区分することができる。意味記憶とは，辞書的な意味合いをもつ知識や，他者と客観的に共有することができる一般的な知識に関する記憶である。「りんごは果物である」ことは多くの方が理解できていると思うが，これはりんごや果物などに関する知識を記憶しているからこそ理解できているといえよう。エピソード記憶とは個人的な体験や経験に関する記憶である。たとえば「昨日の昼食に友人とラーメンを食べた」といった最近の出来事や「小学生の頃に家族と遊園地に行った」といった楽しかった思い出などの記憶はないだろうか。このように時間や場所が特定される個人的な事柄に関した記憶といえよう。

（2）忘　却

中学生の頃に覚えた数学の公式を使って問題を解こうと思ったものの，公式が思い出せないといった経験をしたことはあるだろうか。このように，情報を長期記憶に貯蔵したからといって必ず思い出せるわけではない。貯蔵した情報を想起できないことを「忘却」という。エビングハウス（Ebbinghaus, 1885）は，経過時間と再生率の関係を忘却曲線として表した（図２-６）。忘却曲線を参照すると，貯蔵した情報の再生率は数時間のうちに急激に低下し，その後は忘却の進行が緩やかになることがわかるだろう。それでは，なぜ忘却が生じるのだろうか。忘却が起こるメカニズムにはいくつかの説がある。１つ目は「減衰説」である。減衰説では，時間経過とともに記憶の痕跡が減衰して消失するこ

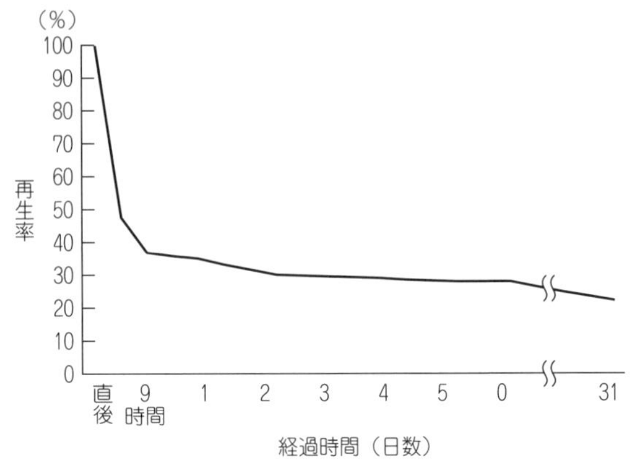

図2－6　忘却曲線

出典：田爪（2018：59）.

とで忘却が起こるとされている。２つ目は「干渉説」である。干渉説では，貯蔵された情報がそれ以前に貯蔵された情報やその後に貯蔵された情報から干渉を受けて忘却が起こるとされている。他にも貯蔵した情報を検索しようとしたところ，想起するための手がかりが摑めずに検索に失敗する「検索失敗説」などがある。

（３）ワーキングメモリ（working memory：作業記憶）

短期記憶は保存できる時間が短く，容量も小さいことは先述したとおりである。一方で，短期記憶は学習や推論等のさまざまな認知的活動を行う際に，それらに必要な情報処理を行う機能があると考えられている。この機能のことを「ワーキングメモリ」という（図２－７）。バッデリー（Baddeley, 2000）によると，ワーキングメモリはサブシステムの「音韻ループ」「視覚・空間的スケッチパッド」「エピソード・バッファー」，そして情報を調整・制御する「中央実行系」によって構成されている。音韻ループとは，主に聴覚情報に対応し，音声などを保存して処理する機能をもっている。視覚・空間的スケッチパッドとは，以前に見た情景を思い浮かべるといった視覚・空間的情報の操作を行う機能をもっている。エピソード・バッファーとは，ワーキングメモリにある聴覚情報

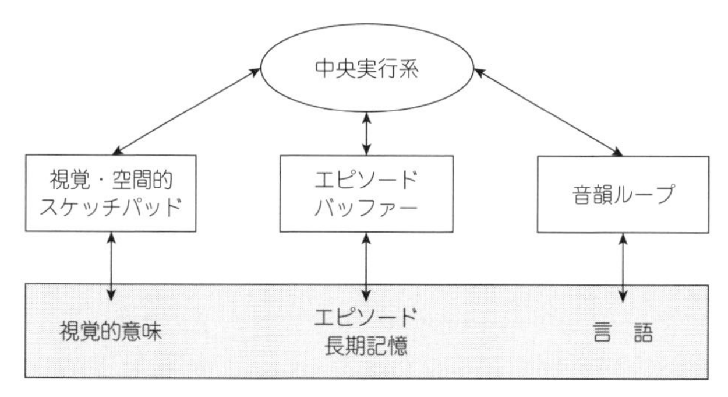

図２－７　Baddeley（2000）におけるワーキング・メモリのモデル図

出典：苧阪（2002：31）.

や視覚・空間的情報を長期記憶の情報と統合する機能をもっている。中央実行系は，３つのサブシステムの働きを調整・制御することで課題達成に必要な情報の保持や処理を行う。このようにワーキングメモリは，人間が認知的活動を行う上で重要な役割をもつ記憶なのである。

6　メタ認知

本書のような専門用語が用いられた教科書を読んでいたとしよう。そのようなときに教科書で説明されている専門用語の意味などを自分があまり理解できていないと感じることはないだろうか。これは教科書を読んで理解しようとしている認知活動を監視し，理解ができていないと認知しているからこそ感じるわけである。このような働きを「メタ認知（metacongnition）」という。「メタ（meta）」とは，「高次」といった意味を表し，メタ認知とは「認知についての認知」である。メタ認知は，自分の認知活動がうまくいっていないことに気づくだけではない。さまざまな認知活動を行う過程において，表２－１に示したような心的事象の場面にて働く。

メタ認知は，「メタ認知知識」と「メタ認知制御」の２つから構成されている（図２－８）。メタ認知知識とは，「教科書を読んで理解が難しい場合は，前章から読み直そう」「重要な箇所は蛍光ペンでマーキングしよう」といった自身

表2-1　メタ認知に含まれる心的事象とその内容

メタ認知に含まれる心的事象	内容	具体例
認知過程に対する知識	ある物事に対して自分がどのように認知するのかを知っている，また，その知識。	約束したとき「手帳に書いておかないと忘れるかも……」と思うこと。
自己の認知状態に対する評価	今，物事をどう認識しているか，を認識でき，その認識が正しいのかを判断。	総理大臣の電話番号を尋ねられたとき，即座に「知らない」と認識できる。
自己の認知過程に対する評価	ある物事に対する自分の認知過程が適切であったかの判断，また，その認知過程に対する知識の評価と修正。	「自分は文系人間だから，数学ができない」という思い込みなど。
認知過程や方略の実行制御	ある目標を達成するための認知や操作における認知過程や方略およびその結果の監視，評価，修正など。	何か言い間違えたときに自分で言い間違いに気づいて，言い直す。
認知活動に関連した感情的評価	認知活動にともなって生じる感情に対する認知。	「今やっていることはだめなようだ」「うまくいかない」と感じること。

出典：郷式（2016：32）.

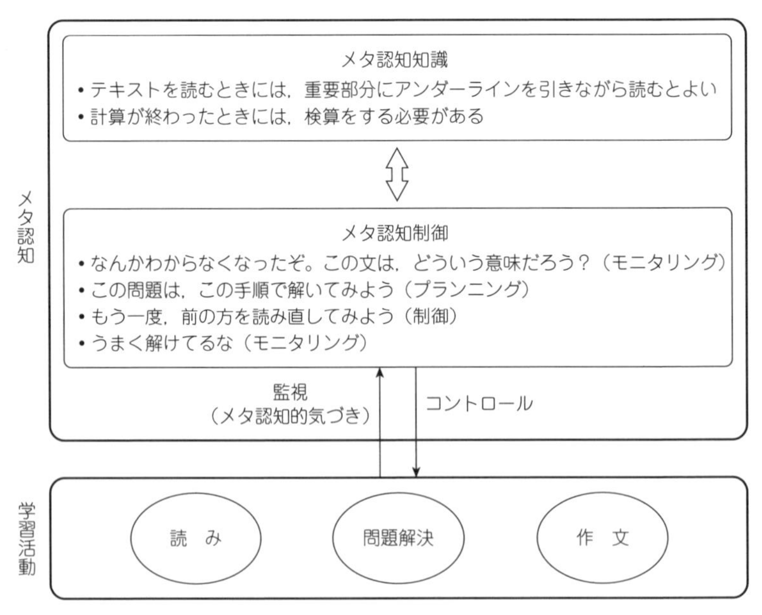

図2-8　メタ認知のプロセス

出典：岡本（2010：52）.

の認知活動を高めるために用いる知識である。メタ認知制御は，認知活動の計画を立てるプランニング，自身の認知活動を監視して評価するモニタリングといった認知活動の制御のことをいう。本節の冒頭で挙げた例にて説明しよう。教科書の専門用語の説明を読んで理解できているか，理解できていないかをモニタリングする。専門用語を上手く理解できていれば，どのような場面にてそれを活用することができるかをプランニングする。一方，上手く理解できない場合はその専門用語に関連する用語の意味を調べ直すなどメタ認知知識の中から有効な知識を検索し，プランニングやモニタリングによって専門用語の理解を促すのである。このようにメタ認知を働かせることで，自身の認知活動を高めたり，認知活動に伴う自己の感情等を制御したりすることができる。

学習課題

① ピアジェの発生的認識論を参考に，発達年齢が５歳頃の子どもが内容を理解できる課題と理解が難しい課題を考えてみよう。
② 「10個の飴をきょうだい３人で公平に分けてください。」という問題を解決する際，どのようにメタ認知を働かせているかを具体的に説明してみよう。

参考文献

青木 多寿子・丸山（山本）愛子（2010）．ヴィゴツキーの社会文化的視点　森敏昭・青木多寿子・淵上克義（編）よくわかる学校教育心理学　ミネルヴァ書房，pp.100-101

Atkinson, R. C., & Shiffrin, R. M. (1968). Human memory. A proposed system and its control processes. IN K. W. Spence, & J.T. Spence (Eds.), *The psychology of learning and motivation.* (vol.2.) New York : Oxford University Press, pp.89-195

Baddeley, D. A. (2000). The episodic buffer: a new component of working memory? *Trends in Cognitive Sciences*, **4**, 417-423.

別府 哲（2016）．前操作期――直観的に思考する――　子安増生（編）よくわかる認知発達とその支援［第２版］　ミネルヴァ書房，pp.12-13

Ebbinghaus, H. (1885). *Uber das Gedachtnis: Untersuchungen zur experimentellen Psychologie.* Leipzig: Verlag von Duncker & Humblot.（宇津木 保（訳）（1978）．記憶について――実験心理学への貢献――　誠信書房）

藤村 宣之（2016）．具体的操作期――現実世界について論理的に考える―― 子安 増生（編）よくわかる認知発達とその支援［第2版］ ミネルヴァ書房，pp.14-15
藤村 宣之（2016）．形式的操作期――完成された思考形態へ―― 子安 増生（編）よくわかる認知発達とその支援［第2版］ ミネルヴァ書房，pp.16-17
藤村 宣之（2016）．記憶の発達――一度にどれだけ覚えられるか―― 子安 増生（編）よくわかる認知発達とその支援［第2版］ ミネルヴァ書房，pp.44-45
舟島 なをみ・望月 美知代（2017）．看護のための人間発達学［第5版］ 医学書院
郷式 徹（2016）．メタ認知能力――自分が何を知っているかを知る―― 子安 増生（編）よくわかる認知発達とその支援［第2版］ ミネルヴァ書房，pp.32-33
箱田 裕司・都築 誉史・川畑 秀明・萩原 滋（2010）認知心理学　有斐閣
Harris, J. A., Jacksons, C. M., Paterson, D. G., & Scammon, R. E. (1930). *The measurement of man*. University of Minnesota Press
柏崎 秀子（2019）．発達の原理　柏崎 秀子（編）教職ベーシック発達・学習の心理学［新版］ 北樹出版，pp.8-18
木下 孝司（2016）．感覚―運動期――「いま，ここ」の赤ちゃんの世界―― 子安 増生（編）よくわかる認知発達とその支援［第2版］ ミネルヴァ書房，pp.10-11
木下 孝司（2016）．発達の最近接領域――「明日」の発達をみるために―― 子安 増生（編）よくわかる認知発達とその支援［第2版］ ミネルヴァ書房，pp.18-19
北村 世都（2020）．知性・認知の発達　内藤 佳津雄・北村 世都・鏡 直子（編）Next 教科書シリーズ発達と学習［第2版］ 弘文堂，pp.19-34
子安 増生（2016）．発達――受胎から死に至るまで―― 子安 増生（編）よくわかる認知発達とその支援［第2版］ ミネルヴァ書房，pp.2-3
子安 増生（2016）．発生的認識論――ピアジェの認知発達観―― 子安 増生（編）よくわかる認知発達とその支援［第2版］ ミネルヴァ書房，pp.8-9
子安 増生（2018）．認知発達のプロセス　本郷 一夫・田爪 宏二（編）講座・臨床発達心理学③認知発達とその支援　ミネルヴァ書房，pp.25-42
Miller, G. A. (1956). The magical number seven, plus or minus two : Some limits on our capacity for processing information. *Psychological Review*, **63**, 81-97
宮脇 郁（2019）．学習と記憶　柏崎 秀子（編）教職ベーシック発達・学習の心理学［新版］ 北樹出版，pp.100-109
室橋 春光（2018）．メタ認知と学力　本郷 一夫・田爪 宏二（編）講座・臨床発達心理学③認知発達とその支援　ミネルヴァ書房，pp.106-126

無藤 隆・森 敏昭・遠藤 由美・玉瀬 耕治（2018）．心理学［新版］ 有斐閣
中道 圭人（2022）．記憶のメカニズム――どのように覚えるのか？―― 中澤 潤（編）よくわかる教育心理学［第2版］ ミネルヴァ書房，pp.52-53
中道 圭人（2022）．作業記憶――問題解決の場―― 中澤 潤（編）よくわかる教育心理学［第2版］ ミネルヴァ書房，pp.56-57
中道 圭人（2022）．メタ認知――自分はわかっているのか？―― 中澤 潤（編）よくわかる教育心理学［第2版］ ミネルヴァ書房，pp.58-59
中澤 潤（2022）．知識獲得としての学習――認知心理学的アプローチ―― 中澤 潤（編）よくわかる教育心理学［第2版］ ミネルヴァ書房，pp.10-11
中澤 潤（2022）．発達の最近接領域――社会文化的アプローチ―― 中澤 潤（編）よくわかる教育心理学［第2版］ ミネルヴァ書房，pp.12-13
岡本 真彦（2010）．メタ認知の指導と評価　森 敏昭・青木 多寿子・淵上 克義（編）よくわかる学校教育心理学　ミネルヴァ書房，pp.52-53
苧阪 満里子（2002）．脳のメモ帳――ワーキングメモリ―― 新曜社
斎藤 晃（2016）．新生児・乳児期　田島 信元・岩立 志津夫・長崎 勤（編）新・発達心理学ハンドブック　福村出版，pp.260-270
眞田 敏（2010）．身体と脳の発達　森 敏昭・青木 多寿子・淵上 克義（編）よくわかる学校教育心理学　ミネルヴァ書房，pp.106-107
瀬尾 美紀子（2010）数学的問題解決とその教育　日本認知心理学会（監）市川 伸一（編）現代の認知心理学5発達と学習　北大路書房，pp.227-251
田爪 宏二（2018）．記憶と情報処理　本郷 一夫・田爪 宏二（編）講座・臨床発達心理学③認知発達とその支援　ミネルヴァ書房，pp.58-84
田中 未央（2020）．認知と学習　内藤 佳津雄・北村 世都・鏡 直子（編）Next教科書シリーズ発達と学習［第2版］ 弘文堂，pp.95-110
外山 紀子（2001）．日常場面で発揮される有能性　無藤 隆（編）保育・看護・福祉プリマーズ⑤発達心理学　ミネルヴァ書房，pp.127-138
外山 紀子（2009）．論理的に考える時期　無藤 隆・岡本 祐子・大坪 治彦（編）よくわかる発達心理学［第2版］ ミネルヴァ書房，pp.62-63
植坂 友理（2010）．メタ認知・学習観・学習方略　日本認知心理学会（監）市川 伸一（編）現代の認知心理学5　発達と学習　北大路書房，pp.172-200

第3章

運動機能の発達に関する基礎的な理解

鴨下賢一・小玉武志

第3章は，子どもの運動発達の基礎的な機能の変化について理解を深める内容となっている。多くの子どもは粗大運動，微細運動，咀嚼・嚥下機能など，1歳になるまでに身につけることが非常に多く，これらの発達がのちの運動発達の基礎となっている。これは，姿勢と運動の障害を呈する脳性まひの子どもを理解する上では必要不可欠な要素でもある。運動発達はそれぞれの領域が単独で発達するわけではなく，筋緊張（いわゆる筋肉の張り具合）や原始反射の統合，姿勢反応など，相互に密接に関連し合うことで適切な発達を支える要素となっている。そして，これらの要素が，年齢の経過かつライフステージの変化とともに，より高次の運動に発達していくことが認められる。もちろん他の機能である認知能力やコミュニケーション能力などとも相互に強く関連している。

定型発達では，各発達段階で，どのようなことができるようになり，それがどのような機能と関連しているのか，この章を通じて学んでいく。

1 運動機能の発達

運動能力の一つである移動機能を例にとると，人間は出生からすぐには移動することができず，この機能を獲得するのに数ヶ月を要することになる。対照的に他の哺乳類は，出生後数時間で，体を支え，移動する能力を獲得するのである。この違いが何であるかは未だ解明には至っていないが，人間が運動能力を獲得することは，他の生物と同じく，外界の脅威から自ら回避するためであったり，生存のために食料を獲得するためであったり，重要な意味をもっている。それゆえに，運動機能の発達とは，単なる脳の成熟による四肢の運動の随意性が向上した結果であるとか，重力に抗するための筋力を獲得した結果であるというような単純なものではない。外界にあるものが脅威かどうかを知る知覚や判断をする認知的な発達，自らの興味の対象へ近づいていこうとする内的動機付けなどと相互に強く関連しあって発達していくこととなる。

これらの運動発達の要素は，粗大運動と微細運動の２つに大別される。粗大運動とは，移動に代表されるように，よりダイナミックな運動によって表現される。一方で，微細運動とは，物を把持したり，把持した物を操作したり，道具の使用に関する類の運動を指し示し，手を使った機能によって代表される。

（１）運動発達の原則

運動発達にはいくつかの原則が認められる。以下に示すものは運動発達に共通する変化をまとめたものであるが，必ずしも全ての個体がこの原則に従って発達していくわけではないことを留意する必要がある。中枢神経系の成熟と関連して，粗大運動，微細運動には一定の方向性と順序性が認められる。これを発達の方向性，順序性という。

①　頭部から尾部への発達

主に姿勢制御に関連した発達全般にみられ，まず最初に定頸（首の座り）が獲得され，ついで頭部と体幹を制御する座位の獲得，下肢の制御も必要とする立位を獲得していくことをいう。

②　身体の中枢部から末梢部への発達

主に四肢の発達においてみられ，下肢においては股関節や膝関節の運動で行っていた歩行が足関節も使えるようになることでよりスムーズな運動になることや，上肢の肩関節や肘関節でリーチングから手指で物を摑むなどの動作を獲得していくことをいう。

③　身体全体から部分への発達

主に自発運動の発達において，四肢体幹を同時に動かしていたものが，それぞれの身体部位を個別，単独に動かせるようになることをいう。これらは，四肢と体幹のみではなく，頸部と体幹であったり，上肢と指であったり，各部位ごとに全体で動かしていたものから部位ごとに動かせるようになることをいう。

2　胎生期の運動機能発達

胎児は子宮内ですでに運動を行っている。これは，出生後の運動発達につながる要素を，子宮内環境からすでに行っていることを意味している。胎児の運動は，視覚や聴覚，嗅覚などの感覚刺激に応じて，胎児が身体を動かし，反応を示す働きである。特に在胎28週ごろよりは，胎児の体重が増加し，子宮環境は相対的に狭く，小さくなる。それに応じて胎児も屈曲姿勢をとるようになり，これが出生後の生理的屈曲位につながる。屈曲姿勢は，子宮内で胎児の運動と感覚システム，認知システムの発達や抗重力運動において重要となる。子宮内での屈曲姿勢となった胎児は，頸部の回旋やさまざまな方向へのキックなどを行い，子宮壁から押し返される感覚を受け取ることになる。頸部と体幹が自然に屈曲した姿勢では，肩甲帯が前方へ突出し，それにより手を口に運びやすくなる。自らの指に触れ，指しゃぶりを行うことで，胎児が手の存在を認知する。これら一つ一つの運動の要素が，のちの身体図式の獲得に寄与している。

3　新生児期の運動発達

出生後，重力下にさらされた新生児は，急激な環境の変化に適応しなければいけない。光の色や明るさ，音，空間内での自らの身体の重さ，これら全ての刺激に対して適切に反応することは難しく，ほぼ間違いなく泣きだしてしまう。しかし，次第にこれら重力環境へ適応し，少しずつ手足を動かし始める。この時期にみられる無秩序な四肢の動きは生後２ヶ月頃までみることができ，ジェネラルムーヴメントと呼ばれる。この動きによって，四肢の体性感覚のフィードバックを得ることができ，次の運動発達につながるための身体感覚を高めている。脳性まひ児では，この動きの多様性が損なわれていることがすでに論じられており，予測的妥当性の高い新生児評価法の一つであると言われている。

また，新生児は重力に抗した運動を潜在的に有しているにもかかわらず，中枢神経系の未成熟により，頭部を正中に保持することが難しく，抗重力の運動を発揮することもできない。生理的屈曲姿勢は，この時期のアライメントを良好に保ち，頭部のコントロールの発達に寄与するとともに，のちの姿勢コントロールの基礎となっている。

4　乳児期の運動発達

生後１ヶ月までの新生児期を経て，１歳までの間を乳児期と呼ぶ。この間の運動発達の変化は非常に激しく，寝たきりであった状態から立位，歩行に至るまでの粗大運動の基礎を獲得する。微細運動においても，握りっぱなしであった手指が小さい物を指先で摑むまでに発達する。粗大運動では，姿勢調整能力が大きく関連しており，この姿勢調整能力が微細運動の発達を支え，摂食・嚥下機能にも関連するなど，大きな役割を果たしている。

（1）姿勢調整能力の発達

姿勢とは，絶えず変化する外部からの刺激に対して，姿勢を保持するための反射（姿勢反射：posture reflexes）や反応（姿勢反応：posture reaction）と，内部で自動的に調整される姿勢調整機能からなる。これらの機能は，成長とともに成熟する側面と，経験によって質的に変化する側面とがある。

姿勢反射とは，主に原始反射を意味している。原始反射とは，誕生時点で存在しており，生後６ヶ月頃までにはおおよそほとんどの反射が統合される。統合とは，反射がより高次の中枢により抑制させられることで，生後６ヶ月を過ぎると消失するというわけではない。姿勢反射と姿勢反応の概要について以下に紹介する。

①　脊髄レベル

a． 屈曲逃避反射

- 出現時期：胎生28週～１～２ヶ月頃
- 出現時の反応：刺激された側の下肢が屈曲する。

●誘発刺激：両下肢伸展位の状態で一側の足底を尖ったもので刺激する。

b． 交叉伸展反射

●出現時期：胎生28週～１～２ヶ月頃

●出現時の反応：刺激された反対側の下肢が屈曲・内転し，その後に伸展，交叉する。

●誘発刺激：背臥位の状態で両下肢伸展位にし，一側の下肢を屈曲しないように固定した状態で足底に有害刺激を与える。

c． Glant 反射

●出現時期：胎生32週～２ヶ月頃

●出現時の反応：刺激された側への体幹の側屈が生じる

●誘発刺激：腹臥位の状態で，肩甲骨下角から腸骨稜に向かって脊柱の外側をこする。

d． 固有受容感覚性台乗せ反射

●出現時期：胎生35週～２ヶ月頃

●出現時の反応：上肢または下肢を屈曲して，手または足を台の上に乗せる

●誘発刺激：腋下を支え抱き上げて，手背または足背を台の縁に押し付けて，手関節の掌屈または足関節の底屈を誘発する。

e． 陽性支持反射

●出現時期：胎生35週～１～２ヶ月頃。

●出現時の反応：下肢，体幹が伸展し，起立し体重を支える。

●誘発刺激：腋下を支え抱き上げて足底を床につける。

f． 手掌把握反射

●出現時期：胎生28週～５～６ヶ月頃。

●出現時の反応：手掌全体での把握が生じる。

●誘発刺激：小指側の手掌を刺激する。

g． 足底把握反射

●出現時期：胎生28週～10ヶ月。

●出現時の反応：足趾全体が屈曲する。

●誘発刺激：足底部，特に母趾球を圧迫する。

② 脳幹レベル

a． Moro 反射

- 出現時期：胎生30週～５～６ヶ月頃。
- 出現時の反応：２相の動きを生じさせる。１相では上肢の外転・伸展が生じ，親指以外の四指が扇状に開く（開扇現象)。２相では，上肢の屈曲・内転を生じる。
- 誘発刺激：背臥位で抱きかかえた状態で，子どもの頭部を数センチ落下させる。前庭感覚と頸の固有受容感覚の両方を刺激する。ただし，手掌把握反射が誘発されている状態はモロー反射が抑制される。

b． 非対称性緊張性頸反射（ATNR : Asymmetrical Tonic Neck Reflex）

- 出現時期：出生時～５～６ヶ月頃。
- 出現時の反応：顔面側の上下肢の伸筋群の筋緊張が亢進し，後頭側の上下肢の屈筋群の筋緊張が亢進する。
- 誘発刺激：背臥位の状態で頭部を正中から一側へ回旋させる。

c． 対称性緊張性頸部反射（STNR : Symmetrical Tonic Neck Reflex）

- 出現時期：４～６ヶ月頃～８～12ヶ月頃。
- 出現時の反応：頸部を伸展させると上肢は伸展，下肢は屈曲し，頸部を屈曲させると上肢は屈曲，下肢は伸展する。
- 誘発刺激：腹臥位の状態で，頸部を屈曲または伸展させる。

d． 緊張性迷路反射（TLR : Tonic Libyrinthine Reflex）

- 出現時期：出生時～５～６ヶ月頃。
- 出現時の反応：背臥位では全身の伸筋の筋緊張が亢進し，腹臥位では全身の屈筋の筋緊張が亢進する。
- 誘発刺激：背臥位または腹臥位にする。

③ 中脳レベル

a． Landau 反応

- 出現時期：６ヶ月頃～１歳６ヶ月頃。
- 出現時の反応：頸部，体幹，上下肢の伸展と挙上が生じる。全身の抗重力伸展活動が観察される。

●誘発刺激：腹部を支えた状態で，空間で保持する。

b． 頭に作用する体の立ち直り反応

●出現時期：０～３ヶ月頃～60ヶ月頃

●出現時の反応：頭部を垂直に保持する。

●誘発刺激：腹臥位にさせる

c． 体に作用する体の立ち直り反応

●出現時期：４～６ヶ月頃～60ヶ月頃。

●出現時の反応：支持面と体の接触により，非対称性に受ける皮膚刺激を基に，体に加わったねじれを元の位置に戻そうとする。

●誘発刺激：肩甲帯または骨盤帯を回旋させて体幹部にねじれを生じさせる。

d． 体に作用する頭の立ち直り反応

●出現時期：４～６ヶ月頃～60ヶ月頃。

●出現時の反応：頸部と体幹の間に生じたねじれを元に戻そうとして，体幹の回旋が観察される。

●誘発刺激：頸部を一側に回旋させて頸部と体幹の間にねじれを生じさせる。

e． 迷路性立ち直り反応

●出現時期：出生時～２ヶ月頃～生涯において持続する。

●出現時の反応：頭部が空間の中で常に垂直位になるように傾く。

●誘発刺激：目隠しした状態で子どもの体を前後左右に傾ける。

④ 大脳皮質レベル

a． 視覚性立ち直り反応

●出現時期：出生時～２ヶ月頃～生涯において持続する。

●出現時の反応：頭部が空間の中で常に垂直位になるように傾く。

●誘発刺激：開眼した状態で，子どもの体を前後左右に傾ける
（この反応は，迷路性立ち直り反応と明確に区別することは難しい）

b． 上肢の保護伸展反応

●出現時期：前方は６ヶ月頃，側方は８ヶ月頃，後方は10ヶ月頃～生涯にお

いて持続する。
- 出現時の反応：倒された方向に対して，転倒しないように上肢を伸ばして手をついて支える。
- 誘発刺激：前方に対しては体幹を保持して前方に倒す。側方または後方は，座位の状態で側方または後方に倒す。

c．ホッピング反応
- 出現時期：15～18ヶ月～生涯において持続する。
- 出現時の反応：倒された方向に対して足を踏み出して支持面を移動させ，新たな支持基底面を形成する。
- 誘発刺激：立位の状態で前後左右いずれかの方向へ素早く倒そうとする。

（2）臥位姿勢の発達

生後数ヶ月は，背臥位もしくは腹臥位が基本姿勢となる。

① 背臥位姿勢

生後２ヶ月頃では，新生児では困難であった正中位での頭部の保持が可能となる。頭部が正中位にコントロールできるようになることで，正中線指向が発達する。この正中線指向が，体軸を安定させ，さまざまな運動発達の基礎となる。この時期では左右対称，非対称ともにさまざまな四肢の運動を行っているが，まだ左右の手と手が触れ合うことは難しい。

生後３ヶ月になると，比較的長い時間頭部と正中位で保持することができるようになり，左右の手と手が触れ合うようになる。同時に，股関節を屈曲させ，四肢を身体の中心に近づけた姿勢をとることが多くみられるようになる。

生後５ヶ月頃では，下肢を屈曲挙上したままの状態でいることができるようなり，手で膝周囲を触れることができるようになる。下肢のキッキングが頻繁にみられるようになり，股関節の可動域が増加する。下肢で床面を蹴るようにして体幹の伸展も強くなり，腰椎や下肢の動きがより活発になってくる。

生後６ヶ月以降に，手で自分の足部を掴むことができるようになる。これをボトムリフティングと呼び，次第に足を口に入れる行動もみられるようになる。

下肢は伸展した状態のまま垂直位へ持ち上げることができるようになり，安定性を獲得した骨盤帯が，より自由な下肢の動きの基盤となっていることを示している。また，持ち上げた下肢を左右どちらかに倒すことで，勢いのまま回旋のない寝返りを行うこともできるようになる。

生後８ヶ月以降では，上部と下部の体幹の回旋を伴う寝返りができるようになり，次第に腹臥位，もしくは座位で過ごすことが多くなる。

② 腹臥位姿勢

生後２ヶ月では一時的に頭部を垂直位へ持ち上げようとすることが可能になる。しかし，この時に支持となるのは主に胸部と上肢で，重心は体幹上部にあるため，保持することは困難である。

生後３ヶ月頃では，前腕での体重の支持を行うことができるようになり，45°までの頭部の挙上が可能になる。

生後４ヶ月になると，重心を腹部の中央へ移動するようになり，頭部や胸部をさらに高く持ち上げることができるようになる。定頸が完成することに伴い，頭部は90°まで持ち上げることができるようになる。

生後５ヶ月を過ぎる頃には，体幹の側屈や回旋をコントロールしながら一側の上肢に体重を移し，他方の上肢で物に触れることができるようになる。

生後６ヶ月頃になると上肢の体重支持が前腕ではなく手のひらで支持することができるようになる。次第に一側の上肢支持で姿勢を保持することができるようになると，もう一側の上肢でものに手を伸ばすことができるようになる。

生後７ヶ月頃には，両側の上肢や下肢を床から持ち上げ，対称的に脊柱を伸展させる運動を行う。これをエアプレーンポジションと呼び，対称性両側性活動がみられたのちに，非対称的な運動へと発達していく。さらに，体幹の側屈と四肢の非対称な動きを活用しながら，腹臥位の状態で身体の向きを変えることができるようになる（ピボットターン）。

生後９ヶ月以降では腹臥位の状態で，両上肢で体幹を支持し，下肢を屈曲させることで四つ這い姿勢をとることができるようになる。最初の頃の移動場面では，上肢で強く床を押してしまうことで，後方へ移動してしまうことが観察される。その後，下肢の保持力が高まり，次第に左右の交互性の動きが可能になると四つ這いでの移動が可能となる。

（３）座位姿勢の発達

座位姿勢は定頸が完成した４ヶ月以降，頸部のコントロールが可能となることで安定性が高まってくる。同時期に臥位姿勢で脊柱を伸展，または全身性の屈曲運動なども積極的に行うことが観察される。股関節の可動性が高まることで，座位姿勢になった時に膝関節の外側がほぼ床に接することができるようになり，このことが支持基底面の増加につながり，安定的な座位を可能にしていく。

生後６ヶ月頃では，床面に座らせることで，短時間であれば座位姿勢を保持することができるようになり，上肢の支持があれば姿勢を保持することも可能である。しかし，移動することはできないため，身近なものに触れること以外は難しい。

生後７ヶ月を過ぎると，上肢の支持が不要となり，ほぼ自由に手を使うことができるようになる。次第に一側の上肢を支持に用いることで，新たな支持基底面を形成し，より遠くのものへ手を伸ばすことができるようになる。座位姿勢を保持し続けた状態での体重移動が可能となり，動的な座位姿勢を獲得していく。体幹の回旋運動も示すようになり，両側の非対称な動きにより座位姿勢でのピボットターンが可能となる。

（４）移動能力の発達

移動は目的的な行為の一つである。移動機能自体は，運動発達に伴い獲得が可能であるが，移動能力を支えているものは，乳児自身の目的的行動に至る動機づけである。近くにあるおもちゃを取ったり，母親の後を追いかけたり，乳児自身が達成したい目的を叶える手段として移動機能が用いられる。それを能率的に行うことができるようになることを移動能力が獲得されたと認識しているに過ぎない。そのため，機能的な発達はもちろんであるが，内的動機づけを引き出す認知的，情緒的発達も重要であることを忘れてはならない。

最も初めに身につける移動機能は寝返りである。ほとんどの乳児は6ヶ月頃までに背臥位や腹臥位，側臥位のそれぞれの姿勢で安定することができるようになる。そして，次第に連続的に姿勢を移すことで，寝返りによる移動機能を獲得する。寝返りは，体軸内の回旋を伴わない丸太様の寝返りから，次第に肩甲帯と骨盤帯との間に回旋を生じる分離した運動パターンへと変化していく。より実用性が増してくると，寝返り動作からピボットターンへ移行すること，またはピボットターンから寝返りへ移行することも自在にコントロールできるようになってくる。

次に臥位レベルでのピボットターンから座位でのピボットターン，そしてずり這いや四つ這いへの移動へと発達していく。各個人の移動機能は，姿勢保持能力，関節自体の安定性，運動学習などの要素によって多様性が生じる。さらには，環境や課題によって個人内での多様性も認められる。これは課題を効率的に行うための運動のバリエーションであり，異なる姿勢から自由に目的とした場所へ素早く移動することができるようになってくる。

8ヶ月頃には，何かにつかまり膝立ちすることができるようになり，そのまま立ちあがろうとする様子がみられるようになる。腰椎や骨盤帯の安定に加え，股関節の伸展，そして重心を持ち上げるための筋力が必要とされ，初期の頃は，重心位置が前方にあり，下肢の伸展が共同的に行われることでつま先立ちになってしまうことも少なくない。そのため，支えがなければ立位を保持することができない。この時期では，より効率的な移動は四つ這いによって行われるため，ものにつかまり立ち上がり，周囲の状況を確認した上で移動する時には四つ這いになる，といったように，目的を達成するために幾つかの動作を組み合わせ，必要な行動を判断することができるようになる。この時期のつかまり立ちからの姿勢変換では，勢いよく尻もちを付くように座る。これは下肢の筋力だけではなく，関節を中間位の状態保持することが難しいことも関係している。すなわち，屈筋と伸筋の出力をバランスよく調整することが難しく，徐々に上肢で支持しながらゆっくりとしゃがむ動作ができるようになってくる。

つかまり立ちの際の下肢の支持性が増してくると，次第に側方への伝い歩きができるようになってくる。伝い歩きにより立位での重心の移動と，支持基底面の形成が容易になってくると，つかまらずに床から自力で立ち上がることができるようになる。伝い歩きでも，物と物が少し離れた距離にある場合も，四つ這いにならずに，立位の状態のままわずかな距離を移動することができるようになる。これらの運動は独歩を行うための必要な機能を獲得する過程であると判断することができる。

およそ12ヶ月頃，１歳になる頃には，支持物がなくても床から立ち上がり，前方に倒れ込むように数歩歩くことができるようになる。歩行の初期では，両上肢を肩ほどまで高く上げたハイガードと呼ばれるポジションだったり，歩隔を広くしたワイドベースと呼ばれる歩き方だったりする。これは常に転倒することを想定して歩いているためであり，安定性の増加とともに，ハイガードからミドルガード，ローガードへと移行し，歩隔も狭くなっていくのである。

（５）手の機能（微細運動）の発達

手の機能の発達は胎生期から始まる。子宮内で胎児は頻繁に自身の顔を手で触ることや指をしゃぶる様子が観察される。顔や口，手の認識を高めるとともに，運動学習を行っている。また，子宮内で手を動かし，子宮壁から押し返される感覚が，上肢の運動基盤となる肩甲帯の安定にもつながっていく。しかしながら，子宮内で行っているこれらの運動は，出生と同時に重力下に晒されることで，その直後には力を発揮することが難しくなるのである。

新生児期から頭部が正中位で保持できるようになるまでは，一側に向いた際に手が口に触れ，そのまましゃぶるような，偶発的な手の使い方が多くみられる。上肢は主にジェネラルムーヴメントのように，不規則でバリエーションある運動を行うことで，上肢全体の認識を高める。そして，先述したとおり，頭部の正中位での保持が可能になると正中線指向が高まり，両上肢を内転させて顔の前で両手を合わせることができるようになる。また，時には ATNR を抑制し，頸部が左右どちらかに回旋した状態で指をしゃぶる目的的な運動もみられるようになる。

この頃の手の機能としては，物を握ることは難しく，把握反射により手を握ったままの状態でいることが多い。時折指に触れたものを強く屈曲方向へ引っ張ろうとする。

生後４ヶ月頃を過ぎると，腹臥位での上肢の支持性も増し，その活動によって肩甲帯の安定性が高まる。次第に一側の上肢を近くにあるものに伸ばすことができるようになる。これをリーチ動作と呼ぶ。リーチ動作は，物に対するアプローチ手段であり，動作基盤となる肩甲帯の安定性は欠かせない。そのため，腹臥位で上肢を動かすよりも背臥位で上肢を動かす方がより安定性が高く，手を使いやすい姿勢でもある。これは，上肢が重力により床方向へ加重されることで，肩甲帯が床へと押し付けられ安定性を保障するためと考えられており，このことからもリーチ動作における運動基盤の安定性の重要性を知ることができる。

初期のリーチ動作は，安定性がかけているため，一度の動作で目的物へ辿り着くことができないこともある。その場合には，何度か運動を行い，目標物へと近づいていく。６ヶ月頃のリーチ動作は，視覚に誘導された直線的なリーチ動作であるが，次第に動作そのものが効率的に行われるようになり，失敗することなくリーチ動作を行うことができるようになる。

把握動作は，３ヶ月頃では手に触れたものを握るところから始まる。把握する際には，ほとんどの場合が尺側の手指を使って握る。把握する力は，中指が最も強く，環指，小指の順になっており，最初の段階では母指は把握動作には参加しない。さらに，握っていたものを随意的に放すことはできない。４ヶ月頃では，徐々におもちゃの形や大きさによって現れる把握パターンに変化が生じるようになる。５ヶ月になると対称性手掌把握として母指と手指の基部で把握することができるようになる。近位部の安定性が十分であることが必要条件ではあるが，不安定な状態にある場合，手関節内で安定性を得ようとし屈曲する傾向が強まる。また，把握動作が安定することに加え，運動スキル自体も高まっているため，おもちゃを把握した状態で口に持っていくことも容易になる。依然として，把握したものを放すことは難しいが，手から手への持ち替え動作を行うことができるようになる。手から手への持ち替えは，物自体の特性を知ろうとする，識別する働きも関与している。

生後６ヶ月を超える頃には，手掌と大きさの近しい物であればしっかりと握り続けることができ，そのおもちゃを振ったり打ち付けたりして音を出したりすることも容易にできるようになる。また，小さい物であれば手掌把握で行うが，大きい物であれば母指は対立に位置した状態で把握することが可能となる。

生後７～８ヶ月を超えた頃には，四つ這いを取ることができるようになり，このことは手掌面に対する加重経験につながり，重要な感覚刺激を得る機会となる。これにより，手掌面でバランスを取ったりする経験が，手掌アーチの発達に寄与する。把握動作もバリエーションが増え，母指と指尖の間で保持することもできるようになる。橈側と尺側がそれぞれ別々に動かすことができるようになると，三指握りや指差しといった分離した運動が可能になってくる。これにより，次第に手指で物をかき集めることができるようにもなり，摘み動作の獲得へとつながっていく。

摘み動作では，三指握りでは大きさや形状がそぐわないと気づくと，新たに指腹摘みを獲得するようになる。母指と他指の指腹で小さいものをつまむことや，母指と示指の側面を用いた側腹摘みなども行うことができるようになる。最終的には指尖同士を用いた指尖摘みへと至る。

5　幼児期前期の運動発達

幼児期は１歳～就学までを表す。ここでは，１歳～３歳までの幼児期前期について以下にまとめる。

（1）粗大運動の発達

身体各部位をそれぞれ機能的に用いる動作が徐々に可能になってくる。これには，走る，跳ぶや階段昇降，片足立ちなどが含まれる。これらは，一側を支持側として安定に作用させ，もう一側の動作性を確保するという左右の協調的な分離運動が可能になったことを意味している。また，応用歩行と呼ばれる横歩きや後ろ歩き，物を跨いで歩くなども可能となる。これらは全て，運動機能のみではなく，体性感覚や視覚，空間認知能力とが相互に関連しあって安定した動作につながっている。さらに，協調的な運動が可能になることで，姿勢反応はより強い刺激に対してもバランスを保持することができるようになり，滑り台を滑ることやブランコに乗ることなどもできるようになる。この時期はブランコを自分で漕ぐことは難しくとも，揺らされたブランコの上で，落ちることなく姿勢を保持することはできるようになる。また，３歳頃には自分で三輪車を漕ぐことができるようにもなる。体幹を安定させた状態で左右の下肢の交互性の連続運動を力強く行うことができるようになる。４歳になるまでには，でんぐり返しをすることもできる。これは，目に見えない背側に対する身体図式の構築が関係しており，これまでの運動経験や体性感覚なども重要である。

（２）手の機能（微細運動）の発達

１歳を過ぎると食事を自分で食べることができるようになる。最初は指腹つまみや指尖つまみでの手づかみ食べを行うが，スプーンにも興味をもつようになる。流動性の高い食べ物（ヨーグルトやゼリーなど）などは手よりもスプーンを使って食べることを選択できるようになる。この時，食具の把持の仕方としては手掌回内握りと呼ばれる持ち方が基本となる。食具を操作する運動は，肩を安定させ，肘関節と前腕の動きで口まで食べ物を運ぶ。子どもによっては手掌回外握りで行う場合もあるだろう。これらのスプーンの持ち方は，鉛筆の持ち方とも連動しており，手掌回内握りや手掌回外握りでなぐり書きを行う。

前腕が回内・回外して食べ物をすくうことができるようになってくると，手指回内握りがみられるようになる。認知発達も相まって，丸を書くことや顔らしいものを書くこともできるようになってくる。

また，生活場面では，ハサミを使うことやボタンをはめるなどの巧緻性も獲得し始める。これも尺側の安定が橈側の操作性を高めることに寄与しており，手内での橈尺側の分離と協調的な運動ができるようになることが関連している。

6　幼児期後期の運動発達

４歳～就学までを幼児期後期として，以下にまとめる。

（１）粗大運動の発達

歩行自体は高度に制御され，徐々に自動化される。一定のリズムで歩行することもできるようになり，リズムを増減もしくは緩急することも可能である。走る速さも増し，連合反応が抑制されることで上肢の交互運動が見られるようになる。片足立ちはさらに安定し，けんけんやスキップなどのリズムのある複雑な運動も可能となる。上肢の把持力が増すことで鉄棒にぶら下がることもできるようになり，鉄棒を回る時には頭部が体幹より空間内で下に位置することにも取り組めるようになる。縄跳びを跳ぶことは，最初はジャンプと一緒に上肢を動かしてしまう共同的な運動を行っていたことが，上肢と体幹，下肢の分離性が可能になってくることで，縄跳びを行うこともできるようになる。すなわち，下肢の連続ジャンプと上肢の左右対称の協調運動をリズムよく行うことができるのである。また，三輪車から補助輪付きの自転車，そして補助輪なしの自転車を乗りこなすこともできるようになる。これにはもちろん練習は必要であるが，左右の上肢でハンドルを握りバランスを保ちながら，下肢を絶えず左右非対称な連続的動作を行うという非常に高度な運動を行うことができるようになる。

（２）手の機能（微細運動）の発達

鉛筆やスプーンの持ち方は，手指回内握りから静的三指握りへと発達する。認知機能も相まって，描画では十字や四角などの形を構成することもできるようになる。これまでの経験に基づいた力のコントロールを行うことができ，ものを容易に壊したりすることが少なくなる。静的三指握りの状態でも箸を使った練習に取り組めるが，次第に持ち方が動的三指握りにもなると，箸を上手に扱える準備も整う。それぞれの指を単独で動かすことができるようになり，課題に合わせた手指の使い方が可能となる。利き手はよく利用する手として，５歳頃までには固まってくるが，一部定まらないケースもあるため，日常的どちらの手をよく使用しているかを観察する必要がある。左右の手の役割が分担されることで，両手の協調性はより効率的に発揮されやすいためである。

日常生活場面においても，両手を使った課題では紐を結ぶことや，折り紙を折ることや，線に沿ってハサミで切るなど，より巧緻性を求められる課題に取り組むこともできるようになる。

学習課題

① 運動発達が遅れ，原始反射が残存すると，どんな運動発達の動作を妨げてしまうかを考えてみましょう

② 公園や身近にあるそれぞれの遊具で，どんな要素の運動を引き出すことにつながるのか，遊び方を考えてみましょう。

参考文献

浅野 大喜（2021）．第2章各論　運動の発達　浅野 大喜（編）Crosslink basic リハビリテーションテキスト　人間発達学，メジカルビュー社

岩﨑 清隆・鴨下 賢一（2019）．発達障害の作業療法　基礎編　第3版　三輪書店

辛島 千恵子（編）（2020）．メディカルスタッフ専門基礎科目シリーズ　人間発達とライフサイクル　理工図書株式会社

大城 昌平（編）（2010）．リハビリテーションのための人間発達学　第2版　メディカルプレス

大城 昌平・儀間 裕貴（編）（2018）．子どもの感覚運動機能の発達と支援――発達の科学と理論を支援に活かす――　メジカルビュー社

Rona Alexander，Regi Boehme , Barbara Cupps（編）太田 真美・佐野 幹剛・西範子・松本 憲吾・毛利 あすか（訳）（1997）．機能的姿勢――運動スキルの発達――　協同医書出版社

藪中 良彦（2015）．姿勢反射／反応と6歳までの発達　上杉 雅之（監）イラストでわかる人間発達学　医歯薬出版株式会社，pp.153-164

第4章

定型発達の子どもの発達の理解

――発達的観点の理解と社会性の発達

中村　晋

特別支援教育において，教師はなぜ発達の理論を学ぶ必要があるのか。障害のある子どもたちを支援するためには，障害特性の理解だけではなく，定型発達の子どもの発達の順序性に基づいて個々の発達特性を理解し，子どもの豊かな生活と将来の主体的な社会参加を目指して「今，ここ」の学びをどのように支えるか，その支援の方向性を考えることが必要である。

教師には，子どもの認知の発達，言語・コミュニケーションの発達，社会性の発達，身体運動の発達などさまざまな能力の発達について理解することが求められている。本章では，発達的観点に基づく人間理解について概観し，環境のなかで捉えられる個人の発達について考える。また，ここでは，社会性の発達について取り上げ，文化的な学習の基盤となる文脈知識の習得によって，どのように他者との関係性を築き，言語やコミュニケーションを学んでいくのかについて理解を深めていく。

1　子どもの発達の多様性

（1）人が発達するということ

定型発達の子どもの発達の道筋を理解することは，障害のある子どもの発達がどのような段階にあるのか，個々の実態把握を可能にし，教育的な支援の手がかりを得ることができる。発達は「有機的な生命の始まり以後の時間にわたる，身体・精神・行動・人間の構造と機能の順次的段階的な形成および変化」（矢野，1995）と定義されている。このことは，人が誕生してから死に至るまでの生涯の時間軸の中で変化する認知・言語・社会性などの心理的機能や行動と捉えられる。また，人間の発達は生物学的な遺伝と社会・文化的な環境の相互作用によって生じると考えられており，連続的な順序性に沿った経過をたどることが多いといえる。しかし，その発達には個人差があり，個人に生じるさまざまな要因が影響することによって，多様な発達的経過をたどる。本章では定型発達の子どもの発達を取り上げるが，ここでの定型発達（typical development）とは，多くの人に共通した傾向にある神経学的に定型的な発達による順序性として捉える。一方で，子ども一人一人の育ちは，生物学的な特性の違いや，個々の育ちの社会的な環境によってその道筋は一様ではなく，発達には多様性があることを前提に，個人内の発達過程に焦点をあてることが大切である。あくまで多様な発達過程にある子ども一人一人の育ちを個人と環境との相互作用のなかで捉え，個性ある人生を支えるためには，どのような環境を整えることが望ましいかを考える手がかりとして，定型発達の道筋を理解してほしいと考える。

（2）多様性ある子どもの発達を知る

バルテス（Baltes, P. B.）（1993）は，個体の発達を生涯にわたる過程にある発達的変化として捉え，その方向性やその順序性といった個人の発達の道筋は生活条件と経験によってさまざまな形態をとりえる可塑性や発達を構成する多方向性があることを論じている。また，個人の発達に影響する要因には，生物学的な成熟に向かう年齢にともなう要因，近代化や戦争など歴史にともなう要因，個人性あるいは特異性といった一定の基準のない要因があるとして，これらの要因によって，生涯にわたる人の発達に影響を及ぼすと考えられている。生涯発達の初期にある子どもは，成熟に向けた認知的変化の規則性が生じる一方で，成年期と老年期は，より大きな開放性，多様性，そして可塑性によって特徴づけられるとしている。こうした子ども時代についての知見と成年期についての知見との間の差異は，人間の発達をとりまく大きな文脈のなかにその起源をもっていると解釈されている。このような考え方は，障害のある子どもの発達を理解する上でも重要である。個々の生物学的な多様性を社会文化的な環境のなかで一人一人が異なる発達過程にあることを理解するということは，個人がどのような生活文脈を生きるのかを，過去を含めた「今」と「これから」の縦の時間軸にある生活と，「今，ここ」の横の空間軸にある生活のなかで発達を捉えながら，個人の人生を支えるという視点をもつことであると考えたい。

2　発達的観点とICFモデルによる障害観

（1）発達的視点による子どもの理解

発達心理学の研究知見を，生涯発達の支援にいかす学問分野である臨床発達心理学では，臨床発達心理学を「人の生涯にわたる生物・心理・社会的側面からなる生活文脈の場のなかで起こり得る，さまざまな兆候・問題・障害を内包した（インクルージョンの視点をもった）時間的・発生的な過程から，人間の心的機能の解明を行い，また，そのことを通して，具体的な発達の方法論の検討を行う人間探求の領域」（長崎・古澤・藤田，2002）と定義している。長崎ら（2002）によれば，人間の発達は，これまでの成長の積み重ねのプロセスである「過去」とこれからの成長の見通しのプロセスである「未来」の狭間にある，生涯発達のなかで変化し続ける途上の存在としている。発達を支援するということは，個体の生物学的・生得的な内的なメカニズムと，対象児者を取り巻く大人や仲間，社会・文化的文脈，または物理的環境と相互作用＝活動を通して進行し，その活動自体を自ら認識するといった包括的な人間発達の理解に基づいて，「未来」のプロセスに関して妥当な目標設定を行い，人・物・文脈を人為的に操作することであると捉えられている。

このような個人と環境との相互作用のなかで発達を捉える観点（発達的観点）は，ICF（「国際生活機能分類」）（世界保健機関，2001）による障害観によって，より理解を深めることができる（図4－1）。ICFモデルの特徴は，「障害」は個人が有している特性と環境との相互作用によって「障害のある」状態や「障害のない」状態が変化するものであるという捉え方をしている点にある。このことは，生涯の発達的変化が個人の生活文脈におけるさまざまな環境に影響を受ける発達のメカニズムを理解する枠組みと同じ考え方であることを意味している。

「障害」を捉える考え方には，社会参加の困難さの問題が個人の側にあり，その原因が生物学的な心身機能にあるという捉え方がある。これを障害の個人

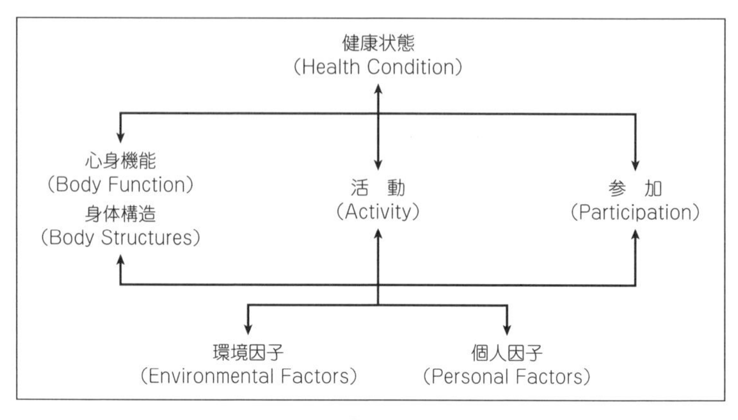

図４－１　ICF「国際生活機能分類」

出典：世界保健機関（2002）.

モデル（医学モデル）という。「障害のある人」は，個体が有する心身機能や身体構造に何らかの欠損や，諸機能が十分に発揮できない状況によって，さまざまな能力の発達や身体の成長に影響を受けるという考え方である。このモデルでは，障害を個人の病気や傷害，その他の健康状態から引き起こされた問題として捉えるため，障害を解消するためには，訓練や治療，リハビリテーションなど個人の努力によって問題を克服したり，解消したりすることを目指す。

一方では，個体を取り巻く環境側（社会）に原因があるという「障害」の捉え方がある。これを障害の社会モデルという。このモデルの特徴は，マイノリティの存在を考慮せずにマジョリティの都合で作られた社会の仕組みにあるさまざまな障壁を解消することが社会の責務と捉えることにある。そのため，生きることの困難さの原因となる社会的障壁*を取り除き，本人がもつ能力を発揮できるように環境を整えたり，支援したりすることによって，障害のある人が主体的な社会参加を目指すことができる。

＊障害者基本法第２条２では，社会的障壁を「障害がある者にとって日常生活又は社会生活を営む上で障壁となるような社会における事物，制度，慣行，観念その他の一切のものをいう」と定義されている。

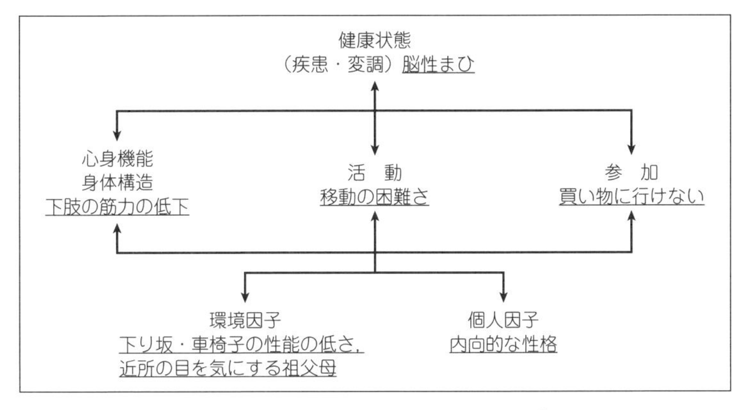

図４－２　ICF の視点で捉えた脳性まひのある子どもの困難さ

出典：徳永（2005）を参考に筆者が作成.

ICF（「国際生活機能分類」）は，個人モデルと社会モデルを統合し，「障害」を個人と環境との相互作用によって生じる「生きることの困難」として捉える画期的なモデルであり，人の生涯発達を支える教育・医療・福祉・労働などさまざまな分野の支援者に必要不可欠な考え方である。特別支援学校学習指導要領解説自立活動編（2018）には，ICF モデルを踏まえた障害の理解に基づいて，児童生徒の実態を把握し，具体的な指導内容を設定するよう明示されている。

たとえば，図４－２は脳性まひの子どもの能力と社会参加の困難さを ICF のモデルで表している。脳性まひのある子どもの場合，下肢の筋力の低下という身体構造により移動の困難さが生じる。したがって，自立活動の指導では，本人の運動機能の向上に焦点を当てた指導を行うことによって，買い物などの社会参加が可能になるような支援の方針を検討することができる。このように脳性まひによって生じる運動障害を社会的不利の原因と捉え，障害の改善・克服に向けた指導は，「個人モデル」に基づく支援といえる。一方では，積極的に買い物に行きたいという意思を表明し，家族がその意思を尊重している場合，移動の援助を受けながら交通機関を利用して余暇を楽しんだり，社会参加したりすることが可能である。したがって，自立活動の指導では，本人がどのような支援を受ければ外出が可能かを考え，合理的配慮の意思表明によって自ら環境を調整できるようにする支援の方針を検討することができる。こうした社会的な障壁を自ら取り除くことによって社会参加を目指す指導は，「社会モデル」に基づく支援といえる。しかし，本人に内向的な性格があった場合，社会参加の機会をつくることは簡単なことではない。また，外出の意思があっても家族が心配するあまり，願いが尊重されなければ社会参加の機会に制約が生じ，そもそも「できる活動」である校外への移動は，力を発揮する機会がないまま，その能力を伸ばすことができなくなってしまう。

このように，個人を取り巻く環境（環境因子）や個人の性格等（個人因子）によっては力を発揮できる状況が変化し，困難さが軽減されたり，増加してしまったりすることをICFモデルによって理解することができる。教師に必要なことは，子どもの発達を個人が生活する文脈の中で捉え，本人への支援（個人モデルに基づく支援）と同時に人的環境としての関係する人も含めた環境への支援・調整（社会モデルに基づく支援）によって総合的に支援していく姿勢をもつことが大切である。

（2）個と環境のなかで捉える発達

ICFにおける環境因子には，「支援と関係」「態度」といった「人的環境」が含まれる。これは，個人を取り巻くあらゆる人をさし，家族や支援者以外にも学校や地域社会のさまざまな機会を通して本人に関係する人たちの存在も環境の一つであると捉えている。また，人的環境としての「態度」は，関わり手が個人をどのように理解し，接するかとう側面が重視されるため，教育に携わるすべての支援者の関わり方が子どもの発達に影響するということを自覚する必要がある。

そこで，学習のつまずきのある子どもを取り巻く環境について考えてみたい。子どもは常に変化する人的，物的な環境のなかで学校生活を送っている。教師は，子どもの能力を発揮している状況と発揮できていない状況を環境因子の側面から把握することによって，能力を伸ばし，または発揮できるようにするための環境づくりや支援の手がかりを考えることが可能になる。たとえば，子どもを取り巻く環境は，支援者の子どもに対する価値観や教育観，姿勢・態度と

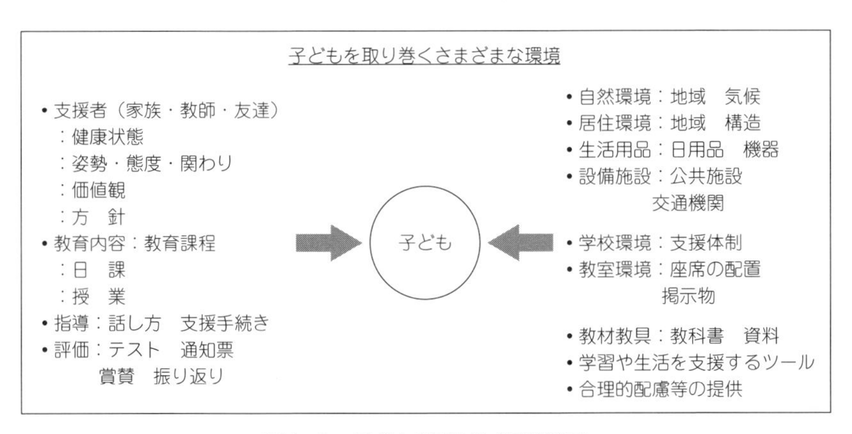

図4－3　子どもを取り巻く環境要因

いった関わり方，また学校や学級の教育方針や教育課程・学習内容，指導の技法，授業で扱う教材教具や学習を支援するツールから合理的配慮など，さまざまである。学校教育において，子どもたちはこうした教育環境への適応と調整を繰り返し，個々の能力の獲得や発達が促されている。図4－3は，学校教育の生活文脈における具体的な環境を例示しているが，子どもたちの生活は，学校以外の家庭や地域においても同じように一人一人の生活文脈がある。それぞれの場で出会う人，関わる人のすべてが子どもの発達を支えていることを理解することによって，よりよい関わり方の手がかりを探ることができる。

多くの場合，学校教育現場では子どもが環境に合わせて適応することが求められている。しかし，子どもによっては適応することに困難さが生じ，不安や混乱のなかで学習したり，生活したりすることが起こりえる。人的環境としての教師に求められることは，個々の育ちに応じて子どもに「学びの環境」を合わせていくことが必要である。ヴィゴツキー（Vygotsuky, L. S.）（2001）によれば，子どもの発達には2つの水準があると考えられており，「独力で達成可能な水準」と「教師などの力を借りることによって達成可能な水準」が存在し，これら2つの水準の差の部分を「発達の最近接領域」と呼んでいる。子どもに期待される能力の獲得や学習を支援するためには，発達の最近接の領域に考慮し，子どもが少しの努力によって自分自身の目標を達成できるよう援助を工夫する必要がある。他者との相互作用による子どもの学びのプロセスを明らかにしたウッド・ブルーナー・ロス（Wood, Bruner and Ross,1976）は，子どもが一人でできるようになるためには，はじめに他者の援助によってできるよう足場づくり（scaffolding）を行い，徐々に一人でできるように足場をはずしていくという理論を展開した。教育の場においては，指導者が子どもへの援助を調節し，学びを促進するための効果的な手立てを提供することによって，他者に支えられながら子ども自らが能力を伸ばし，育つ環境づくりが求められている。

3　文化的な学習の基盤となる文脈の知識

（1）社会性とは何か

前節では，人が発達する過程を個人と環境との相互作用を通して理解を深めるためのICFモデルについて解説した。子どもは，身近な家族の関係から，学校，地域へと社会・文化的な文脈を通して他者との関係性を広げ，他者を媒介に環境からの影響を受けながら社会参加するために必要な諸能力を獲得していく。本節では定型発達の子どもにおける社会性発達について概観し，障害のある子どもへの支援の手がかりについて考えたい。

発達障害や知的障害のある子どもから成人に対する日常生活の適応行動を評価する「ヴァインランド適応行動尺度」（Vineland Adaptive Behavior Scales）には，「対人関係」，「遊びと余暇」，「コーピングスキル」といった3つの社会性の下位領域がある。「対人関係」では，他者への反応，感情の理解・表現，模倣，対人的コミュニケーション，他者への気遣い，友情，異性への交際といった項目によって，他者とどのように関わっているかについて評価する。「遊びと余暇」では，遊び，共有・協力，友人との外出，ゲーム，社会的手がかりの理解といった項目によって，対象者がどのように遊び，余暇の時間を使っているか，「コーピングスキル」では，食事や会話，社会的場面でのマナーや謝罪，予定に合わせた行動といった責任や仲間への気配り，社会的な危険の認識，予定変更などへの切り替え，衝動のコントロール，秘密の保持といった項目によって，社会生活上の困難な状況に対処するためのスキルについて評価する。このように社会性には，対人関係や社会参加において適応的に生きていくためのスキルという側面をもっている。一方，長崎（2006）によれば社会性とは「個人が，ある文化に参加し，その文化を共有・継承し，さらには新たに発展・創造していくための，自己の個性化と他者との関係性」であり，社会性の発達とは，「自己の個性化と他者との関係性の深化の過程」であると定義し，その深化の過程には，既有の文化を背景にした大人からの働きかけが大きな役割を果たすと述べている。ここでの自己の個性化とは，他者との関係性のなかで育まれる内面の理解のことであり，他者と違う自分が認められることによって自分自身をポジティブに捉える自尊感情や自己肯定感が育まれている。こうした感情をもって社会のなかで自分らしく生きていくためには，お互いの違いに気づき，自己理解を深める経験の積み重ねが必要である。また，他者と同じ私に気づくことによって，共感感情や仲間意識が形成されていく。このように，自己の個性化は，他者との関係性を構築し，それを維持したり，調整したりする能力と共に，社会性の発達を支える大切な要素といえる。

（2）文脈の知識とスクリプト

子どもは，さまざまな生活文脈を他者と共有することによって，他者を介して言語やコミュニケーションスキル，社会的なマナーや習慣などの文化的学習を経験し，社会性を発達させていく。トマセロ（Tomasello, M.）（2006）によれば，言語やコミュケーションの習得には，他者が意図をもつ行為の主体であることを理解することが必要であり，他者の伝達意図の理解は，社会的認知の基盤となるような，何らかの共同注意の場面でのみ可能であると述べている。ここでの共同注意場面とは，子どもと大人が一緒に第三の何かに，また第三の何かに向けられた相手の注意にある程度の時間にわたって注意を向けるという社会的なやりとりをさす（トマセロ，2006）。他者と同じように伝達意図を表現するためには，大人がどのように言語記号を使っているかを理解し，子どもが積極的に言語記号を習得する際の文化学習のプロセスのなかで，大人と役割を交代し，自分に向かっていた記号を大人に向かって使用するといった模倣による学習が必要である。

子どもは，こうした言語の習得過程で「生活様式（form of life）」（ウィトゲンシュタイン（Wittegenstein, L.）（1988）を基盤にした社会的なやりとりを通して大人の伝達意図を理解していく。その際，生活様式の知識構造であるフォーマットやスクリプト*といわれるさまざまな文脈の知識は，共同行為に参加するための手がかりとなる。そこでは，子どもが場を共有する他者に注目し，他者が何をしようといているのかといった意図を読み取りながら，共同行為への参加を通してスクリプトの系列要素に対応した言語や行為を獲得していく（長崎・佐竹・宮崎・関戸，1998；長崎・佐竹・宮崎・関戸・中村，2006）。たとえば，「あらう」という言葉は，お風呂のなかで，「たべる」は，おやつを食べながら，「ありがとう」は，物の受け渡し場面やごっこ遊びといった実際の生活や遊びの文脈を基盤にして，一緒の活動に参加する他者を介して学んでいる。

＊日常生活におけるさまざまなルーティンに関して内的に保持（記憶）している知識構造。

初期の発達段階にある乳幼児は，共同行為への参加の前に，「いないいないばあ」や「これなに（指差し）」「ブーブ（車）ね」といった儀式化，習慣化されたやりとりを経験する。このような単純なやりとりの型をフォーマットという。子どもは「私」と「あなた」の二項関係から「私」と「あなた」の間にある「もの（音や表象など目に見えないものを含む）」を介した三項関係によるフォーマットの共有経験を積み重ねるなかで，他者の情動や視線の共有，さらには他者の意図理解の基盤となる共同注意を獲得していく。

このように，子どもは文化的に組織されたさまざまな活動のなかで，フォーマットやスクリプトといった構造化された文脈の知識構造を共有しながら，コミュニケーションの仕方などを学んでいく。そこには，共同行為による「場の共有」から「行為の共有」，さらには「注意や意図の共有」から「ことばの共有」に至るプロセスがある。やがて，子どもは人と関わる文脈のなかで，他者の意図や感情に応じた適切な行為の仕方を学ぶことによって心の理解も促されていく。子どもがこのような共同行為に参加できるようになるためには，大人の役割が重要である。発達につまずきのある子どものコミュニケーションや社会性を支援するためには，遊びや生活の文脈を意図的に構成・設定し，共同行為による活動の場への参加を促しながら，他者と適切な相互交渉や活動参加の方法を学ぶ場を提供することが必要である。その際は，生活様式としてのフォーマットやスクリプトの習得を目指すことが有効な手段となる。

（3）スクリプトの発達

１歳から２歳の幼児は，「むすんでひらいて」や「グーチョキパー」などの手遊びフォーマットから，食事や着替え，入浴など日常生活のスクリプトを習得していく。この時期は，子どもが主に行為の受け手としてスクリプトに参加する。やがて，２歳から３歳になると，大人が行っていた役割の一部を子どもが行ったり，役割を交代したりすることができるようになる。たとえば，食事の準備や掃除，「一本橋こちょこちょ」の手遊びや「おままごと」のようなふり遊びのなかで，役割をふって遊べるようになる。また，「鬼ごっこ」遊びや「イスとりゲーム」といった単純なルールや役割交代を伴った社会的ゲームスクリプトへの参加ができるようになっていく。この他に「おおきなかぶ（ロシアの昔話)」や「てぶくろ（ウクライナ民話)」のような話の展開が繰り返されるストーリーを理解し，物語の結末を楽しむようになる。４歳から５歳の年齢になると，食事の準備から片付け，買い物といった日常生活のスクリプトや，起承転結のストーリーのある劇スクリプトを理解し，能動的に参加したり，「だるまさんがころんだ」「ドロケイ」などのルールのある遊びのように活動の系列要素が有機的に構成されたスクリプトに参加したりすることができるようになる。

学校現場で授業の題材を設定する際には，子ども一人一人がどのようなスクリプトを習得しているかを把握する必要がある。肢体不自由のある児童生徒には，スクリプトの遂行（活動参加）に制約があるため，子どもが有しているフォーマットやスクリプトに応じて，指導者が積極的に活動への参加を支援することによって場面（文脈）の共有化を図ることが重要である。

4　言語・コミュニケーションや社会性の発達を支援するために

（1）文脈への参加と共有への動機

トマセロ（2013）によれば，コミュニケーション発達の基盤には，他者を協力的主体として理解する能力として，他者と共同意図や共同注意を作り出すための認知的スキルと，他者を助けたり，他者と何かを共有したりするための向社会的動機の二つがあると述べている。後者においては，他者への援助の要求，他者への援助の提供，他者との感情や見方の共有といった3つの動機があり，これらは文脈を通して相手にXをしてほしい，Yを知ってほしい，Zを共有してほしいという社会的意図の伝達と理解のやりとりが行われるとされている。子どもが能動的に日常生活や遊びのスクリプトに参加し，社会・文化的な学習ができるようにするためには，多様な生活経験を通して，他者との「共有の志向性（shared intentionality）」（トマセロ，2013）を高めるなかで，共同行為者に注目したり，伝達意図を理解したりすることができるように支援することが重要である。

（2）さいごに

乳幼児期から幼児期，学齢期に至る生活においては，さまざまな行為や活動を他者と共有する経験を通して，大人が使用することばや行為に注意を向け，どのような状況でその場その場に適したことばや振る舞いをするのかを学んでいく。スクリプトは，そのような一連の具体的な行為の系列の知識，すなわち文脈の知識であり，子どもは，大人によって築きあげられる文化的な活動のなかで，構造化された共通の枠組みであるスクリプトを自らの生活に取り込んでいく。障害のある子どもへの指導においては，学びの場に実際の生活文脈をいかしたスクリプトを積極的に用いて授業づくりを行いたい。そこでは，子どもが抱えたコミュニケーションや社会性のつまずきを文脈のなかで的確に評価しながら有効な手立てを検討し，どのようなスキルを獲得すれば人との関わりがうまくいくのか，また他者との関係を築いたり，維持したりすることができるのかについて考えたい。

自尊感情や自己肯定感，共感感情や仲間意識もまた，生活文脈のなかで培われている。子どもは，大人や友達に褒めてもらったり，励ましてもらったりする経験を通して，自己を肯定的に捉え，また，うまくできたという達成感によって生活や学習の目標に対してポジティブに向かう自己効力感が高められると考える。さらに，他者との関係のなかで自己の個性化を育むためには，一人一人の子どもたちに共有された志向性の高い動機によって，主体的な参加が可能なスクリプトによる指導場面を設定することが必要である。教師に期待したいことは，子どもが「他者と一緒に活動したい」といった動機を育みながら，ポジティブな情動共有の場を通して諸能力の発達が促されるように，多様な生活文脈を経験できる機会をつくっていくことである。

学習課題

① 発達的観点とはどのような捉え方でしょうか。ICF モデルの考え方を踏まえて説明してみましょう。
② 言語・コミュニケーション，社会性の発達においてスクリプトを用いた指導の有効性について考えてみましょう。

参考文献

Baltes, P. B. (1987). Theoretical Propositions of Life-Span Developmental Psychology: On the Dynamics between Growth and Decline. *Developmental Psychology*, **23**, 611-626.

世界保健機関（WHO）　厚生労働省（訳）・障害者福祉研究会（編）(2002)．ICF 国際生活機能分類——国際障害分類改訂版　中央法規出版

文部科学省（2018）．特別支援学校学習指導要領・学習指導要領解説自立活動編（幼稚部・小学部・中学部）

長崎 勤・古澤 頼雄・藤田 継道（2002）．はしがき：発達的観点とは？　長崎 勤・古澤 頼雄・藤田 継道（編著）臨床発達心理学概論——発達支援の理論と実践　ミネルヴァ書房，pp. iv - vi

長崎 勤・宮崎 眞・佐竹 真次・関戸 英紀（編著）（1998）．スクリプトによるコミュニケーション指導——障害児との豊かなかかわりづくりを目指して　川島書店

長崎 勤（2006）．社会性の発達とその障害――文化の共有と継承　長崎 勤・宮﨑 眞・佐竹 真次・関戸 英紀・中村 晋（編著）スクリプトによる社会的スキル発達支援――LD・ADHD・高機能自閉症児への支援の実際　川島書店，pp.3-23

ポール・バルテス（著）鈴木 忠（訳），東 洋・柏木 恵子・高橋 恵子（編集・監訳）（1993）．生涯発達心理学を構成する理論的諸観点――成長と衰退のダイナミックスについて　生涯発達の心理学1巻　認知・知能・知恵　新曜社，pp.173-204

徳永 亜希雄（2005）．ICFと個別の教育支援計画　独立行政法人国立特別支援教育総合研究所・世界保健機構（編著）ICF活用の試み――障害のある子どもの支援を中心に　ジアース教育新社，pp. 81-90

Tomasello, M. (1999). *The cultural origins of human cognition.* Harvard University Press.（大堀 壽夫・中澤 恒子・西村 義樹・本多 啓（訳）（2006）．心とことばの起源を探る――文化と認知　勁草書房）

Tomasello, M. (2008). *Origins of Human Communication.* The MIT Press.（松井智子・岩田 彩志（訳）（2013）コミュニケーションの起源を探る　勁草書房）

ヴァインランド-Ⅱ適応行動尺度（2014）．日本文化科学社

ヴィゴツキー（著）柴田 義松（訳）（2001）．思考と言語　新読書社

Wittegenstein, L. (1953). *Philosophical investigations.* New York：Macmillan.（藤本隆志（訳）（1988）．ウィトゲンシュタイン全集8哲学探究　大修館書店）

Wood, D., Brunner, J. S., & Ross, G. (1976). The role of tutoring in problem solving. *Journal of child psychology and psychiatry*, **17**, 89-100.

矢野 喜夫（1995）．発達　岡本夏木・清水御代明・村井潤一（監修）発達心理学辞典　ミネルヴァ書房，pp.560-561

第5章
心理検査・発達検査の基礎理解

水内豊和

肢体不自由児の実態把握と，それに基づく教育や指導計画立案のためには，子どもの障害や疾病の理解だけでなく，心理面や発達の状態を客観的に評価（アセスメント）する必要がある。本章では，肢体不自由児の実態把握のポイントと，実態把握において用いることのある標準化された心理検査，発達検査などについて概説する。また，身体機能などの制約から，標準化された検査手続きでは難しいことがあるため，検査実施上の留意点，検査実施の工夫，結果の解釈上の留意点，行動観察や保護者・他機関からの聞き取りなどによるアセスメントについても解説する。加えて，肢体不自由児の心理・発達に特化したアセスメントツールについても紹介する。

1 肢体不自由児の心理・発達の評価

肢体不自由のある子どもは，その起因疾患による障害の状態等が多様であるため，子ども一人一人について，多面的・多角的で十分な情報の把握を行うことが必要である。特に，心理面や発達面については，以下に示すような内容について把握することが求められる（文部科学省，2021）。

（1）発達の状態等に関すること

① 身体の健康と安全

睡眠，覚醒，食事，排せつ等の生活のリズムや健康状態について把握する。また，肢体不自由の起因疾患の一つである脳性まひの子どもについては，子どもの緊張が高まって正しい観察が困難になる場合があるので，子どもに触れるときには，母親が抱いた状態で相対し，子どもに安心感を与えるなどの配慮が必要である。

② 姿　勢

遊びや食事，座位などにおいて，無理なく活動できる姿勢や安定した姿勢のとり方を把握する。また，学校生活等における姿勢変換の方法，補装具の調整や管理，休息の必要性，休息の時間帯などについて把握する。

③ 基本的な生活習慣の形成

食事，排せつ，衣服の着脱等の基本的生活習慣に関する自立の程度や介助の方法等について把握する。

④ 運動・動作

遊具や道具等を使用する際の上肢の動かし方などの粗大運動の状態やその可動範囲，小さな物を手で握ったり，指でつまんだりする微細運動の状態を把握する。また，筆記能力については，文字の大きさ，運筆の状態や速度，筆記用具等の補助具の必要性，特別な教材・教具の準備，コンピュータ等による補助的手段の必要性について把握する。

⑤ 意思の伝達能力と手段

言語の理解と表出，コミュニケーションの手段としての補助的手段（文字盤，トーキングエイド，コンピュータ等の情報機器）の必要性について把握する。なお，必要に応じて，言語能力を把握するために，標準化された検査を実施することも考えられる。

⑥ 感覚機能の発達

保有する視覚，聴覚等の感覚の活用の仕方を把握するとともに，視知覚の面については，目と手の協応動作，図と地の知覚，空間における上下，前後，左右などの位置関係等の状態について，適切な教材等を用意して把握する。なお，必要に応じて，視知覚等の発達の状態を把握するために，標準化された検査を実施することも考えられる。

⑦ 知能の発達

知能に関する認知や概念の形成については，ものの機能や属性，形，色，空間の概念，時間の概念，言葉の概念，数量の概念等の状態について，適切な教材等を用意して把握する。なお，必要に応じて，知能を把握するために，標準化された検査を実施することも考えられる。

⑧ 情緒の安定

環境の変化等により，不安な状態や表情が必要以上に見られないか，過度な緊張や意思の伝達のストレス等により，多動や自傷などの行動が見られないか，集中力の継続などを，遊び等の場面における行動観察から把握する。

⑨ 社会性の発達

遊びや対人関係をはじめとして，これまでの社会生活の経験や，事物等への興味や関心などの状態について把握する。また，遊びの様子については，どういった発達の状態にあるのかを把握する。このほか，身近な存在である保護者との遊び方や関わりの様子から，他者との関わりの基盤について把握することも必要である。なお，必要に応じて，社会性の発達を把握するために，標準化された検査を実施することも考えられる。

⑩ 障害が重度で重複している子ども

障害が重度で重複している子どもは，発達の遅れがあったり，健康状態が変動しやすかったりする。また，覚醒と睡眠のリズムが不規則なことが多く，しかも，体力が弱かったり，食事の量や時間，排せつの時刻が不規則になったりする傾向が見られる。さらには，健康状態を維持するために，常時，医学的観察が必要となる場合がある。

（２）本人の障害の状態等に関すること

本人の肢体不自由の状態等を把握するに当たっては，（１）で述べた事項について的確に把握するとともに，年齢や発達段階に応じて，次のような本人の心理面に関する事項について把握することが必要となる。

① 障害の理解

障害の理解の状態について，次のようなことを把握することが考えられる。なお，子どもによっては，幼児期から自分の障害に気づいている場合があり，障害の理解の状態について，認定こども園・幼稚園・保育所，児童発達支援施設等の協力を得て，把握することも考えられる。

- 自分の障害や障害による困難に気づき，障害を受け止めているか。
- 自分のできないこと，できることについての認識をもっているか。
- 自分のできないことに関して，悩みをもっているか。
- 自分の行動について，自分なりの自己評価ができるか。
- 自分のできないことに関して，先生や友達の援助を適切に求めることができるか。
- 家族が，子どもに対して身体各部の状態の理解や保護等について，どの程度教えているか。
- 子ども自身が，認定こども園・幼稚園・保育所，児童発達支援施設等で，障害を認識する場面に出会っているか。

② 障害による学習上または生活上の困難を改善・克服するために，工夫し，自分の可能性を生かす能力

障害による学習上または生活上の困難を改善・克服する意欲や態度について，次のようなことを把握することが考えられる。

- 障害を正しく認識し，障害による学習上または生活上の困難を克服しようとする意欲をもっているか。
- 使用している補助具や補助的手段の使い方や扱い方を理解しているか。
- 使用している補助具や補助的手段を使い，障害による学習上または生活上の困難の改善・克服のために，自分から工夫するなどの積極的な姿勢が身についているか。

③ 自立への意欲

主体的に自立しようとしている姿勢が見られるかについて判断することが必要となることから，次のようなことを把握することが考えられる。

- 自分で周囲の状況を把握して，行動しようとするか。
- 周囲の状況を判断して，自分自身で安全管理や危険回避ができるか。
- 自分でできることを，他者に依存していないか。
- 周囲の援助を活用して，自分のやりたいことを実現しようとするか。

④ 対人関係

学校生活を送る上で必要な集団における人間関係について，次のようなことを把握することが考えられる。その際，保護者や認定こども園・幼稚園・保育所，児童発達支援施設等と連携して，その状況を把握することが大切である。

- 実用的なコミュニケーションが可能であるか。
- 協調性があり，友達と仲良くできるか。
- 集団に積極的に参加することができるか。
- 集団生活の中で，一定の役割を果たすことができるか。
- 自分の意思を十分表現することができるか。

⑤ 学習意欲や学習に対する取り組みの姿勢

学習意欲や学習の課題に対する取り組みの姿勢について，次のようなことを把握することが考えられる。

- 学習の態度（着席行動，姿勢保持）が身についているか。
- 学習や課題に対して主体的に取り組む態度が見られるか。
- 学習や課題に対する理解力や集中力があるか。
- 年齢相応の態度や姿勢で学習活動に参加できるか。
- 読み・書きなどの技能や速度はどうか。

2　標準化された検査によるアセスメントの必要性

第1節で見てきたように，実態把握の内容によっては，標準化された検査を使用することが望ましい場合がある。

標準化された検査は，心理検査実施の適格者（公認心理師，臨床心理士，臨床発達心理士など専門性の高い心理資格の所持者や，言語聴覚士，作業療法士などの医療関連国家資格所持者など）のみが実施可能なものがほとんどであるため，基本的に学校教員が実施することは認められていない。しかし，それぞれの検査がどのような理論的背景をもち，何を測定するものなのかについてある程度理解しておくことは，結果を教育や支援に活かす上で重要である。

専門家による肢体不自由児の心理面・発達面についてのアセスメントでは，これらの心理検査を単独で実施するのではなく，発達状況を調べるための知能検査や全般的な発達検査と，固有の領域の発達，そして適応行動の状態を調べる検査などを組み合わせ（バッテリー）として行うことが推奨される。バッテリーを組んでさまざまな側面から検査結果を検討し，それらの観点から日々の生活や集団行動における子どもの行動観察を再評価し，総合的に子どもの状態をアセスメントすることが望まれる。

3　知能検査

（1）知能検査とは

標準化された知能検査では，知的水準，すなわち全体の知能指数（IQ）がわかるだけでなく，下位検査によって領域固有の認知能力がわかるので，子どもの認知能力の偏りを把握することができます。知能検査から得られる知的水準・認知特徴について把握することは，肢体不自由児の特徴を理解したり，支援したりする上でとても重要です。なぜなら，運動機能のみならず知的水準によっても行動は大きく影響を受けるからです。

よく用いられる代表的な知能検査として，幼児期用には田中ビネーや WPP-

SI-Ⅲ，児童期以降用にはWISC-V，成人期用にはWAIS-Ⅳがある。WISC-Vについては次項にて詳述する。

また知能検査・認知能力検査としては他にもKABC-ⅡやDN-CASがある。KABC-Ⅱは，基礎的な認知過程を測定する「認知尺度」（11下位検査）とその認知を活用した習得の成果を示す「習得尺度」（９下位検査）で構成され認知能力と学習習得度との関係から教育・学習に資する実態把握が可能である。DN-CASはPASS理論に基づき，12の下位検査で構成されており，全検査標準得点の他に，プランニング（Planning），注意（Attention），継次処理（Successive），同時処理（Simultaneous）の標準得点が算出でき，認知特性に基づく支援を考えることができる。

（２）WISC-V

WPPSI，WISC，WAISはともに米国のウェクスラー（Wechsler, D.）によって開発された知能検査であり，児童用であるWISCの最新のものは第５版となるWISC-Vとなる。検査者１名に対象児１名の個別式知能検査であり，日本のみならず世界的に使用されている。WISC-Vの日本版は2021年に発行された。適用範囲は５歳０ヶ月〜16歳11ヶ月です。表５-１に，WISC-Vの各下位検査と測定している内容（合成得点（FSIQ），主要指標，補助指標）との関係を示す。

WISC-Vは，知能因子理論の集大成ともいうべき「CHC理論」（大六，2016）に準拠して検査が作成されており，現在の知能研究の分野において，知能因子として存在が推定されているものに相当する10の知能因子のうち５つをWISC-Vにおいて測定可能となったことが一つの大きな特徴である。

WISC-Vへの改訂に伴い，前の版であるWISC-Ⅳからはいくつか大きな変更点がある。WISC-Vの解釈は，合成得点（FSIQ），主要指標，補助指標の３つの指標レベルで行うことができる。下位検査は全部で16あり，主要下位検査（10）と二次下位検査（６）の２つのカテゴリーに分類される。新しい下位検査として「バランス」「パズル」「絵のスパン」が，「数唱」の課題に「数唱：数整列」が加わった。また，「語の推理」と「絵の完成」はなくなった。

表５－１　日本版 WISC-V 知能検査の構成

		2 類似	6 単語	11 知識	15 理解	1 積木模様	8 パズル	3 行列推理	7 バランス	12 絵の概念	16 算数	4 数唱	9 絵のスパン	13 語音整列	5 符号	10 記号探し	14 絵の抹消
	全検査 IQ（FSIQ）	○	○	△	△	○	△	○	○	△	△	○	△	△	○	△	△
主要指標	言語理解指標（VCI）	○	○														
	視空間指標（VSI）					○	○										
	流動性推理指標（FRI）							○	○								
	ワーキングメモリー指標（WMI）											○	○				
	処理速度指標（PSI）														○	○	
補助指標	量的推理指標（QRI）								○		○						
	聴覚ワーキングメモリー指標（AWMI）											○		○			
	非言語性能力指標（NVI）					○	○	○	○				○		○		
	一般的知的能力指標（GAI）	○	○			○		○	○								
	認知熟達度指標（CPI）											○	○		○	○	

注：下位検査名の上の数字は実施順序　○は実施必須　△は○の検査に１つだけ代替可.
出典：津川・大六（2023）.

WISC-Ⅳでは，言語理解指標（VCI），知覚推理指標（PRI），ワーキングメモリー指標（WMI），処理速度指標（PSI）という４つの指標だったものが，WISC-V では知覚推理指標がなくなり，視空間指標と流動性推理指標に置き換えられたことで，言語理解指標（VCI），視空間指標（VSI），流動性推理指標（FRI），ワーキングメモリー指標（WMI），処理速度指標（PSI）と５つの指標になっている。また下位検査もいくつか変更され，FSIQ を算出するために必要とされる最低限の主要下位検査は表５－１の FSIQ の列に○で示す７個であるが，５つの主要指標得点を得て知的能力を包括的に評価し解釈に役立てるためには「パズル」「絵のスパン」「記号探し」を加えた10個（上野，2022a），発達障害を想定した教育支援への情報を得るためには「語音整列」「算数」を加えた12個（上野，2022b）の実施が推奨されている。このうち，FSIQ と５つの主要指標得点を得るために必要な10の主要下位検査の実施に要する時間は，およそ65～80分である。

4　発達検査

発達検査は，子どもの心身発達の状態や程度をアセスメントするための標準化された検査法である。知能検査は，対象者が言語理解と言語表出が可能であることを前提として内容が構成されており，主として学齢期以降の知的発達を測定するものであることに対して，発達検査は，対象年齢が０歳からであり，言語を媒介とした知的能力だけでなく，運動，生活習慣，対人関係，社会性などの発達の諸領域に関する項目を含み，また全般的な発達を把握することができる。したがって発達検査の中には，知能検査における精神年齢や知能指数と同様に，発達年齢（Developmental Age: DA）と発達指数（Developmental Quotient: DQ）を算出するものがあり，それにより個人の発達程度を判断できるようになっている。

よく用いられる代表的な発達検査とその特徴を表５-２に示す。発達検査には，連続的で分化していく乳幼児期の発達を複数の発達領域から総合的に把握するものや，LC-R（言語・コミュニケーション），PVT-R（語い），DTVP（視知覚）のように把握する主たる発達領域に特化しているものがある。MEPA-IIR，LC-R，太田ステージ評価，Ｓスケール，新版ポーテージ早期教育プログラムのようにアセスメントと指導プログラムがセットになっているものもある。また実施方法として，検査場面を設定し検査者が一定の課題を与えて子どもを直接観察する個人検査と，一定項目に対して保育者や保護者が記入する質問紙法の検査とに大別される。

これらは，手当たり次第実施すれば良いというものではなく，それぞれの発達検査の特徴をよく理解したうえで，検査対象となる子どもや保護者などの負担なども考慮しつつ，把握しようとする情報を得るうえで必要不可欠となる適切なアセスメントツールを選択し，バッテリーとして使用することが求められる。

5　適応行動の評価

（1）標準化された検査による適応行動の把握の必要性

肢体不自由のある子どもは，障害に起因する身体機能上の制約からくる困難を療育や訓練による本人の努力で改善・克服することは容易ではない。したが

表5-2　主な発達検査

	検査名	対象年齢帯	実施法
総合的な発達の把握	KIDS 乳幼児発達スケール	0歳1カ月〜6歳11カ月	養育者・支援者記入の質問紙，または聴取
	津守・稲毛式乳幼児精神発達診断法	0〜7歳	養育者・支援者の面接聴取
	新版K式発達検査2020	0歳3カ月〜成人	個別検査
	Bayley-Ⅲ乳幼児発達検査	1〜42カ月	個別検査と養育者記入の質問紙
	遠城寺式乳幼児分析的発達検査法	0〜4歳8カ月	個別検査と聴取
領域固有の発達の把握	PVT-R 絵画語い発達検査	3歳0カ月〜12歳3カ月	個別検査
	S-M 社会生活能力検査第3版	乳幼児〜中学生	養育者・支援者記入の質問紙
	LDT-R 太田ステージ評価用具		個別検査
	DTVP フロスティッグ視知覚発達検査	4歳〜7歳11カ月	個別検査
	LC-R 言語・コミュニケーション発達スケール改訂版	0〜6歳11カ月	個別検査
肢体不自由や重度・重複障害のある子どもに特化した発達の把握	ポーテージ早期教育プログラムチェックリスト		支援者による項目確認
	感覚と運動の高次化発達診断評価法		支援者による項目確認
	学習到達度チェックリスト2019		支援者による項目確認

出典：清水（2023）をもとに筆者が加筆.

って，子どもの今とこれからを見据えて，社会生活に必要な力，つまり適応行動の獲得が求められる。この適応行動とは，単に大人に相応しい服装や化粧をしたり，漢字を使って文章を書くというような生活年齢に準拠するだけのものではなく，時代や文化，価値基準など社会的背景に大きく依拠するものである。たとえば日本では，食文化の違いに基づき欧米のようにスプーン・フォークではなくはしを使用する。インドでは右手を用いて食べ，左手は不浄のものとして使用しない。しかし，どの国の人であれ，発達途上にある乳児が手で食べ物

わかること	実施時間（開発元が提示しているもの）
総合および領域（運動・操作，理解言語，表出言語，概念，対子ども社会性，対成人社会性，しつけ，食事）の発達プロフィール，発達年齢，発達指数	10〜15分
運動，探索・操作，社会（おとなとの相互交渉），食事・排泄・生活習慣，理解・言語の５領域９項目の発達年齢，発達プロフィール	20分
姿勢・運動，認知・適応，言語・社会，および全領域の発達年齢，発達指数，発達プロフィール	30〜90分
認知，言語（受容言語・表出言語），運動（微細運動・粗大運動）および社会―情動質問紙と適応行動質問紙の結果から合成得点，パーセンタイル，発達プロフィール	50〜90分
移動運動，手の運動，基本的習慣，対人関係，発語，言語理解の各発達年齢，発達プロフィール	15分
理解語い，語い年齢	15分
社会生活能力（身辺自立，移動，作業，コミュニケーション，集団参加，自己統制），および社会生活年齢，社会生活指数	15〜20分
認知発達段階	５分
視知覚技能（視覚と運動の協応，図形と素地，形の恒常性，空間における位置，空間関係）	30〜40分
言語表出，言語理解，コミュニケーション，および言語・コミュニケーション年齢，言語・コミュニケーション指数	
社会性，言語，身辺自立，認知，運動，乳児期の発達	
感覚入力系（基礎視知覚，細部視知覚，全体視知覚，基礎聴知覚，細部聴知覚，全体聴知覚），処理系（知恵，自己像，情緒，視覚運動協応，聴覚運動協応），運動表出系（手先の運動，粗大運動協応，発語）	
聞くこと，話すこと，読むこと，書くこと，数と計算，量と測定，図形，生活，運動・動作	

を口に運んだりスプーンを用いたりすることを不適切な行動と見なさない。このように生活に必要な行動を，単に発達段階に応じたスキルではなく適応行動として習得しているのかを把握することは重要である。そのうえで，人的・物的な補助手段や代わりの手段を用いてでもよいので，対象児が社会で求められる適応行動を身につけさせることが求められる。たとえば文章を書くのに，作文用紙に鉛筆を用いて手書きで書かなくても，PCとプリンタ，そしてその人に合った入力に必要なデバイス（たとえば，音声入力装置や視線入力装置）が

表5-3　Vineland-II 適応行動尺度の領域と下位領域

セクション	領域	下位領域	項目数	対象年齢
適応行動	コミュニケーション	受容言語	20	0歳〜
		表出言語	54	0歳〜
		読み書き	25	3歳〜
	日常生活スキル	身辺自立	43	0歳〜
		家事	24	1歳〜
		地域生活	44	1歳〜
	社会性	対人関係	38	0歳〜
		遊びと余暇	31	0歳〜
		コーピング	30	1歳〜
	運動スキル	粗大運動	40	0歳〜6歳，50歳〜
		微細運動	36	0歳〜6歳，50歳〜
不適応行動	不適応行動	内在化	11	3歳〜
		外在化	10	3歳〜
		その他	15	3歳〜
		重要事項	14	3歳〜

出典：黒田（2018：40）.

あれば，大人であれば社会生活において十分に仕事ができるのである。

（2）Vineland-II 適応行動尺度

Vineland-II 適応行動尺度においては，適応行動を「個人的および社会的充足を満たすのに必要な日常活動の遂行」と定義している。日常生活における適応状態を評価する検査であり，適応行動総合点や領域標準得点など数値で結果を求めることができる。表5-3に，Vineland-II 適応行動尺度が測定する領域と下位領域を示す。発達検査にもある「コミュニケーション」や「運動スキル」などの領域は，あくまで適応行動としての可否を把握するものである。実施には，対象児のことをよく知る他者，多くは保護者に，項目に沿って状態を尋ねていく。実施に要する時間は概ね30分から1時間である。

Vineland-II 適応行動尺度は，その対象年齢が生後0ヶ月から92歳と，生涯にわたるほぼすべての年齢帯をカバーする。障害のある人は，第1節の「（2）本人の障害の状態等に関すること」で示した障害理解の程度がある程度高い場合，本人の障害特性と周囲の役割期待とのギャップの中で困りを抱え，適応状態がよくないこともある。それゆえ，思春期ごろからの支援は，自分の中の凸凹，その中でも特に凸，つまり強みに着目させ肯定的な自己理解を確立させること，そして適応行動を補助・代替手段や支援サービスを用いてでも可能となるようていねいな指導とが求められる。このように，Vineland-II 適応行動尺度は，対象児の今できていること／できていないことを判別するだけでなく，今とこれからの適応的な社会生活に必要な支援を，具体的に計画・実施・評価する上で大変有用なツールである。

6 諸検査等の実施及び留意点

肢体不自由のある子どもの中には，言語や上肢の障害のために，意思の伝達等のコミュニケーションの面や，文字や絵による表現活動の面など，自己表現全般にわたって困難が伴い，新しい場面では緊張しやすく，不随意運動が強くなる場合も見受けられる。そのため，たとえば視知覚検査であるDTVPは，鉛筆を持って所定の検査用紙に線などを描くことが要求されることから，利き手にまひのある子どもにとっては正しく視知覚能力を評価できないばかりか，対象児の自尊感情を低めてしまうことにつながりかねず，実施そのものが適切とは言い難いであろう。

標準化された知能検査や対象児に課題を実施してもらう形式の発達検査を行う場合には，次のような事項に留意することが大切である（文部科学省，2021）。

① 標準化された検査を行う場合には，集団式のものではなく，対象児との好ましい人間関係を保ちながらもっている能力を十分引き出すことが可能となる個別式検査が望ましい。

② 肢体不自由のある子どもの多くを占めている脳性まひ児の検査においては，検査をする目的に照らしつつ，以下のことに留意して検査を実施するとともに，その結果を弾力的に解釈できるような工夫を行う。

- 知能検査や対象児に課題を実施してもらう形式の発達検査の多くは，姿勢や運動・動作や言語表出に困難がある子どもに対する配慮に難点があるため，検査では，目と手の協応，速度，言語などを必要とする検査項目の成績が低く現れることがある。

- 肢体不自由のある子どもは，幼少時から行動範囲の制約による体験不足等により，発達に必要な環境からの情報の収集・蓄積が乏しいことから，検査項目の内容によっては，成績が低く出ることがある。

③ 検査の実施方法の工夫や改善に際しては，検査の信頼性や妥当性を低下させたり，問題の内容や難易度を変えたりすることのないように，次に示すような工夫や配慮が大切になる。

- 音声出力装置など代替表現の工夫
- 障害の状態を考慮した検査時間の延長
- 検査者による補助（対象児の指示によって，検査を部分的に助ける）
- 上記のような工夫や配慮をした場合は，子どもの状態や反応を記録しておく

たとえばWISC-Vであれば「積木模様」「符号」「記号探し」「絵の抹消」を実施する能力に影響を与える運動技能の制約がある場合，検査者は運動技能を必要としない，あるいはわずかな運動技能で回答できる下位検査のみを実施することを検討すべきであるとされている（日本版WISC-V刊行委員会，2021）。

④ 肢体不自由のある子どもについて，検査による数値を評価として使用する場合には，たとえばFSIQやDQのような総合的な尺度だけでなく，検査の下位項目ごとにその内容を十分に分析し，構造的に見て評価する必要がある。

⑤ 個別検査中の行動等はよく観察し，障害に対する自己理解の状態，課題に取り組む姿勢，新しい場面への適応能力，判断力の確実さや速度，集中力等についても評価する。

7　肢体不自由児の教育・支援に特化したアセスメントツール

特別支援教育においては，個々の児童生徒の実態から教育的ニーズを的確に捉え，指導目標を設定し，適切な指導内容を定めていく必要がある。多面的・多角的で十分な情報の把握を行うためには，これまで見てきたように，標準化

された心理・発達検査等も併せて活用していく方法が推奨される。しかし，実際の肢体不自由児，特に重度・重複障害児のアセスメントでは，身体的な制約や言語表出の問題から，既存の心理・発達検査等を活用することに難しさがあり，保護者など関係者からの聞き取りや行動観察に大きく依存している傾向がある。

広島県立福山特別支援学校（2023）による認知・コミュニケーションに焦点を当てた『重度・重複障害児のアセスメント・チェックリスト（ver. 10.0）』は，肢体不自由特別支援学校では発達の初期の段階にある児童生徒が多いことを鑑み，その実態を細やかに把握できるように発達月齢24ヶ月未満に焦点を当てた項目を充実し，児童生徒の小さな発達を確実に評価するためにチェックの方式は４段階評価としたチェックリストを提示し，支援のPDCAに資するものとなっている。

他にも教育委員会や学校が独自に開発したさまざまなアセスメントツールがある。こうした肢体不自由児の教育・支援に特化したアセスメントツールは，子どもの実態把握における有効性と限界を理解したうえで，標準化された知能検査や発達検査に併用して，あるいは代替として使用を検討してみるのも良いだろう。

学習課題

① 医学的な診断と心理学的な評価の違いについて説明してみましょう。
② 子どもの実態把握における標準化された心理検査や発達検査の有効性と限界について説明してみましょう。

参考文献

大六　一志（2016）．CHC(Cattell-Horn-Carroll）理論と知能検査・認知検査――結果解釈のために必要な知能理論の知識――　LD 研究，**25**（２），209-215．

広島県立福山特別支援学校（2023）．重度・重複障害児のアセスメント・チェックリスト（ver. 10.0）――認知・コミュニケーションを中心に――　広島県立福山特別支援学校ホームページ．
https://www.fukuyama-sh.hiroshima-c.ed.jp/kenkyuu/23check10.pdf（2023年

9月27日確認)
黒田 美保 (2018). 公認心理師として知っておきたい発達障害のアセスメント　黒田 美保 (著) 公認心理師のための発達障害入門　金子書房, pp.33-60
文部科学省 (2021). 障害のある子供の教育支援の手引～子供たち一人一人の教育的ニーズを踏まえた学びの充実に向けて～ (令和3年6月30日) 文部科学省.
https://www.mext.go.jp/a_menu/shotou/tokubetu/material/1340250_00004.htm (2023年9月27日確認)
日本版 WISC-V 刊行委員会 (2021). 日本版 WISC-V 知能検査実施・採点マニュアル　日本文化科学社
清水 里美 (2023). 発達検査　津川 律子・黒田 美保 (編) これからの現場で役立つ臨床心理検査　金子書房, pp. 32-40
津川 律子・大六 一志 (2023). 知能検査　津川 律子・黒田 美保 (編) これからの現場で役立つ臨床心理検査　金子書房, pp. 16-31
上野 一彦 (2022a). WISC-V 知能検査 テクニカルレポート #1――日本版 WISC-V の改訂のポイント――　日本文化科学社
https://www.nichibun.co.jp/documents/kensa/technicalreport/wisc5_tech_1.pdf (2023年9月27日確認)
上野 一彦 (2022b). WISC-V 知能検査 テクニカルレポート #2　――日本版 WISC-V の解釈と下位検査の施行について――　日本文化科学社
https://www.nichibun.co.jp/documents/kensa/technicalreport/wisc5_tech_2.pdf (2023年9月27日確認)

Ⅱ　肢体不自由児の障害特性

第6章

肢体不自由児の心理的傾向と問題

船橋篤彦

これまでの章を通して，定型発達の道筋とは「時間の経過と経験の蓄積」によって，一定の方向に進むものであることが理解できたと思う。一方，肢体不自由児は，身体の動きの制約によって，発達のスピードが緩やかになることや特定の内容が身につきにくいといったことが生じる。これらの発達の遅れは当然のことながら経験の不足にもつながりやすく，その結果として，ある一定の心理的傾向が生じることがある。もちろん，肢体不自由の原因となっている疾患や肢体不自由の程度，知的障害をあわせ有するかといった要因も影響を及ぼすので，一様に理解することは避けなければならない。ここでは，肢体不自由児の中でも，脳性まひのある子どもたちを中心に心理的傾向と問題について解説をしていく。

1 肢体不自由児の知的発達とその特性

知的発達という言葉から，私たちはどのような事柄をイメージするだろうか。直観的には「知識が増えること」や「物事の理解が進むこと」を想像することが多いように思える。次に，知的発達が順調に進んでいるのかを判断するためにはどうしたらよいのだろうか。これまでの章（第2章～第4章）を読み進めてくると，この問いはそれ程難しいものではないと思われる。定型発達は，時間（年月の経過）と経験（生活体験の蓄積）が絡みあいながら，一定の順序性と方向性に基づいて進んでいく。単純に言ってしまえば，年齢の上昇と共に，周囲の物事を理解し，言語の受容と表出が増えて，ルールに合わせた行動が取れるようになっていく，その姿を通して知的発達が順調に進んでいることをうかがい知ることができる。そのため，すべての子どもたちに発達検査や知能検査（検査等の詳細は第5章を参照）を実施する必要はない。

一方で，脳性まひ児の場合はどうだろうか。まず，彼らが脳に何らかの損傷を有していることに注目する必要がある。脳は神経細胞のネットワークにより情報処理を行っているため，損傷部位によっては，運動発達に限らず，定型発達と同様には知的発達が進まないことも起こりうる。参考までに，知的機能の一指標としての知能指数（IQ）について，ニールセン（Nielsen, 1966）は，脳性まひ児の知能検査の結果から，脳性まひ児の約5割が知的障害の領域に位置することを報告している。もちろん，知能検査は，書く・対象物を操作する・話すといった運動機能を通して測定されるものであり，知能検査が脳性まひ児の知的能力を正確に測定できているかについては慎重に判断する必要がある。なお，筋ジストロフィー（筋原性疾患）や二分脊椎（脊椎・脊髄性疾患）といった疾患の場合，肢体不自由の原因が脳以外に存在するため，理論上は，知的発達に直接的な影響がないと考えることができる。しかし，学校教育現場では，上記の疾患を有する子どもたちにおいても知的障害をあわせ有する者がいることは念頭に置く必要があるだろう。

次に，脳性まひ児の生活体験と知的発達の関連について考えてみる。定型発達における姿勢・運動機能の発達的道筋を考えた時，図6-1に示すような4つの段階に整理することができる。

このように姿勢・運動のバリエーションが増加していくことに伴い，子どもたちは，自身を取り巻く環境世界の中で日々，新たな発見や試行錯誤を繰り返す経験を積み上げていく。たとえば，座位を獲得した子どもたちは，手を使って物を操作することを繰り返し行うし，その後，ハイハイのような移動運動を獲得すれば，遠く離れた場所にある物に興味をもち，自ら接近して操作を始める。時には危険な物に手を触れてケガをすることもあるだろうし，見たことも聞いたこともないような体験に出会うこともあるだろう。つまり，姿勢・運動が手段となって，新たな知識や経験を得ること（知的発達）が格段に増加するということになる。これは，学習しようという意図や動機づけなしに自然と知識や経験が身についていく（偶発的学習）機会を得ることになる。

さて，それでは脳性まひ児では，どうであろうか。障害の程度の差はあるが，彼らの多くは，発達早期から物に触れることや自ら動くことに一定の困難さを抱えている。その結果，偶発的学習の機会が制限され，定型発達と同じような

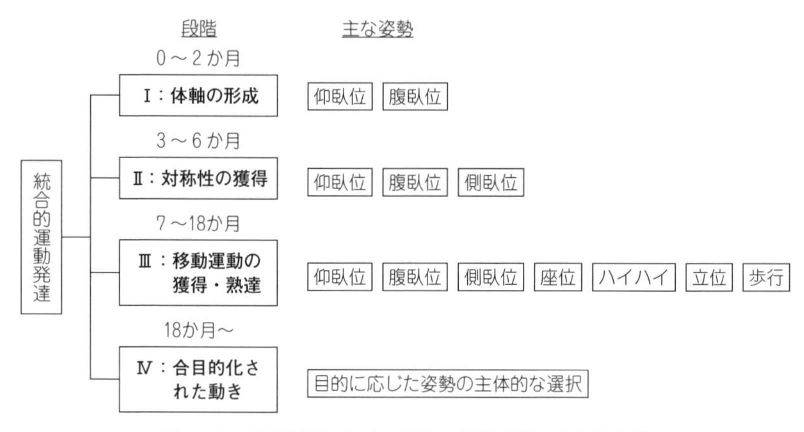

図6-1　定型発達における姿勢・運動発達の段階的変化

出典：林（2011）に基づき筆者が作成.

知的発達の道筋を辿らないことも想定される。学齢期以降は，学校という場で，意図的に何かを身につけるための学習（意図的学習）が盛んになるが，その基盤となる偶発的学習の不足は，学齢期以降に影響を及ぼすため，脳性まひ児の知的発達の程度が低く評価されてしまうかもしれない。このことは，脳性まひ児以外の肢体不自由児においても発生し得ると考えておく必要があるだろう。

以上より，脳性まひ児を含めた肢体不自由児は，必ずしも知的発達に障害があるとは言えないものの，脳損傷の程度や発達の途上で得られる経験の不足等により，知的発達の遅れや特異性を示す可能性があることを理解しておくとよい。そのうえで，肢体不自由のある子どもたちに試行錯誤の機会を保障し，体験的な学びの機会を十分に提供することが，彼らの知的発達を促す支援となり得ることを心に留めておきたい。

2　肢体不自由児の認知発達とその特性

子どもの認知発達を考えるにあたって，発達心理学者のピアジェによる認知発達理論を避けて通ることはできない。理論の全体像を示すことは本章では割愛するが，端的にいえば，「子どもはどのようにして事象を認識・思考し，大

図6-2　ルビンの壺

左側：オリジナル図形を一部改変　右側：オリジナル図形の両端に線を加筆.

人と同じように物事が理解できるようになっていくのか」ということになる。この点は，上述した知的発達とも深いつながりがあるといえる。よって，脳性まひ児のような脳性疾患に由来する肢体不自由児の場合，認知発達にも影響が生じることがある。

たとえば，極度の低出生体重児の中には，脳室周囲白質軟化症（脳損傷により上肢や下肢にまひが生じる疾患。以下，PVL と表記）を有する者がいる。この疾患は，運動障害の程度が軽度であっても，日常生活で適応的な行動をとることに困難さが生じる場合があるとされている（浅野・森岡, 2016)。その一端を知る例として，図6-2にある「ルビンのつぼ」（エドガー・ルビンが考案した多義図形）を題材として説明する。

左側の図形を眺めると，中心の黒い部分が「つぼ」のような形状であることが理解できると思う。次に，白い部分に注目すると「人の横顔が向かい合った図」に見えるのではないだろうか。これは，私たちが，目から入ってきた情報を脳内で処理し，見え方を切り替えることができることを意味している。しかし，PVL のある子どもたちの中には，視覚的な切り替えがとても難しい場合があることがわかっている。これらは「視知覚認知障害」と呼ばれており，眼球から入力された視覚情報が視神経を介して脳に送り届けられる経路に障害が発生することにより生じると考えられている。一見すると，些細な困難さに感じるかもしれないが，見る力（視力）はあっても，見てわかる力（視知覚）に困難さがあるということは，形を見分けることや文字を読むこと・書くことに大きな労力を要するのである。小学校等に在籍する脳性疾患児の中には，知的な遅れはないと判断されながら，教科学習においてつまずきを示す子どもたちが在籍しており，その原因の一つとして視知覚の問題があるとされている（安藤ほか，2009）。では，私たちは視知覚認知に困難さを抱える子どもたちにどのように支援をしたらよいのだろうか。図6－2の右側は，ルビンのつぼの両端に補助線を挿入したものである。子どもたちの指導に際して，このような僅かな工夫をすることで「あっ，わかった」という反応を得られることがある。自分の見え方や物事の理解の仕方に固執するのではなく，見えやすさに一工夫をこらすことで，わかりやすさが変わることに留意する必要がある。

3　肢体不自由児の言語・コミュニケーション発達とその特性

人間のコミュニケーションは，表情や身振りなどを用いた非言語的コミュニケーションと発声や発語を伴う音声言語コミュニケーションによって行われている。加えて，発信者と受信者が行為や言葉に込めた意図を読み取りながら成立しているという点も特徴的といえる。

まず，確認しておきたいこととして，発信者は，発声・発語に関わる運動器官，四肢体幹や表情形成に関わる筋群の運動などを調節しているということである。一時的に声が出なくなることや自分が思うように身体が動かせない状態に陥ったことを考えてみると，コミュニケーションが円滑に進まなくなることは容易に想像できるだろう。

脳性まひ児の場合，運動まひのタイプによって相違はあるものの，全体の半数以上が言語面の困難さを有していると報告されている。その中には，運動まひによって声が出しづらいことや発声・発語と同時に，身体の各部位の筋緊張が高まってしまった結果，構音が不明瞭になる（アテトーゼ症状等）といったことが含まれる。通常，言語の発達過程は，外の世界に向けた音声表出から始まり，段階的に言語へと変化する。この過程において，「聞き手」としての他

図6-3　発語を介した親子の物のやりとり（コミュニケーション）

者が重要な役割を果たす。図6-3に示した親子のやりとりでみてみよう。子どもは飛行機の玩具を欲しいという欲求に基づき，笑顔で手を伸ばしながら「あーー」という発声で伝えようとしている。それに対して，親は子どもの欲求を理解し，笑顔で「ひこうき，どうぞ」と手渡す場面である。

子どもの発達過程において，このようなやりとりは数え切れない程，繰り返されていく。子どもは，発声が単なる音ではなく，他者に対して，はたらきかける行為であることを理解しながら，徐々に言語を獲得していく（図6-3では【ひこうき】や【どうぞ】）。これが，言語が育つための環境である。一般的に「言語は教え込むものではなく，子どもが学び取っていくものである」と言われるが，より厳密にいえば，「言語は，子どもと大人が互いにわかりあおうとする関係の中で，育っていくもの」といえよう。

発声・発語や身体の動きに困難さがある子どもの言語発達は，理解・表出できる言語の数が少ないことや上手く発声できないことが課題とされる傾向がある。これは言語発達を評価する視点としては必要なものであろう。しかし，自身の欲求が上手く伝達できない，相手に意図を察してもらえないことが続いた結果，言語発達の環境が整備されてないとすれば，単純に言語発達の遅れ・障害として考えてよいのだろうか。言語とコミュニケーションの発達を切り離して考えることができない理由はこの点に集約されると考える。中川（1986）は，言語発達に遅れのある子どもに対して，「言える言葉」を増やすことを主目的とするのではなく，「わかる言葉」「わかる事柄」を豊かにすることを提言している。図6-3のイラストになぞらえれば，「ひこうき」と言えることよりも前に，子どもはひこうきを“じっと見る”，ひこうきに“触れる”，ひこうきを“持って落とす”といった体験を重ね，それに応じた大人の言葉かけ（おおきいね，ツルツルするね，音がしたね等）の中で言語が育つということである。

学齢期以降の肢体不自由児は，学校を中心に生活世界が大きく広がり，それに応じて，話し言葉や書き言葉での表出や他者と円滑にコミュニケーションを図ることが求められるようになる。本人のコミュニケーションに対する意欲を高めるためにもAAC（詳細は第11章を参照）のような支援技法を積極的に活用すること，さらに言葉の読み書き等に対する合理的配慮として，タブレット端末を活用するといったことが今後さらに求められると考える。

4　肢体不自由者の社会性発達や人格発達とその特性

社会性発達とは，心理学では「他者と関わり，社会の一員として機能するために個人が身につけなければならない特定のスキル」と定義される。その中身は，社会で生きる上で必要な言語，行動，態度や他者との関係性など多岐にわたり，本章でこれまで述べてきた知的・認知・言語・コミュニケーションの発達とも密接に関係している。

社会性発達の基盤として伝統的に重視されてきた事柄として“愛着”（特定の他者との近接を求める心理行動的な傾向）がある。乳幼児期の子どもは，養育者のケア無しには生きていくことができません。そこで，養育者との間に密着した心理的な絆を形成し，時間をかけて発達を推し進めることが必要となる。その後，子どもの運動機能が高まり，外界への興味・関心が拡大すると，養育者と子どもの関係は，密着と分離を繰り返す関係へと変化していく。この「付かず離れずの関係」に発展することが，社会性を育くむ上で鍵となる。家庭とは異なる空間・人・ルールの中で適応を果たすためには，養育者と適度な心理的距離を保ち，身辺自立などに取り組む必要がある。ここには，養育者が子どもから意識的に離れること（子どもの自律性を促すこと）も含まれている。

図6-4　肢体不自由児と養育者における固着的関係性の一例

この観点から肢体不自由児の社会性発達を考えてみると，かなり重要な問題が浮かび上がってくる。肢体不自由児，特に脳性まひ児の場合，障害が判明した時点から，養育者は献身的な介助を続けることが多く，それが長期間に及んだ結果，養育者と子どもの間には密着した心理的な絆が形成されると考えられる。もちろん，このこと自体が強く問題視されるものではない。しかし，結果的に分離が困難になるということは，子どもの社会性発達の観点から考えた場合，プラスに働かないことが危惧される。肢体不自由児の心理的特性について「受動的」「年齢に比して幼い印象受ける」といった評価を耳にすることもあるが，図6-4のような関係の中で，自らの思いを伝えることや意思決定をする機会が制限される。学齢期以降では，教師との関わりが開始されるが，本人が独力でできることも時間的制約から，大部分を介助してしまうといった事態も起こりえる。このような経験を通して，脳性まひ児は社会性発達の主柱となる「主体的に物事に取り組む」態度に課題を残したまま成長することが少なからずある。

上記のことに加えて，移動能力に困難さがある子どもたちは，同年代の仲間達と遊ぶこと，家族以外の人たちと出かけること，一人で買い物をすること等，さまざまな社会経験の機会が不足しやすい状態にあり，人格形成にも影響を及ぼすと考えられている。

干川（2011）は，肢体不自由児の人格形成を考えるうえで「器官劣等感」「自己概念・自己意識」「障害受容」「ボディ・イメージ（身体像）」「要求水準」

表６－１　肢体不自由児の人格形成に影響を及ぼし得る要因

器官劣等感	不自由さのある身体に対して，劣等感を感じ，その補償のために他者との関わりや社会とのつながりを拒絶することが生じやすい。
否定的な自己概念・自己意識	自己の行動についての知覚・態度・感情・評価が生じた結果，否定的な自己概念や自己意識を形成することにつながりやすい。
障害受容の困難さ	障害に伴う生活上の困難さが焦点化されることによって，障害のある「自分」を受けとめきれず，長期にわたる悲嘆が生じやすい。
自己身体像の歪み	自身の身体イメージが過度に理想化された結果，身体的な障害が消失したような感覚に陥りやすい。
高い要求水準	身体的・社会的・経済的制限を考慮せずに，目標設定を高くすることで，欲求不満の状態が継続しやすい。

出典：干川（2011）を基に筆者が改変.

表６－２　肢体不自由児（脳性まひ児）にみられやすい特徴的な行動特性

行動過多性	落ち着きがなく，動き回り，目につくものや動くものなどに注意が奪われやすい。
強迫反応性	衝動的に反応し，反応に一貫性が見られない。
被転動性	環境内の特定の対象に注意を集中することができず，不要な刺激や無関係な刺激に対して無選択に反応してしまう。
固執性	一定の場面から別の場面へ，あるいはある観念から別の観念への転換が困難である。
統合困難	対象をひとつのまとまりのある全体として，あるいは統一のある形態として構成することが困難である。

出典：干川（2011）.

の５つをキーワードを基に考える必要があると論じている。表６－１は，それらのキーワードを基に，生活上の困難さにつながりやすい特徴として筆者が整理したものである。

また，これと関連して，脳性まひ児において観察される行動特性として，表６－２に示す特徴について述べている。

誤解を避けるために付け加えると，表６－１と表６－２の内容は，すべての肢体不自由児に見られる特徴とはいえない。適切な合理的配慮が施された環境（社会）において，成長を支えてくれる人たちとのつながりの中で，肢体不自由児も豊かな人格を形成し，自らの行動をコントロールする力を身につけていくことができる。仮に上記の表に示す特徴が見られるとすれば，それは当該の子どもが心理的に困難さを感じ生きている姿と周囲が理解すべきではないだろうか。

近年では，障害の社会モデル，つまり「社会や環境のあり方・仕組みが“障害”を作り出している」という考え方が主流となっている。肢体不自由児の社会性や人格を個人に属するものと捉えるのではなく，社会の側が創り上げていくものという視点をもって，教育や支援を行うことが重要といえよう。

5　肢体不自由者に対する心理面への発達支援

脳性まひ児に限らず，多くの肢体不自由児は，理学療法をはじめとするリハビリテーションによって，幼少期から身体機能の向上や改善に取り組んでいることが多くみられる。一方で，心理面に対する支援としてはどのようなものがあるだろうか。ここでは，動作法について取り上げていく。

動作法は九州大学名誉教授の成瀬悟策先生を中心とする研究グループにより，主に脳性まひ児の動作改善を目的とした心理学的援助技法として開発された（成瀬，1973）。成瀬らは研究を通して，脳性まひ児は，身体が動かないのではなく，どの身体部位に，どの程度の力を入れて動かせばよいのかわからないという困難さを抱えていると考えた。また，この困難さの結果，不当な筋緊張に由来する姿勢のゆがみや関節の拘縮といった身体的な二次的問題，さらには不安や精神的緊張の持続といった心理的な問題につながることを明らかにした。そこで，緊張－弛緩を自らコントロールし，心身のリラックス，座位姿勢の保持，立位・歩行等の動作課題による支援法を開発した。これが動作法の始まりである。脳性まひのある人たちに動作法を適用してみると，動作改善に伴い，対人関係やコミュニケーション面にも改善が見られることがわかっている（船橋，2017）。

ここで生じる疑問として，何故，身体へのアプローチによって，心理的な変化が生じるのかということである。そのひとつは「体験の共有」という言葉によって説明することができる（図6－5参照）。すでに述べたとおり，肢体不自由児は，思うように身体を動かせない体験が多く積み重さなった結果，自分の身体をコントロールする経験や意欲が育ちにくく，身体への気づき（自己理解）

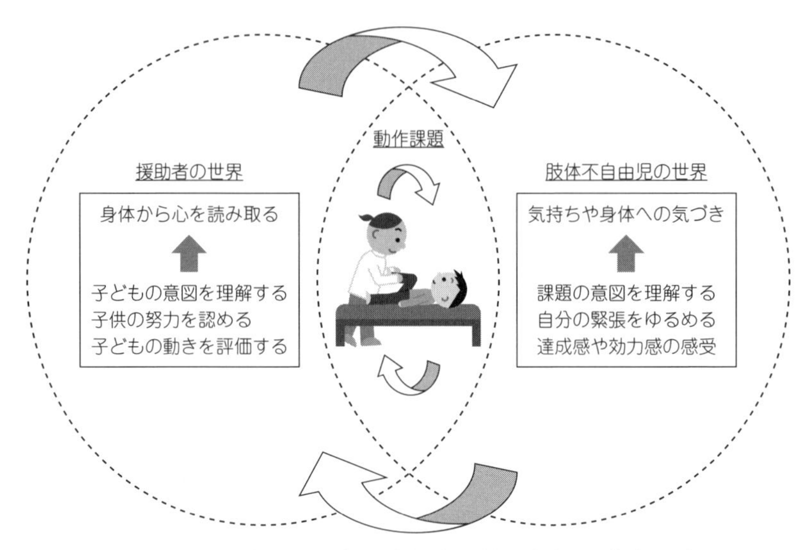

図6－5　動作法において生じる援助者と肢体不自由児の体験の共有

が高まりにくいといった心理的特徴を有する場合がある。

動作法による支援では，動作課題を介して，子どもが主体的に自らの身体にはたらきかけること（力を入れる－ゆるめる，姿勢を保持しようとする）を重視する。援助者の役割は，適切な動きを引き出すことをサポートし，上手く取り組めた時には，その動きを認める言葉かけをする。不適切な動きがあっても，それを単純に修正させるのではなく，本人の努力を認め，再挑戦を支援する。動作課題を介して，子どもと援助者がコミュニケーションを展開し，そのやりとりの中で起こる体験の共有，援助過程そのものが，肢体不自由児の心理支援として作用すると考えられている。

現在，動作法の適用対象は，肢体不自由児に限らず，知的障害や発達障害，精神疾患といったさまざまな障害のある人たちへの心理支援に広がっている。また，高齢者の健康増進や災害に被災した人たちへの心理支援においても効果が示され，幅広い分野で活用されている。

6　肢体不自由児の心理的傾向と問題に関する今後の展望

本章では，肢体不自由児の心理的傾向と問題について，可能な限り多面的に紹介をしてきた。筆者が本章に込めた思いは，人間は，心理的発達が統合されること，つまり調和的発達を通して育つということである。肢体不自由児もまた例外ではない。確かに身体上の障害は，心理発達に一定の影響を及ぼすことは否定できない。しかし，そのことに注意が向けられるあまり，彼らが「障害と共に発達する」という視点が欠如してしまうことは絶対に避けなければならない。

本章のおわりにかえて，カナダの小児科医であるピーター・ローゼンバウム先生の研究グループが提唱している「脳性まひの子どもたちの療育で大切にしたい6つのFから始まる言葉」（Rosenbaum & Goter, 2011）について紹介する（図6-6参照）。

① Fitness（健康）：私を含めて，誰もみんな健康でいたいと願っている。私が健康でいられるように手伝って。

② Functioning（機能）：私はみんなと違うやり方をするかもしれない。だけど，私はできるよ。私にとってどうやっているかは大事じゃない。私にやらせてみてよ！

③ Friends（友達）：子どものころに友達と出会うことはとても大事。だから，私にも友達と出会うチャンスをください。

④ Family（家族）：家族は私のことを一番よく知っていて，私にとって一番よいことをしようとしてくれているの。だから，話を聞いてあげて。そして，話して，また聞いてあげて。家族のことを尊重してあげて。

⑤ Fun（楽しみ）：子どもの頃は楽しく遊ぶもの。そして，遊びは私にとって，学び，成長する方法です。私が一番の楽しみを発見できるように，いろいろな活動をするのを手伝ってください。

⑥ Future（未来）：私はいつか大人になる。だから私が自立できるよう，コミュニティに参加できるように，その道のりを教えて下さい。

（以上の邦訳は，びわ湖学園草津医療センターの高塩純一氏によるものです）

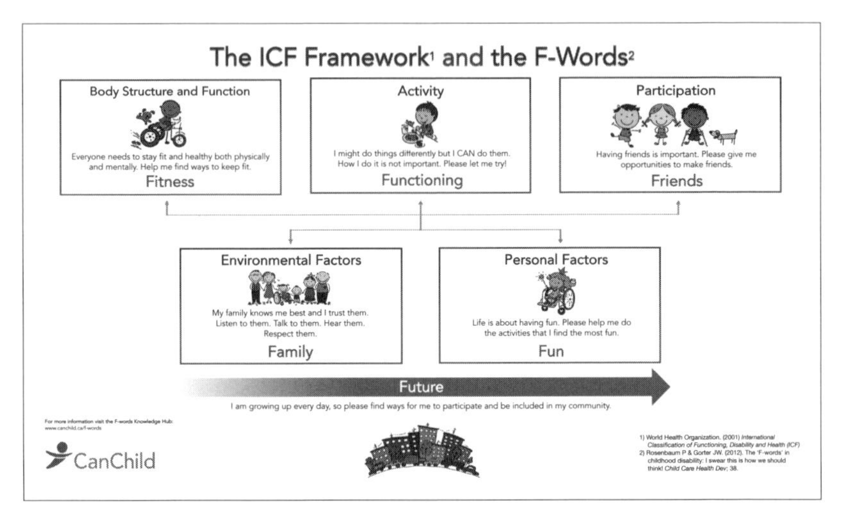

図６−６　脳性まひの子どもたちの療育で大切にしたい６つのＦ

（https://canchild.ca/system/tenon/assets/attachments/000/004/249/original/ICF Framework_and_Fwords_ENG-ACCESS.pdf）（2023年９月29日確認）

いずれも「子どもたち自身の言葉」として書かれている点に注目して欲しい。Ｆから始まる６つの言葉を，援助者や社会の側が大切に取り扱うことが，肢体不自由児の心を育み，家族を支え，豊かな未来につながっていくのである。

学習課題

① 肢体不自由児の知的発達や認知発達の状況を把握する上で，どのような点に留意して，観察することが必要でしょうか？
② 肢体不自由児とコミュニケーションをはかり，関係性を作る際に配慮すべき点や支援上の留意点を整理してみましょう。

参考文献

安藤 隆男・丹野 傑史・佐々木 佳菜子・山田 綾乃（2009）．通常学級に在籍する脳性まひ児の教科学習の困難さに対する教師の気づき　障害科学研究，**33**，187-198.
浅野 大喜・森岡 周（2016）．脳室周囲軟化症および知的障害児の行動特徴——

CBCL を用いた検討――　理学療法学, **43** (5), 361-367.
船橋 篤彦 (2017). 脳性まひ者における自己産出的移動運動の獲得と心理的変容の関連. リハビリテイション心理学研究, **43** (1), 1-16.
林 万り (2011). やさしく学ぶ からだの発達. 全国障害者問題研究会
干川 隆 (2011). 肢体不自由　昇地 勝人・蘭 香代子・長野 恵子・吉川 昌子 (編) 障害特性の理解と発達援助――教育・心理・福祉のためのエッセンス――　ナカニシヤ出版
中川 信子 (1986). 言葉をはぐくむ――発達に遅れのある子どもたちのために――　ぶどう社
成瀬 悟策 (1973). 心理リハビリテイション　誠信書房
Nielsen, H. H. (1966). *Psychological study of cerebral palsied children.* Mungsgaad.
Rosenbaum, P., Gorter, J. W. (2011). The 'F-words' in childhood disability: I swear this is how we should think!. *Child: care, health, and development*, **38** (4), 457-463.

第7章
肢体不自由児の運動発達とリハビリテーション

髙橋知義

「リハビリテーション」(Rehabilitation)とは，re(再び，戻す)とhabilis(適した，ふさわしい)から成り立っている。そのため肢体不自由児のリハビリテーションは，再び 獲得する“re(リ)”ではなく「新たに“獲得する”“経験する”“学習する”ためのハビリテーション」という考えが大切である。

今回は肢体不自由児の運動発達を，定型発達と障害種別の側面からお伝えする。そのうえで肢体不自由児の(リ)ハビリテーションを，機能的アプローチと環境的アプローチの2方向から紹介する。

1 肢体不自由児の運動発達

(1) 定型発達から知る

肢体不自由児へ適切なリハビリテーションを提供するためには，定型発達について十分な知識を持つことが求められる。定型発達を基にした発達評価を実施することで子どもの発達状況や障害の程度の把握を行うことができる。さらに，経時的に評価を実施することによって，リハビリテーションの効果を認識し，より良い発達方向に導くことにつながる。また，肢体不自由児のリハビリテーションは，定型発達を目標としてはない。どのような子どもであっても，一人一人に異なった発達のプロセスがあり，その子どもにあった目標設定を行っていく。子どもの目標設定を考える際に，定型発達の知識や発達の評価は一つの発達支援モデルとして多くのヒントを提供してくれる。また，応用動作の背景にある基本的な運動機能を理解することにもつながる。運動発達の原則や各姿勢での発達等の定型発達の詳細に関しては，第3章の「運動機能の発達に関する基礎的な理解」を参照。

発達評価から，粗大運動や手の操作能力の発達段階や発達年齢を知ることができる。ただし，定型発達を遂げる児であっても，発達指標（マイルストーン）とまったく同じペースやスピードで発達するとは限らないので，あくまでも目安として捉える必要がある。肢体不自由児の運動発達を理解するためには，それぞれの疾患や状態，環境等に起因することを踏まえ，定型発達とは質的に異なる発達になることを認識しておく必要がある。このため定型発達を参照する際は，対象となる子どもが「実際にどのように行なっているか」という点を確認する必要がある。例えば，ひとりで背臥位から腹臥位に姿勢を変換できれば６ヶ月の発達段階と判断できる。しかし，寝返りができても，それが常に全身のそり返りを伴うような状態であれば，単純に６ヶ月とは言えない。常に全身をそり返らせるような体の使い方は，機能的な動作パターンとして定型発達のどの段階にもない。こういう状態像を単なる遅れを意味する「未熟や遅れ」から区別する意味で「非定型」であるといえる。

また，定型発達を参照する際，発達の順序やその背景を知ることが大切である。それぞれの時期に子どもはどのようなことを経験しているのか，何ができるようになると次の段階へと進むことができるのか，という発達段階について理解する必要がある。例えば，生後１年の乳児期の運動発達では，原始反射が統合されて立ち直り反応が出現することが基盤となる。これは中枢神経系の発達によるものであるが，重力の影響下において，乳児が自ら環境に反応することによって学習していく。この変化の過程の中で，定型発達では自ら身体を状況に合わせて使い分けることを学習していく。周囲のおもちゃや物音がする方向を見ようとすることで，頭の向きがかわり，それに向かって手を伸ばすことで，偶発的に寝返ったり，おもちゃに触れて音がなったことをきっかけに，おもちゃを振り回したりするなど，偶然と必然が交差しながら，運動が引き起こされる。また，その運動そのもの自体を楽しんで繰り返していることもよくある。これらの結果から得られたものが，運動機能として現れ，発達指標として示される。このように運動発達を促す際，学習させるべきことは，指標となる運動機能に必要な要素であり，指標そのものではないことを理解しておく必要がある。以下に運動発達に用いる評価法を示す。

●遠城寺式乳幼児分析的発達検査法

運動や知的な発達障害の乳幼児を対象として早期発見を目的とした検査法であり，適応年齢は０―４歳８ヶ月

● DENVER II（デンバー発達判定法）

発達遅滞やその疑いがある子どもを早期に発見するために開発されたスクリーニング検査であり，適応年齢は０―６歳

●津守式乳幼児精神発達質問紙

発達質問紙を使用して，養育者に発達状況をたずね，発達の診断をするものであり，質問紙は，０―12ヶ月，１―３歳，３―７歳の３種類ある。

●新版Ｋ式発達検査2020

運動能力である「姿勢・運動（P-M)」，視覚認知や物の操作の能力である「認知・運動（C-A)」，言語能力や対人反応に関する「言語・社会（L-S)」の３つの領域に関して，その発達の程度，及びそれらのバランスから発達傾向を調べる。適応年齢は０―成人

（2）障害種別から知る

肢体不自由にはさまざまな疾患がある（第１章の「肢体不自由児とは」を参照)。これら肢体不自由の運動発達は，それぞれの障害特性や状態，個の環境によって異なってくる。また同じ診断名あっても障害のタイプによって，異なる運動特徴が見られる。今回，肢体不自由児のリハビリテーションで最も多い疾患である脳原性疾患の脳性まひを中心に，それぞれのタイプ別の運動発達を確認する。加えて，神経筋疾患の筋ジストロフィーは脳性まひとは全く異なる運動発達を示すので，これも確認していく。

① 脳 性 ま ひ

脳性まひは，「受胎から新生児（生後４週以内）までの間に生じた脳の非進行性病変に基づく，永続的な，しかし変化しうる運動および姿勢の異常である。その症状は満２歳までに発現する。進行性疾患や一過性の運動障害，または将来正常化するであろうと思われる運動発達遅延は除外する。」（厚生省脳性麻痺

研究班，1968）

脳性まひの疾患そのものは治るものではないが，関わりの有無や関わり方によって，良くも悪くも変化しうるものである。また，運動障害が主な症状として現れるが，それが発達初期に生じることによって，精神心理面や社会性等，運動機能以外の発達にも影響することを理解しておくことが重要である。これにより，早期からのリハビリテーションが重視される。脳性まひは錐体路に起因する痙直型，大脳基底核を起因とするアテトーゼ型などに分けられる。

脳性まひの重症度合いを分類するものとして，以下の評価尺度を用いることができる。

●粗大運動能力分類システム（GMFCS：gross motor function classification system）

18歳までの脳性まひ児の粗大運動能力障害の重症度を分類するシステムである。座位をとる能力および移動能力を中心とした粗大運動能力をもとにして，６歳以降の年齢で最終的に到達するレベルを５段階に分類したものである。子どもたちが自分から開始した動作をもとにして作成され，特に座位，移乗および移動が重視されている。

レベルⅠ：制限なしに歩く
レベルⅡ：制限を伴って歩く
レベルⅢ：歩行補助具を使って歩く
レベルⅣ：制限を伴って自力移動（電動の移動手段を使用してもよい）
レベルⅤ：手動車椅子で移送される

GMFCS を使用することで，18歳までの粗大運動能力に関する予後予測が可能となる。

●手指操作能力分類システム（MACS：manual ability classification system for children with cerebral palsy）

４－18歳の脳性まひ児の日常生活における物・道具などの手指操作能力を５つのレベルに分類するためのシステム。

日常生活場面（遊び，学習，余暇活動，食事，更衣など）で年齢相応の物や道具を扱う能力と自立している場面動作の援助量や必要な環境調整を知ることが可能である。

レベルⅠ：対象物の取り扱いが容易に上手く成功する

レベルⅡ：対象物の取り扱いはたいていのもので達成できるが，上手さ，速さとう点で少し劣る。

レベルⅢ：対象物の取り扱いには困難が伴うため，準備と課題の修正が必要となる。

レベルⅣ：かなり環境調整した限定した場面で簡単に取り扱えられるようなものであれば取り扱うことができる。

レベルⅤ：すごく簡単な動作でさえも困難である。

〈痙直型〉

痙直型は脳性まひで最も多いタイプである。中枢神経の錐体路障害であり，上肢より下肢の痙性が強い両まひ，片側上下肢に痙性のある片まひ，四肢に痙性のある四肢まひなどに分けられる。二次的な問題として，関節可動域制限，関節拘縮，変形が起こり，脊柱の側弯を示すことが多い。

◇痙直型両まひの運動特徴

GMFCS レベルⅠ～Ⅲが多い。生後３ヶ月頃までは無症状で，１歳前から筋緊張の亢進が見られ始める。上肢よりも下肢の方の緊張が強い。１歳後半―２歳頃に痙縮が顕著になる。両下肢内転，足関節底屈の緊張が強く，体幹は低緊張であることが多い。臥位では，両下肢全体が伸展（股関節内転・内旋・伸展，膝関節伸展，足関節底屈）し，股関節内転，内旋筋群の緊張が高くなる傾向にある。骨盤帯や下肢の運動制限があるため代償的に，頸部過伸展，上肢の引き込みなどが観察される。

座位は，定型発達より運動発達のペースは遅いが，座位を保持するために必要な協調性やバランス能力は獲得する。床上では，股関節が内転・内旋した割り座（W-sitting）をとる。この姿勢は骨盤の前傾を制限するため，体幹部の抗重力伸展活動が起こりにくい。このため，体軸内回旋が乏しく，右のものは右，左のものは左で操作するので，正中線を超えた活動が制限され，空間知覚が育ちにくい状況になる。立位は，クラウチング肢位（股関節屈曲・内転・内旋位，膝関節の軽度屈曲位，足関節内反尖足）やはさみ肢位（股関節内転内旋）となる。歩行は，上肢で支持することが可能なことから，屋内の杖や歩行器での短距離歩行から，屋外の自立歩行までとさまざまである。

ADL面で，例えばズボン着脱など，下肢の左右の分離運動や空間保持が必要な課題では，更に緊張が亢進する。緊張は心理的影響も受けるため，失敗したり，慌てたりすることで更に高まり，課題遂行がますます困難になってしまうといった悪循環になることがある。

◇痙直型片まひの運動特徴

GFMCSレベルⅠ～Ⅱが多い。特徴的な姿勢は両まひと似ているが，それらが身体の片側のみで見られる。まひは下肢に比べ上肢の方が重い。まひ側の上下肢はあまり動かないため，乳児期の早い時期から，非まひ側を中心に用いた動作が特徴的で，姿勢・運動の左右差が目立つ。乳児期の腹臥位でまひ側上肢の支持が困難なため，腹臥位を嫌がる傾向がある。座位では，非まひ側下肢への荷重が優位となる。非まひ側上肢での活動は，まひ側上肢の連合反応が顕著になる。床からの起き上がりは，定型発達でみられる四つ這いを経た起き上がりではなく，背臥位から非まひ側への体幹回旋，非まひ側上肢の支持からの座位となる。また，移動はまひ側上肢での支持が難しいことで四つ這い移動をすることは少なく，胡坐や横座りで殿部を床につけたまま移動するシャッフリング（いざり）が見られる。

まひ側が次第に使われなくなることで，姿勢・運動の非対称性が顕著になる。また，筋の弾性や手の識別性が低下し感覚の過敏さが生じることによって，まひ側に触れることや動かされることを嫌がる。またまひ側の上下肢を無視する傾向にある。正中線が歪み，真ん中，左右の認識の発達が遅れる。知的障害が重いほど，運動機能の左右差は拡大傾向にある。下肢は，まひ側の骨成長抑制により脚長差が生じる場合がある。歩行の獲得は遅れるが，全身的発達の重度な遅れやてんかんなどがなければ，独歩開始まで定型発達と同じ様なペースで発達する。

◇痙直型四肢まひの運動特徴

GMFCSレベルⅢ～Ⅴが多い。頸部，四肢，体幹ともに障害が重く，自発運動が少ない。出生児から筋緊張が亢進しているわけではなく，活動性が高まるとともに徐々に亢進していく。分離した動きや，中間位での動きや保持が困難で，可能な動きは定型的であり，全身的となるため，姿勢反応やバランス反応が発達しにくい。このため，自力での座位は，多くの場合が困難である。

臥位では，定頸が未獲得である場合，非対称性緊張性系反射などの反射が長く残存する。重度の場合，成長とともに非対称性は強くなり，側弯や上肢のW肢位，風に吹かれた股関節変形（片側の股関節が内転・内旋，反対側が外転・外旋）などの変形が生じる。寝返りが可能な場合，体軸内回旋が見られず全身的な動きとなるため，丸まるか反り返るような形になる。座位では，骨盤は後傾し，体幹部は屈曲位となり，顔を上げるために代償的に頸部を過伸展する様子が見られる。このため，口を閉じることや下顎や口唇のコントロールが難しくなるなど，口腔機能にも影響し，摂食での困難さも生じてくる。また，手掌把握反射が残存し，握り込んだものを離せないなど巧緻性の難しさがある。加えて，てんかんや比較的重度な認知的問題を伴うこともある。そのため，乳幼児期において姿勢制御や移動の能力低下の原因が，重度な運動障害にあるのか，または，学習能力の低下によるものなのかを見分けることが難しい。適切なケアを生涯にわたって受けたとしても，股関節脱臼や脊柱側弯などが生じ，拘縮や変形が進行するリスクが高い。

〈アテトーゼ型〉

大脳基底核の編成や障害を原因とする。不随意運動が特徴とするタイプである。四肢まひがほとんどで，全身に運動まひがみとめられる。筋緊張の亢進がみとめられる緊張性アテトーゼ（ジストニック）と，筋緊張の低下がみとめられる非緊張型アテトーゼ（舞踏病様アテトーゼ）に分類される。二次的な問題として，不随意運動の反復によって引き起こされる椎間板変形や脊柱アライメントの異常があり，特に頸椎と腰椎では脊柱管狭窄，環軸関節の亜脱臼を生じる場合がある。

◇アテトーゼ型の運動特徴

GMFCS レベルはⅠ～Ⅴと幅広い状態。筋緊張の動揺・不随意運動がある。

緊張型と非緊張型のいずれも新生児期は低緊張である。緊張型は，発達に伴い筋緊張の亢進が目立ってくる。不随意運動は精神的緊張に影響され増強することや，視覚・聴覚・触覚などの感覚刺激に対して過剰に反応することがある。そして，抗重力姿勢・動作が非対称的であることが特徴である。頭部のコントロールが困難で，定頸が遅れやすい。頭部が左右いずれかに回旋した姿勢を取りやすく，非対称性緊張性形反射が残存している場合には，頭部の回旋に伴い全身が非対称的な姿勢となる。両手を正中線上で合わせることが難しく，目と手の協調性や両手動作の発達が阻害される。過剰な相反神経支配により同時収縮が欠如し，姿勢の安定が難しく，中間位での動きのコントロールが難しい。腹臥位での on elbows や on hands，四つ這い，つかまり立ちなど，上肢や下肢を用いた対称的な抗重力姿勢の保持が難しい。上肢の障害が重たいため，臥位から座位や四つ這い位などへの上肢を用いて姿勢を変える動作の発達が障害されやすい。床上を寝返りや背這いで行うことが多い。バニーホッピングや膝歩きでの移動が可能なこともある。床上では割り座（W-sitting）で座ることが多い。上肢の障害が重たいため，ものの把握や操作など手指の巧緻性が必要な動作が困難で，上肢を用いて行う ADL（日常生活活動）が難しい。口周辺にも不随意運動を認め，口腔機能も未熟である。これにより構音障害を示すため，言語表出は困難であるが，言語理解は良好な場合が多い。

② 筋ジストロフィー

筋ジストロフィーは，筋繊維の編成，壊死を主病変とし，進行性に筋力低下が起こる遺伝性の疾患である。筋ジストロフィーの中で最も発生頻度が高いデュシャンヌ型筋ジストロフィーの発達経過は以下の通りである。

◇デュシャンヌ型筋ジストロフィーの運動特徴

定頸および座位保持可能年齢は定型発達とあまり差がない。筋緊張の低下や歩行開始の遅れ（１歳６ヶ月程度），階段昇降困難などの徴候を示す。その後の歩行障害（動揺性歩行・易転倒性），起立障害（登はん性起立），下腿筋の仮性肥大などの症状をきたす。５歳ごろが運動のピークで，以降は徐々に症状進行して10歳ごろに歩行不能になり，15歳ごろに座位保持困難となる。手指運動は残存するが，心肺機能低下をきたす。自然経過では20歳前後で死に至るとされているが，人工呼吸器による呼吸管理や心不全に対する治療の進歩で，生命予後は30歳以上になってきている。筋力低下は，腰部・下肢近位部の筋群から始まり，徐々に全身の筋群に広がってくる。手指筋群や手内在筋群などの遠位筋は，経過中も障害の進行がきわめて緩徐なため，手指機能は残存されやすくなる。

上記のように，疾患や障害のタイプにより，運動発達は異なってくる。障害特性を理解して対応していくことがとても重要になる。

2　肢体不自由児のリハビリテーション

肢体不自由児のリハビリテーションにはさまざまな職種が関わっている。日常生活のスキルや遊びなどさまざまな活動参加に取り組む作業療法士（Occupational Therapist：OT），運動療法を主とする理学療法士（Physical Therapist：PT），言語やコミュニケーションの練習をする言語聴覚療法士（Speech and Language Therapist：ST）などがある。これらが連携し，発達的視点を持って，子どもたちの運動機能の向上や二次障害の予防に努め，潜在能力が発揮できるようにアプローチを行なう。運動機能のみならず，日常生活動作（Activities of Daily Living：ADL）の獲得や遊びや学習への参加，コミュニケーションを促し，生活の質（Quality of Life：QOL）を向上させていく。アプローチ方法として，感覚，運動，姿勢等への機能的アプローチと補装具や福祉用具等を活用した環境的アプローチがある。これらは別々なものではなく，必要に応じて組み合わせながら総合的なアプローチを行う。

（1）機能的アプローチ――運動，姿勢

肢体不自由の疾患よってアプローチが異なる。神経筋疾患や末梢神経疾患，骨関連疾患など非脳性の運動障害に対するアプローチは，関節可動域の拡大，筋力強化，耐久性の増強など運動性をより直接的に引き出すことに焦点が当て

られる。ただ，神経筋疾患では，筋萎縮や筋力低下など疾患そのものが原因となる機能障害の進行は避けられない。障害を少しでも遅らせることや，廃用・過用といった二次障害の発生を予防することが基本となる。また，障害が進行していく中でも，残存機能を活用して，できる限り自立した生活を送ることができるように筋力低下や関節拘縮，呼吸機能，摂食・嚥下障害等に対してアプローチを行なっていくことと，補装具や自助具等を用いた環境的アプローチ重要となる。一方で，脳性まひなど脳に起因する運動障害は，中枢神経系の成熟を妨げるために生じた姿勢と運動の異常から起こる。単に運動するように励ましたり，いろいろな運動経験を積ませたりするだけでは，異常姿勢や運動パターンを助長してしまう場合がある。脳性まひの運動障害に対しては，異常な姿勢筋緊張や運動パターンを抑えつつ，正常な運動パターンや運動感覚を体験させることが重要になってくる。運動発達を促すためのアプローチとして，ボバースアプローチ／神経発達学的治療（neuro-developmental treatment :NDT）やボイタ法，上田法，まひ側上肢に対するCI運動療法（Constraint-induced Movement Therapy）などがある。NDTは，異常な姿勢反射や姿勢・運動様式を抑制し，筋緊張を正常に近づけ，効率的な運動の基礎となるバランス反応と分離（選択的）運動を改善し，機能を向上することを目標にしている。そのために，ハンドリングを多用するとともに，ポジショニング等の環境設定とホームプログラム指導を行う。ボイタ法は，７つの姿勢反応を使用して評価を行い，いくつかの誘発帯を刺激することによって正常の運動の要素が含まれていると考える反射性腹這いと反射性寝返りを賦活して運動発達を促すことを目的としている。上田法は，痙縮を減少させることを主な目的としている。まひ側上肢に対するCI運動療法は，患側をただ強制的に使用させるものではなく，課題設定を段階付けて行い，反復練習を行う運動療法である。主にMACSレベルⅠ～Ⅲの児が対象で，自動で手関節背屈が可能であることなどが条件になっていることが多く，適応は考慮する必要がある。

〈二次障害の予防〉

脳性まひの場合，生活環境の変化ともに，出生時の脳損傷により出現する痙縮，反射亢進，クローヌス，筋力低下，バランス能力低下などの一次障害と，定型的な姿勢や同一姿勢，成長に伴って出現する関節拘縮や変形，脱臼，疼痛などの二次障害をそれぞれ考慮していく必要がある。疾患の障害特性や生活環境から将来的な機能制限を予測した対応が必要となってくる。筋のストレッチや関節可動域，筋力強化へのアプローチ，さらに姿勢を変える動作や移動動作を練習し，ADL の遂行能力を維持することは，二次障害の予防につながってくる。リハビリテーション場面だけでなく，日常生活の姿勢を工夫し，クッションなどを用いたポジショニングや補装具等を用いたトータル的なアプローチが重要である。

（2）環境的アプローチ――自助具，アシスティブ・テクノロジー，装具，座位保持など

ICF（国際生活機能分類）によると，障害の状態は生活機能（心身機能，活動，参加）と背景因子（個人因子・環境因子）の相互作用によって決まる。環境的アプローチは，生活機能の「活動」や「参加」を広げ，QOL の向上を期待することができる。その際，支援技術（Assistive Technology）が役立つ（詳しくは12章「アシスティブ・テクノロジーの導入と生活の質の向上」を参照）。

支援技術とは，障害のある人を支援するための技術全般のことを指す。広義では，足が不自由な人が車椅子を利用することや，耳が不自由な人が補聴器をつけること，目が不自由な人がメガネをかけるなどと同じである。支援技術を使用する際は，障害の状態や特性とその困り感，生活環境などを把握して，選択や調整を行う。例えば，メガネを使用する際に，レンズの度を合わせるだけでなく，メガネをかけた時に違和感がないかを調整しながら選択する。また，見た目も重視する。補装具や福祉機器もこれらに含まれる。適切な補装具や福祉機器の使用は，運動発達の促進や二次障害の予防，そして「活動」や「参加」の拡大と QOL の向上につながる。これを的確に行うためには，専門職による機器の選定や適合が重要となる。リハビリテーションでは，各専門職による環境的なアプローチでさまざまな支援技術が用いられる。

① 姿勢を保持・安定させるための支援技術

〈装具〉

装具は，身体機能の向上や機能低下防止等を目的として用いる器具で，様々な種類がある。治療の手段の一つとして使う治療装具，障害が固定した後に日常生活の動作の向上のための更生用装具などがある。

●上肢装具

筋または機動力の代用，関節の補助や固定，支持および矯正等を目的とした上肢に用いる装具。肩装具・肘装具・把持装具・手関節背屈装具・対立装具・BFO（Balance Forearm Orthosis）等がある。

●下肢装具

目的は，変形・拘縮の予防，立位姿勢の安定，歩行時の補助に分けられる。幼児期から，目的に応じて装着する機会が多く，子どもの成長の速度や機能の変化に応じて再度作成してく。下肢装具の種類として，長下肢装具，短下肢装具（金属支柱，プラスチック），靴型装具，外転装具等がある。

●体幹装具

重度な運動障害がある場合，脊柱の変形（側弯・後弯）が生じやすくなる。これは，非対称な筋緊張，異常運動パターン，呼吸状態，姿勢管理などの要因として進行していく。脊柱の変形は座位保持能力を低下させるだけでなく，呼吸器・消化器疾患を生じさせ，生命の危険へつながってしまう。このため，早期から体幹装具を用いて側弯の予防が重要である。

〈座位・立位・臥位保持具・姿勢保持具〉

●座位保持装置

座位保持は，姿勢運動の発達促進や機能の維持・向上などの機能的側面と，活動の場を広げ人との交流の機会を作るといった社会的側面に良い影響をもたらす。特に重度な運動障害の場合，後者の利益は大きい。また，手を使った活動には，安定した姿勢の保持が必要となる。このように，座位保持装置は子どもの能力や使用目的，使用場所などに応じた工夫が必要となる。主な目的としては次のようなものが考えられる。

1　座位姿勢保持および変形・拘縮の進行防止
2　頭部・体幹部アライメントの修正と気道確保
3　姿勢変換による呼吸機能の改善
4　頭部・体幹部・下肢のアライメント調整による誤嚥防止と嚥下機能向上
5　視覚・聴覚刺激の刺激拡大
6　コミュニケーション能力の向上

座位保持装置には，普通型，リクライニング式普通型，ティルト式普通型，モールド型，可変調節型等がある。また，車内の安定した姿勢をはかることが目的の車載用座位保持装置（カーシート）もある。

その他の姿勢保持具として，立位保持具，仰臥位保持具，側臥位保持具，腹臥位保持具等がある。

② 移動するための支援技術

●杖，歩行器

歩行能力が高い場合，屋外歩行ではクラッチ（ロフストランドクラッチ）を使用することが多い。屋内では，後方支持型歩行器（PCW）の使用が多い。後方制動式で後ろには進まない設計で，身体を起こして支持しながら歩行ができる。座位保持から四つ這いレベル以上で適応される。歩行能力が低く，姿勢保持が困難な場合は，SRC ウォーカーが使用され，サドルにまたがって下肢でキッキングができる場合に自分で移動できる。

●車椅子

車椅子は，自分で操作する自走式や電動式，介助で使用する介助式に分かれる。そして，座位保持能力に合わせて座位保持装置の使用の有無を判断する。

③ ものを操作するための支援技術

●自助具

自助具は，他人に頼らなくても日常で必要な作業を行えるようにサポートする器具のことである。市販されているスプーンに握りやすくグリップをつけたり，持ち手をつけたりする。最近では，3D プリンタで自助具を作る支援者も増えている。リハビリテーションの中では作業療法士が得意とする。

●テクノロジー（シンプルテクノロジー・ICT 活用等のデジタル機器の活用）

ICT（Information and Communication Technology）機器はできないことを代替してできるようにしたり，本来持っている機能や能力を拡張したりしてくれる画期的な道具である。これは障害者の障害の状態を軽減したり，解消したりして，社会参加を促す一つのツールとして役立つ。この便利なツールを使うことで得られる「できる」「わかる」といった体験や経験は，困難さがある人の「やりたい」という次の意欲を引き出し，発達を促すきっかけになる。

子どもは，遊びの中で心身を発達させていく。その遊びを拡大する要素の一つにおもちゃがある。しかし，重度な障害のある子どもはおもちゃを自ら手にとって遊ぶことが困難である。このため，他人におもちゃを見せてもらう，動かしてもらうといった受動的な遊びになってしまうことがある。一方，身体を動かすことに困難さがあっても，どこか動かせる部位がある。その動きを活用して能動的に遊べるようにする方法が，シンプルテクノロジー（おもちゃや電化製品を外部のスイッチで操作する簡単なテクノロジーの仕組みのこと）である（詳しくは11章「コミュニケーション支援と AAC」を参照）。リハビリテーションでは，このシンプルテクノロジーの活用から，パソコンやタブレット操作による遊びや学習への参加，コミュニケーションの拡大，テレビやエアコン，照明などの家電の環境制御などさまざまな場面で活用できる。

④ 生活のための支援技術

●住環境調整と日常生活用具

生活の基盤となる住宅を住みやすくすることはとても重要である。必要に応じて手すりの設置，対象児と家族の生活動線に配慮した家具の配置の提案などを行う。また，入浴時のシャワーチェアなどの福祉用具の導入の検討なども行う。各市町村が行う日常生活用具給付等事業による肢体不自由の項目には，以下の種目が対象になることがある。入浴補助用具，便器，特殊寝台，訓練用ベッド，訓練いす，特殊マット，移動・移乗支援用具（手すり・スロープ等），居宅生活動作補助用具（住宅改修費），移動用リフト，入浴補助用具，入浴担架，体位変換器，特殊尿器等。これらを活用することで，ADL の獲得や生活の向上を図る。

学習課題

① 脳性まひのタイプ別の特徴から，どんな二次的な問題が起こるかを考えてみましょう。
② 肢体不自由児のリハビリテーションはどんなアプローチ方法があるのかを考えてみましょう。

引用・参考文献

岩﨑 清隆・鴨下賢一（2019）．発達障害の作業療法 実践編 第３版 株式会社三輪書店
上杉 雅之（監）辛島 千恵子（編）（2016）．イラストでわかる発達障害の作業療法 医歯薬出版株式会社
長﨑 重信（監）神作 一実（編）（2021）．第３版 作業療法学 ゴールド・マスター・テキスト 発達障害作業療法 株式会社メジカルビュー社
石川 朗（総）奥田 憲一 他（編）（2022）．15レクチャーシリーズ 理学療法テキスト 小児理学療法学 株式会社中山書店
伊藤 利之（監）小池 純子他（編）（2017）．こどものリハビリテーション医学　第３版 発達支援と療育 株式会社医学書院
公益社団法人　日本リハビリテーション医学会（監）（2014）．脳性麻痺リハビリテーションガイドライン（第２版）金原出版株式会社

第8章
知的障害を併せ有する肢体不自由児の心理的傾向

西村健一

肢体不自由特別支援学校においては在籍児童の重度・重複化が進み，知的障害など肢体不自由以外の障害にも対応が求められている。この要因としては，周産期医療の発達などが挙げられる。知的障害には複数の定義があり，教育面だけでなく心理的な側面への支援が必要である。支援を行う際は特定の教員が対応をするだけでなく，学校全体として支援体制を作ることが大切である。知的障害を併せ有する肢体不自由児の場合は，負の感情「不安」などへの心理的な支援が求められる。新しい教育振興基本計画の中には，ウェルビーイングがコンセプトとして挙げられており，知的障害を併せ有する肢体不自由児のウェルビーイングの実現が求められる。

1 肢体不自由特別支援学校の現状

本章では，知的障害を併せ有する肢体不自由児の心理的傾向を読み解いていく。最初に，肢体不自由特別支援学校の現状について紹介する。

柳沼（2022）によると，全国の肢体不自由特別支援学校には，約3万人前後の児童生徒が在籍しており，ここ10年総数の大きな変化はない。しかし，在籍している児童生徒の重度・重複化は進んでおり，肢体不自由特別支援学校の重複障害学級に在籍する児童生徒は全体の50％を超えている。

重複障害者とは，当該学校に就学することになった障害以外に他の障害を併せ有する児童生徒であり，視覚障害，聴覚障害，知的障害，肢体不自由及び病弱について，原則的には学校教育法施行令第22条の3において規定している程度の障害を複数併せ有する者を指している（文部科学省，2018a）。

「重度・重複障害」は，「特殊教育の改善に関する調査研究会（昭和50年3月）」によって示された「重度・重複障害児に対する学校教育の在り方について（報告）」に記載されている。「重度・重複障害」は，学校教育法施行令第22条の3に規定する障害――盲・聾・知的障害・肢体不自由・病弱――を2以上あわせ有する者のほかに，発達的側面からみて，「精神発達の遅れが著しく，ほとんど言語を持たず，自他の意思の交換及び環境への適応が著しく困難であって，日常生活において常時介護を必要とする程度」の者，行動的側面からみて，「破壊的行動，多動傾向，異常な習慣，自傷行為，自閉性，その他問題行動が著しく，常時介議を必要とする程度」の者である。

松元（2022）は，重度・重複障害児が増える要因として① 周産期医療の発達，② 不妊娠治療のための多胎児の増加，③ 高齢出産の増加などを理由として挙げている。近年は，超早産児や超低出生体重児などの命も救えることが増えており，その結果医療的ケア児も増加している。「医療的ケア児及びその家族に対する支援に関する法律」では，医療的ケアとは人工呼吸器による呼吸管理，喀痰吸引その他の医療行為であり，医療的ケア児とは日常生活及び社会生活を営むために恒常的に医療的ケアを受けることが不可欠である児童のことを表す。

肢体不自由特別支援学校に在籍する重度・重複障害児は，視覚・聴覚・触覚・嗅覚・固有覚・前庭覚などの感覚活用が難しい場合や，呼吸や嚥下などに支援が必要な場合も多い。また，重度・重複障害児の多くは知的障害を伴っており，教育には幅広く高い専門性が求められる。

実際，重度・重複障害児に教科指導を行う場合，目標設定などに迷うことがある。徳永（2021）が提唱する「障害が重い子どもの目標設定ガイド」は，重度・重複障害児が国語や算数に向かう力を育むための羅針盤として，肢体不自由特別支援学校で活用されている。

また，重度・重複障害のある児童に対する教育の基盤を作るものとして，「自立活動」がある。自立活動は，「個々の児童又は生徒が自立を目指し，障害による学習上又は生活上の困難を主体的に改善・克服するために必要な知識，技能，態度及び習慣を養い，もって心身の調和的発達の基盤を培う」ものである（文部科学省，2018b）。内容は「1．健康の保持」「2．心理的な安定」「3．人間関係の形成」「4．環境の把握」「5．身体の動き」「6．コミュニケーション」で構成されており，その指導場面や指導方法は児童生徒の数だけ存在する。姉崎（2023）は，重度・重複障害児の自立活動では，身体機能の維持向上を目的とした指導に加えて，スヌーズレン教育が注目されているとしている。スヌーズレン教育は，光や音などを活用した環境を用いる指導であり，重度・重複障害児の心理的安定につながることも多い。

2　知的障害とは

ここでは，多くの肢体不自由児が併せ有する知的障害について説明をする。文部科学省は，知的障害について以下のように定義している。

> 知的障害とは，一般に，同年齢の子供と比べて，「認知や言語などにかかわる知的機能」の発達に遅れが認められ，「他人との意思の交換，日常生活や社会生活，安全，仕事，余暇利用などについての適応能力」も不十分であり，特別な支援や配慮が必要な状態とされています。また，その状態は，環境的・社会的条件で変わり得る可能性があると言われています。
>
> （文部科学省ホームページ　（３）知的障害）

また，世界的に用いられる診断基準として「DSM-５-TR 精神疾患の診断・統計マニュアル」がある。DSM は「Diagnostic and Statistical Manual of Mental Disorders」の頭文字をとったものであり，DSM-５は第５版を示す。そして TR とは Text Revision のことであり，DSM-５-TR は DSM-５の小規模な改定を意味する。この中で知的障害に当たる部分は，知的発達症（知的能力障害）である。

この他，知的障害はアメリカ知的・発達障害学会（American Association on Intellectual and Developmental Disabilities; AAIDD）でも知的障害について研究されている。また，関連するものとして境界知能がある。

DSM などの診断基準は，研究の進展や社会的な情勢の変化に応じて更新をされるため，最新の情報を確認することが大切である。

診断基準

知的発達症（知的能力障害）は，発達期に発症し，概念的，社会的，および実用的な領域における知的機能と適応機能両面の欠陥を含む障害である．以下の３つの基準を満たさなければならない．

A. 臨床的評価および個別化，標準化された知能検査によって確かめられる，論理的思考，問題解決，計画，抽象的思考，判断，学校での学習，および経験からの学習など，知的機能の欠陥．

B. 個人の自立や社会的責任において発達的および社会文化的な水準を満たすことができなくなるという適応機能の欠陥．継続的な支援がなければ，適応上の欠陥は，家庭，学校，職場，および地域社会といった多岐にわたる環境において，コミュニケーション，社会参加，および自立した生活といった複数の日常生活活動における機能を限定する．

C. 知的および適応の欠陥は，発達期の間に発症する．

（American Psychiatric Association, 2023: 37）

3　知的障害がある人の心理の不調

感情は，人間にとって大変重要な役割を果たす。たとえば，感情と記憶には深いつながりがある。しかし，生活は本人にとって快適なものばかりではなく，時に「負」の感情をもつことも多い。知的障害がある人の場合，話し言葉を十分に持たないことも多く，ストレスを感じ問題行動として表出されやすい。たとえば，叫ぶ，泣く，叩く，噛む，逃げるなど，さまざまな行動がみられる。その問題行動の矛先は，他者だけでなく自傷行為など自分自身に向かうこともある。

心理的な不調が続く場合には，適切な支援が必要となる。下山（2022）によると，海外では30年以上前から知的障害がある人のメンタルヘルスの不調に対する研究や実践の蓄積がある。しかし，国内では，知的障害のある人への心理支援の研究や実践は多くない。その理由の一つとしては，そもそも知的障害のある人を心理支援の対象として考えない風潮があるだろう。たとえば，心理的不調により問題行動が発現した場合に，支援者は問題行動の改善に注力し心理面へのアプローチにまで関心が向きにくいのかもしれない。

知的障害のある人は知的障害のない人と同じように悩みを抱えている。しかし，知的障害がある場合は，友達が少なく，気晴らしやストレス発散の方法が少なく，余暇自体も充実していないことも多い。その結果，悩みを解決する手段が少なく，ストレスをためる状況が生じやすい。Shimoyama et al.（2018）は，日本では知的障害のある人（126名）の23.8％が精神的な問題を抱えていると報告している。下山（2022）は上記の結果，うつ病や不安障害，不登校・非行・アルコール依存症・行動障害・引きこもりなどにつながると指摘している。実際，下山・園山（2021）は知的障害のある人（180名）の精神疾患について調査した結果，不安障害が6.1%，パニック障害が5.6%，睡眠障害が5.0%，統合失調症が2.2%，強迫性障害が2.2%，愛着障害が2.2%，摂食障害が1.7%，適応障害が1.7%，うつ病が1.1%，双極性障害が1.1%，異食が1.1%，素行障害が1.1%，認知症が0.6%，薬物依存症が0.6%，間欠性爆発性障害が0.6%であったと報告している。今後，知的障害の心理面について実践や研究の蓄積が待たれる。

4　知的障害がある人への心理的支援

これまで，知的障害のある人における心理的な不調について述べてきた。特別支援学校においては，スクールカウンセラーや養護教諭，特別支援教育コーディネーターなどが連携をして，心理的なケアを実施している。

特別支援教育コーディネーターは，児童への適切な支援がスムーズに行われるように，担任や管理職，各種専門家などをつなぎながら協働体制を構築する立場である。しかし，主に知的障害児の心理的な不調について対応をするのは，担任教師である。

知的障害がある人の悩みなどを聞くときには，まず落ち着いて話ができる時間や場所を確保することが必要である。また，傾聴の姿勢を大切にしながら，信頼関係を築くことが肝要である。

次に紹介するのは，特別支援学校高等部１年生担任である山上先生（仮名）

の経験した実話である。

> 太郎君（仮名）は，知的障害がある特別支援学校高等部の生徒である。朝，登校をしてくるものの，入口で立ち止まり，なかなか教室に入ってくることができない。山上先生は別室で太郎君にその理由について聞いてみた。太郎君は，最初は黙っていたが，ポツポツと話し始めた。太郎君には，小学校時代に周りの友達からいじめられた経験があった。小学校の先生は優しかったが，いじめの事実を伝えることができなかった。
>
> 中学校から特別支援学校に進学をした結果，環境が変わりいじめはなくなった。しかし，今でもいじめのことを思い出すことがあり，特に教室に近づくとその映像が思い出されるという。
>
> 山上先生は，最後まで傾聴し「太郎君は大変だったね」と言うと，太郎君は深くうなずいた。山上先生は管理職と相談をしながら，定期的に太郎君と話をする時間を設けた。話の内容は，いじめの問題から少しずつ前向きな話へ広がっていった。二年間，山上先生と太郎君の話し合う時間は続いた。その間に，太郎君は休日も遊ぶ親友ができた。ある日太郎君は「山上先生，もう，大丈夫。友達もいるし。ありがとうございました」と言われ，話の時間の取り組みは終了した。
>
> 「大人が思っている以上に，小学校時代のことは覚えているし，後の人生に影響するのですね」と山上先生は私に語ってくれたのである。
>
> （内容は事実であるが，本人が特定されないように，一部修正をしている。）

教育現場では，思春期や青年期のメンタルヘルスの不調に，過去のいじめが関係していることも珍しくない。支援者は，傾聴の姿勢で時間をかけて話を聞くとともに，学校の管理職などと情報を共有しながら，学校全体で取り組むことが重要である。支援者は一人で抱え込まないことが大切である。

石隈（1999）は，学校における心理的な支援に関する，３段階の援助サービスモデルを示した。このモデルは，一次的援助サービス，二次的援助サービス，三次的援助サービスから構成されるものである。一次的サービスはすべての子どもに対して行い，二次的，三次的に進むにつれて，特定の子どもに焦点を当てて心理的な支援を行う（図８－１）。

心理的な支援をする場合，心理支援を行う側にもストレスが生じやすいため，支援者側のメンテナンスも積極的に行う必要がある。学校教師は対人的な職業

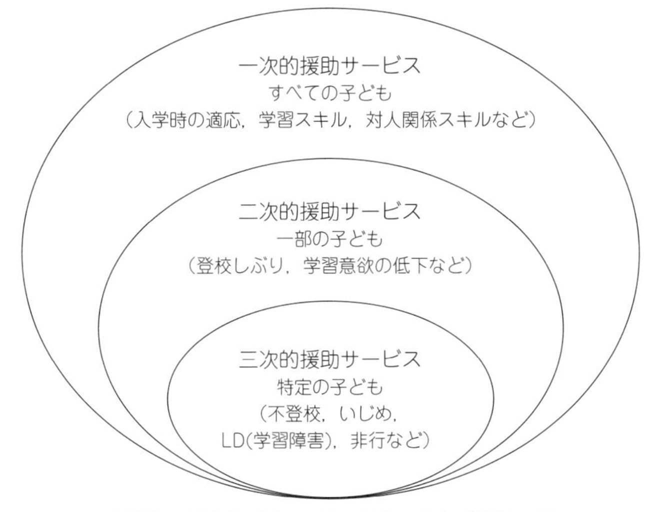

3段階の援助サービス，その対象，および問題の例

図８-１　学校における心理的な支援

出典：石隈（1999）を参考に筆者作成.

であり，自分自身の感情を常にコントロールしながら職務にあたるため，自覚の有無にかかわらず，ストレスが溜まっていることが多い。心理的な支援を継続するためには，まず支援者自身がストレス発散を心がけ，安定した心理状態でいることが大切である。

また，学校の管理職は情報の共有を心がけ，心理的な支援にあたる関係者の様子を把握することが大切である。必要に応じて，スクールカウンセラーなどの専門家に協力を求め，チーム学校として支援体制を作ることが大切である。

下山（2022）は，英国心理学会による支援のノウハウをまとめた小冊子（2018）について紹介をしている。この内容は我が国においても役立つ内容である。

知的障害がある人への心理支援の工夫（英国）

・コミュニケーションの理解や表出が難しい場合に，クライエントが理解できているのか十分に確認する必要があり，絵を描いたり，イラストやシンボルを使ったりして確認する
・理解を促すためには，シンプルなことば遣いを心がける必要があり，絵や資料など言語以外の手段も使用することがサポートになる
・記憶することや思い出すことが難しい場合があるので，以前のセッションを思い出してもらったり，約束の時間を思い出せるように記録をつけてもらったりする工夫が必要
・情報を処理することが難しいために，質問に対して考える時間を十分とり，クライエントが混乱することを避ける
・クライエントの文脈や文化，言語や認識を考慮して進める必要がある
・クライエントは心理療法を受けた経験がないことが多く，心理的な治療関係について理解してもらう必要があり，本人が同意した上で治療が進んでいるか確認が必要
・クライエントは治療関係を経験していないため，一緒に協働する関係ではなく，何かをしてもらう関係として捉えている場合があること，また周囲が期待する態度を取ることもあり，主体性について注意が必要

（下山（2022）を一部改変）

これまで，知的障害の定義と現状，心理的な支援について事例などを通して説明してきた。これらのことを理解したうえで，学校内で連携を取りながら心理的な支援を進めることが大切である。

5　知的障害を併せ有する肢体不自由児の心理（不安）とその支援

知的障害を併せ有する肢体不自由児の場合も，私たちと同様に喜怒哀楽の間で感情が揺れ動いている。しかし，心理的な不調が継続する場合には，支援が必要となる。その一つが不安である。

たとえば，不安障害は知的障害のある人に多く認められる精神疾患である

（下山・園山：2021）。また，高瀬（1982）は，身体障害者の心理的特性として「社会的劣等評価」とともに「不安」の二つを挙げている。そこで，不安に対する支援として，① 物理的環境，② 人的環境，③ 心理的環境の視点で述べる。

① 物理的環境

安心・安全な環境でないと感じた場合に不安は起こる。一般的には，周囲を見渡し情報を集め，理解することで安心をするであろう。しかし，知的障害を併せ有する肢体不自由児の場合，身体の動きが制限されているため，上下左右や後ろを見ることが難しく周囲の情報を確認しにくい。また，たとえ見えたとしても，掲示物や文字などで情報を理解し，それを組み合わせて状況把握をすることは難しい。

そこで，見える範囲などを十分に把握し，見やすく，わかりやすい環境を整えることが大切である。たとえば，視能訓練士と連携をして児童の見え方について把握する，まぶしくないように教室の蛍光灯の光を布で軽減する，教室の入り口に蛍光色の布を下げ場所がわかるようにするなどの支援が有効である。

また，イラストや写真，文字などを使って，理解しやすい状況を整えることも重要である。一日のスケジュールをイラストで示したり，iPad で写真を示したりすることも有効な手段であろう。

iPad は学習や日常生活でよく使われている。そこで，金（2023）は知的障害を併せ有する肢体不自由児が，自分で iPad を見たり操作したりするためのスタンドを開発した。知的障害を併せ有する肢体不自由児は，日常生活の中でクッションなどを使いさまざまな体位をとることが多い。たとえ，授業中であっても，伏臥位（うつぶせの状態）や側臥位（横に寝た状態）の状態を取ることも珍しくない。

このスタンドを利用することで，さまざまな姿勢であっても iPad で学習をすることが可能となる。側臥位であってもマイナス10度の角度を活かして，自分の顔より少し高いところにある iPad を見たり操作したりすることができる。

この自助具は，肢体不自由者である金泰均氏（3D モデラー）を中心として，島根県立松江清心養護学校の奥村健介先生と岸浩史先生，株式会社トレンド

図8－2　ドック型iPadスタンド

（代表取締役　徳田裕成氏）と，島根県立大学の西村研究室で約2年をかけて共同開発をしたものである（図8－2）。なお，角度やデザインはオーダーメイドが可能である。

② 人的環境

知的障害を併せ有する肢体不自由児の場合，移動，食事，着替え，排せつ，移乗など身体的な支援を受けることが多い。支援者の手は，人の心情を伝えやすい。支援者が不安に思いながら介助をした場合，その不安は対象児童生徒にも伝わることが多い。支援者は事前に十分準備を行い，必要に応じて技術を習得してから，児童生徒の支援に当たることが求められる。

また，知的障害を併せ有する肢体不自由児の場合，一人になることが少なく，常に大人がそばにいる状況が続きやすい。周囲の大人は，「着る衣服」「食べる順番」「寝るタイミング」などについて，正解を知っている（知っているように見える）存在である。知的障害を併せ有する肢体不自由児は，周囲の大人の指示通りに生活をすれば，決して失敗をすることはない。しかし，失敗は成長のカギである。

以下に紹介するのは，私が実際に経験したエピソードである。

ある年の7月初旬，私はA肢体不自由特別支援学校を訪問した。7月初旬といえば七夕シーズンであり，その学校でも玄関に大きな笹が飾ってあった。

私が玄関で革靴を脱ごうとしたとき，ちょうど車いすに乗った小学部低学年の女児が先生と一緒に通りかかった。彼女は知的障害を併せ有する肢体不自由児であり，体幹の保持は難しいようで，座位保持を利用していた。

彼女は珍しい訪問者【私】に興味津々という顔であった。口を大きく開けて，私の顔をじーっと見ている。

ちょうど七夕の笹があったので，私は「七夕のお願いは何にするの？」と女児に話しかけてみた。女児は小さな声で「ひとりであるく？」と（疑問形で）答え，「せんせい，あっている？」と車いすを押していた教師に確認したのであった。その先生は……

さて，この先生はどのような応答をしたのであろうか。

○「そうだね。正解」とすぐに答える

○「あれ？　どうだったかな」と聞き返し，笹の短冊を見るように促す

○「うーん」と一緒に考えて，女児の次の行動を促す

教師がどの行動をとるかによって，女児の次の行動は異なってくるだろう。たとえ，身体的に自立が難しいとしても心理的には自立と社会参加は可能である。知的障害を併せ有する肢体不自由児の場合，自己選択と自己決定を通して得られるものは大きい。成功や失敗という経験を積み重ねることで，自分でできることとできないことを知り，自己認識を深めることができる。

「自立とは依存先を増やすこと」。東京大学先端科学技術研究センター准教授で小児科医の熊谷晋一郎氏の言葉である（たとえば毎日新聞（2023））。他者に必要な支援を求めながらも，自立と社会参加をしていくことは重要である。そのために，周囲の教師や支援者の存在や自立を促す振る舞いが注目されるのである。

③ 心理的環境

知的障害を併せ有する肢体不自由児の場合は，安心・安全な物理的環境と人的環境が整うことで，新しいことに挑戦できる基盤が整う。たとえば，谷口（2013）によるウィッシュプロジェクトはその好例である。

ウィッシュプロジェクトは，肢体不自由児や生徒の夢や希望を叶えることに特化したプロジェクトである。知的障害の有無やその程度により支援は異なるものの，自分の夢や希望を認識し，実現する方法を自己選択・自己決定することを大切にしている。たとえば，県外で開催されるアイドルのコンサートに行きたい（夢や希望）ので，路線バスと新幹線を使って行ってみる（自己選択・自己決定）のである。

実際の取り組みでは，電車に乗り遅れたり，場所を間違えたりするハプニングの連続である。参加生徒は，そのたびに電話やSNSなどをフル活用し，周囲から必要な支援を自分で引き出す。その結果，全員が自分の夢や希望を実現するという貴重な経験をすることができる。

このように，新しいことに挑戦をすることで，多くの学びと経験を得ることができる。また，学校で学んだことを実際の地域社会で使ってみることで，実際に使える生きた知識として身につけることができるのである。

ここまで，不安とその対応について述べてきた。知的障害を併せ有する肢体不自由児の場合，周囲の状況の理解が難しく，周囲の指示に従う指示待ち状態になることもある。「わかる」「できる」「やってみる」環境を整えることにより，自立と社会参加につなげることが重要である。

自立と社会参加は，特別支援教育全般に通じる重要なキーワードである。しかし，これからの特別支援教育について新しいキーワードとなる言葉が登場している。それは，ウェルビーイングである。

6　これからの時代に向けて――ウェルビーイング

知的障害を併せ有する肢体不自由児への心理的支援を考えてきた。しかし，今では，心理的な支援を包含したウェルビーイングの実現が求められている。

日本は，これまで世界の中でも先進国の地位を保ってきた。国内外にかかわらず競争を重ね，経済成長を優先してきた。しかし，その結果はどうだったであろうか。環境破壊や経済格差，貧困問題など，人間の幸せとは真逆のことが起こっている。

そこで，登場するのはウェルビーイングという言葉である。ウェルビーイングの言葉自体は最近のものではなく，1946年に世界保健機関（WHO）憲章に示されたものを指す。

> Health is a state of complete physical, mental and social well-being and not merely the absence of disease or infirmity.
> （健康とは，完全な肉体的，精神的及び社会的福祉の状態であり，単に疾病又は病弱の存在しないことではない）　　　　（下線は筆者による）

つまり，ウェルビーイングは単に「幸せ」という心理的な感情だけではなく，身体的にも社会的にも精神的にも満たされている状態を表している。前野・前野（2022）は「健康とは，単に疾病や病弱な状態ではないということではなく，身体的，精神的，そして社会的に完全に良好ですべてが満たされた状態である」と述べ，ウェルビーイングの説明として図８-３を示している。

このウェルビーイングについては，近年の教育においても重要性を増している。たとえば，文部科学省（2023）は，新たな教育振興基本計画を公表し，コンセプトを２つ発表した。「2040年以降の社会を見据えた持続可能な社会の創り手の育成」と，「日本社会に根差したウェルビーイングの向上」である。日本社会に根差したウェルビーイングは，具体的に以下の内容が含まれている。

- 多様な個人それぞれが幸せや生きがいを感じるとともに，地域や社会が幸せや豊かさを感じられるものとなるための教育の在り方
- 幸福感，学校や地域でのつながり，利他性，協働性，自己肯定感，自己実現等が含まれ，協調的幸福と獲得的幸福のバランスを重視
- 日本発の調和と協調（Balance and Harmony）に基づくウェルビーイングを発信

つまり，これまで日本におけるウェルビーイング（調和と協調）の要素を大切にしながら，地域に開かれた学校を作る中で，児童の幸福感，利他性，協働性，自己肯定感，自己実現等を大切にした教育を進めるということである。

図８－３　ウェルビーイングとは何か

出典：前野・前野（2022）を参考に筆者作成.

ウェルビーイングは，単なる幸福ではなく，身体的・社会的にもよい状態であることが必要である。知的障害を併せ有する肢体不自由児の心理的な支援においても，関係者と連携をしながらウェルビーイングの実現につながる取り組みが大切である。

学習課題

① 知的障害の診断基準や心理的側面についてまとめてみよう。
② 知的障害を併せ有する肢体不自由児の心理的側面について話し合ってみよう。

参考文献

American Psychiatric Association. 日本精神神経学会（監修），髙橋　三郎・大野　裕（監訳）（2023）．DSM-５-TR 精神疾患の診断・統計マニュアル　医学書院

姉崎　弘（2023）．重度・重複障害児担当教師に求められる自立活動の指導方法の考察――全国肢体不自由特別支援学校の「スヌーズレン教育」に視点を当てて――　教育研究実践報告誌，**6**(２)，１-10.

石隈　利紀（1999）．学校心理学――教師・スクールカウンセラー・保護者のチームによる心理教育的援助サービス――　誠信書房，pp.144-159

厚生労働省．医療的ケア児及びその家族に対する支援に関する法律
https://www.mhlw.go.jp/content/000801675.pdf（2024年１月30日確認）

前野　隆司・前野　マドカ（2022）．ウェルビーイング　日本経済新聞出版，pp.16-21

毎日新聞（2023/１/18）．2023年にのぞんで「自立」の意味を考える　インタビュー東京大准教授・熊谷晋一郎氏

https://mainichi.jp/articles/20230118/ddm/004/070/011000c（2024年1月30日確認）
松元 泰英（2022）．かゆいところに手が届く重度重複障害児教育　ジアース教育新社，pp.14-18
文部科学省（1975）．重度・重複障害児に対する学校教育の在り方について（報告）
文部科学省．知的障害
https://www.mext.go.jp/a_menu/shotou/tokubetu/mext_00803.html（2024年1月30日確認）
文部科学省（2018a）．特別支援学校教育要領・学習指導要領解説総則編（幼稚部・小学部・中学部）　開隆堂出版，pp.339-343
文部科学省（2018b）．特別支援学校幼稚部教育要領　小学部・中学部学習指導要領　海文堂出版，pp.199-201
文部科学省（2023）．教育振興基本計画
https://www.mext.go.jp/a_menu/keikaku/index.htm（2024年1月30日確認）
Shimoyama, M., Iwasa, K., Sonoyama, S. (2018). The prevalence of mental health problems in adults with intellectual disabilities in Japan, associated factors and mental health service use. *Journal of Intellectual Disability Research*, 62, 931-940.
下山 真衣・園山 繁樹（2021）．知的障害者の精神疾患と問題行動の発生と関連要因　福祉心理学研究，**18**，62-71.
下山 真衣（2022）知的障害のある人への心理支援　学苑社
高瀬 安貞（1982）．身障者の心の世界――リハビリテーションのために――　有斐閣，pp.18-26
谷口 公彦（2013）．ウィッシュの実現に向けた肢体不自由児学校の取り組み(2)，日本特殊教育学会　第51回発表論文集 CD-ROM 収録．
The British Psychological Society (2018). *Working relationally with adults with an intellectual disability - A discussion*. The British Psychological Society
徳永 豊（編）（2021）．障害の重い子どもの目標設定ガイド　第2版――授業における「Sスケール」の活用――　慶應義塾大学出版会
柳沼 哲（2022）．特別支援学校（肢体不自由）における教育の現状――児童生徒の実態と保護者支援――　人間発達文化学類論集，**35**，103-114.
金（2023）ドック型 iPad スタンドの問い合わせ先：
tkk-workshop2320@gmail.com

［謝辞］　肢体不自由特別支援学校の自立活動について姉崎弘先生（ISNA 日本ス

ヌーズレン総合研究所名誉会長）にご示唆をいただきました。ありがとうございました。

第9章

病気の子どもの心理的な理解

樫木暢子

脳炎や筋ジストロフィーなどの疾患に伴う運動機能障害（肢体不自由），脳性まひによる呼吸器疾患（内部機能障害）など，病気と肢体不自由は近接領域といえる。本章では，肢体不自由児の心理への理解を深められるよう，病気の子どもの心理的な理解について取り上げる。病気による長期欠席により，学習の遅れや友だち関係の中断などは学齢期の心理に大きな影響を及ぼし，登校しぶりや不登校の要因となるだけでなく，進学や就職，恋愛，結婚などのライフステージに影響し，AYA 世代の課題とされている。初めに疾患の状況による心理への影響，次に入院に伴う心理的変化について概説する。また，療養も含めた長期欠席後の復学に向けた心理的な支援から，病気の子どものキャリア発達に言及し，AYA 世代の課題に迫りたい。

1　病気と肢体不自由

肢体不自由は中枢神経系の疾患，末梢神経系の疾患，筋肉・骨レベルの疾患等により生じる。一方で，肢体不自由の状態が長く続くことで，骨格や関節の変形拘縮や骨折等のリスクが生じたり，呼吸器疾患や消化器疾患等が併発したりすることがある。肢体不自由と病気は相互に関連しており，肢体不自由児の心理を理解する上で，病気の子どもの心理も知っておく必要がある。

病気になることで子どもたちの生活はこれまでと一変する。単に体調が悪い，寝ていなければならないというだけでなく，自宅療養で学校に行けず，友だちとも会いにくくなる。さらに入院により家庭や学校から切り離され，生活や運動，食事などの制限が生じる。退院後学校に復学した後も，体力への自信低下により遊びへの参加が消極的になることで，友人関係の形成や維持が難しくなる。治療の副作用による外見上の変化による友だちからの評価への影響もあり，過度のコンプレックスとなることもある。子どもたちはこうした状況を挫折体験，喪失体験として受け止める。また，友人関係の困難は心理的発達において，アイデンティティの確立に影響を及ぼす。副島（2016）は子どもたちが病気によって奪われるものを「感情の喪失」と「関係性の喪失」としている。感情の喪失とは，安全感（今日と同じ明日がくる），自由（行動，感情），自主性（拒否，選択）の喪失を指す。関係性の喪失とは，仲間（関わり），愛着形成の喪失を指す。さらに教育も奪われることから，子どもが子どもでなくなるとしている。その子本来の個性，病状，環境によりこうした状態は個別性が高いと考えられる。また，病気の子どものレジリエンスを高め，アイデンティティの発達を促す支援について考えていく必要がある。

（1）急性疾患による病態の固定と治療経過に伴う心理への影響

肢体不自由を生じる急性疾患として，ヘルペス脳炎や日本脳炎，インフルエンザ脳症，などの感染症由来の急性脳炎・脳症がある。脳炎・脳症などは短期間で治癒する場合が多く，病状が落ち着いた後に運動・動作ができない状態になっていることに気付く。再発の恐怖などはほとんどないが，感染への不安は続くことになる。脳炎・脳症の後遺症は，肢体不自由による喪失感や，運動機能の回復が遅いことへの苛立ち，などが生じる。動きにくさの理由や回復の見通しなどを知りたい反面，誰に何を聞いて良いのかわからず混乱状態が続くこともある。

また，脳腫瘍の後遺症や骨肉腫による切断など，小児期のがんなどによる後遺症により運動機能の障害が生じることがある。原疾患に罹患したことによる心理的ショックに加えて，治療後の肢体不自由の状態に対して喪失感，絶望感などを抱く。治療の副作用による外見上の変化，高度脳機能障害による感覚や記憶への影響など，不安要因が多様である。さらに，再発への恐怖もあり，長期にわたるストレス状態に置かれ，AYA 世代における後期合併症も心理面への影響が大きい。

こうした疾患に共通するのは，歩いて入院したのに，退院時は車いすや義肢・義足，医療的ケアが必要な状態で帰宅する可能性がある点である。医療的ケアとは，医療行為のうち，医師の指導の下，家族等が家庭等で行うケアのことである。詳しくは第10章にある。病気により介護やケアが必要な状態になることで，本人自身の生活が変化するだけでなく，家族の離職や転居が必要になったり，きょうだいの問題が生じたりするなど，家族全体への影響もあり，病気の子どもの不安やストレスを複雑にする。きょうだいとは，病気や障害のある人の兄弟姉妹を指す。きょうだいは幼少期には親の関わりが減少し寂しい思いを抱いたり，我慢したり，聞き分けの良い子を演じたりすることがある。学齢期になると，友だちを家に呼べないなどの友人関係への影響や，ヤングケアラーになるなどの困難が生じることもある。親亡き後のケアや結婚への影響などの問題もあり，不安やストレス状態が長期にわたり継続する。

（２）慢性疾患による病態の固定と進行に伴う心理への影響

筋ジストロフィーやミオパチーなどの慢性疾患は，緩やかに病状が進行し，それまでできていた動きが徐々にできなくなっていく恐怖がある。幼児期に診断がつくことが多く，学齢期になると「こういうものかな」「仕方ないのかな」という受入を含む諦観の念を抱くこともある。特別支援学校に勤務する教員でも，そのあっけらかんとした話しぶりに驚くことがある。筋ジストロフィーの少年２人が，脳性まひの同級生を見ながら，「僕たちって，レアだよね」と話しているのを聞いた時には，どのように受け止めたらよいかわからず戸惑ったという。一方で進行に伴う機能低下，特に摂食や呼吸に関する不安は高い。咀嚼や飲み込みの力が弱くなることで，飲食物や唾液などを誤嚥することへの恐怖や，寝ている間に呼吸が止まるかもしれないという恐怖から不眠になるなど，適切なケアと心理的支援を必要とする。

脳性まひや二分脊椎などの周産期における疾患については，出生前もしくは乳幼児期から病態が明らかであることから，本人が周りとの違いに気付く年齢になるまで，大きなストレスを感じることは少ない。学齢期，特に思春期になると，他者との違いへの不満やストレスが高くなり，自己肯定感が低下することがある。一方で，他者との違いを自分の特性と捉えていることもある。30年ほど前，脳性まひで全身障害のある少年が進路指導の模擬面接で「生活で不便なことはあるか」という障害理解に関する問いに対して，「ない」と答えた。担任は，障害理解ができていないと慌てていたが，彼はできることできないことを理解し，できないことを他者に依頼することで生活していた。介助を得ることは当然で，状況に応じて感謝を伝えることができていた。高等部卒業後は指先の小さな動きでパソコンを操作し，自分なりの自立を叶えていた。現在，ICF（国際生活機能分類）では，障害を生活機能で捉え，社会参加を環境因子と個人因子で説明している。将来の社会的自立を見据え，キャリア形成の観点から，教員自身の障害理解，障害者理解を深めていくことが求められている。

2　入院中の子どもの心理と教育的対応

病気により年間授業日数のうち，延べ30課業日以上欠席している児童生徒は年々増加している。入院中の児童生徒は院内学級や特別支援学校（病弱）などの病院内の教育を受けない限り，教育からの長期離脱を余儀なくされている。

（1）入院中の子どもの不安

谷口（2009）は入院児の不安を，「将来への不安」，「孤独感」，「治療恐怖」，「入院生活不適応感」，「取り残される焦り」に分類している。「将来への不安」は，友だちが以前のようにつきあってくれるか，将来みんなと同じように働けるか，などである。「孤独感」は，入院前の生活環境から一人切り離されて入院している状況で感じる孤独な気持ちである。「治療恐怖」は，どうしてもやりたくない検査や治療がある，治療はこわくて，とにかくいや，などである。「入院生活不適応感」は，病院のスタッフのやり方が悪いと感じる，病棟の規則が厳しすぎる，などである。「取り残される焦り」は，勉強や友だちの話題に遅れてしまうのではないかという焦りの気持ちである。

さらに谷口（2009）は，入院児の不安を入院状況により３タイプに類型化している。

表９-１　令和３年度理由別長期欠席児童生徒数（人）

	病気	経済的理由	不登校	コロナ感染回避	その他	合計
小学校	31,955	16	105,112	16,155	43,438	196,676
中学校	43,642	20	193,936	7,505	18,869	263,972
高等学校	30,976	343	60,575	9,256	21,621	122,771

出典：文部科学省（2023）令和４年度児童生徒の問題行動・不登校等生徒指導上の諸課題に関する調査結果.

① 長期入院タイプ

「孤独感」や「取り残される焦り」は低いが,「将来への不安」や「入院生活不適応感」をやや強い。長期入院になると，入院生活への慣れやあきらめなどが生じ，孤独感や焦りが低くなっていると考えられる。一方で，入院期間の長期化で，社会との隔絶感による自信のなさや，制約の多い生活への苛立ちなどが高まると推測される。

② 頻回入院タイプ

他のタイプに比べて，不安得点が低く，比較的安定しているともいえる。入院生活や治療に慣れ，その子なりに適応しているのだろう。とはいえ，入退院を繰り返すことにより，生活や学習の継続性をどのように保つかが課題となってくる。

近年の小児がんの治療では，短期の入院と在宅生活を反復して行うことがある。こうした場合，院内学級等の活用が難しく，地元の学校に在籍したまま，欠席を繰り返すことになる。各教科で未学習の分が増え，結果として学習の積み重ねができず，学習についていけない状況が生じる。

③ 初回入院タイプ

「入院生活不適応感」以外は不安が高く，特に「孤独感」と「取り残される焦り」が非常に強い。病気になったことに加え，入院による環境の変化に対する戸惑いが大きく，混乱している状態と考えられる。

（2）入院中の子どもたちへの教育的対応

入院中の子どもの教育として次のような制度がある。1つは病院内の院内学級である。院内学級は隣接する小中学校，特別支援学校が設置しており，これらの学校に在籍していない場合は転学が必要である。2つ目は病院に併設された病弱者を対象とする特別支援学校があり，やはり転学を必要とする。3つ目は在籍校からの教育を受ける方法である。転学は必要ないが，プリント配布や宿題など，担任任せになることが多く，病気になったら治療優先と学校に判断されることもある。

文部科学省は平成25年度に長期入院児童生徒に対する教育支援に関する実態調査を行った。この実態調査で，小中学校で一時転学した児童生徒に対する学校の取り組みとして，「実態把握をする」，「円滑に学校生活に戻れるよう，他の児童生徒に病気の理解啓発を行う」，「ロッカーや机を残す等学校に戻って来やすい環境を整える」，「心理的な不安などへの相談支援を行う」がそれぞれ80％を超えていた。相談支援については頻度や内容が示されていない。相談支援を本人がどのように捉えているのか，保護者への相談支援のみになっていないか，検証が必要である。「交流及び共同学習」，「退院後，自宅療養が必要になった場合に学習指導を行う」，「退院後に自宅で学習できるようにプリントを配布する」，などが50％前後である一方で，学校の学習進度がわかるように「学習プリント等を配布する」，「学校報や学級報・励ましの手紙等の配布」などは7％ということで，一時転学することにより，本人と学校の関係が疎遠になっている。復学しやすいよう環境調整は行うが，学籍がないことにより，本人へのケアは転学先に任せていると考えられる。

病気や怪我により長期入院した児童生徒に対する学習指導では，自校の教員が病院等を訪問して学習指導を受けている児童生徒は義務教育段階では約16.5％で，通級による指導は68人（約2.5％）で，ほとんど行われていない。この調査結果で注目すべきは「学習指導を実施していない」学校が，義務教育段階で1,142校（47.9％），1,186人（42.8％）に比べて，高校段階で684校（71.9％），771人（68.6％）と高校段階で高い割合であったことである。義務教育に比べ，高校段階では圧倒的に教育が保障されていないことが明らかにな

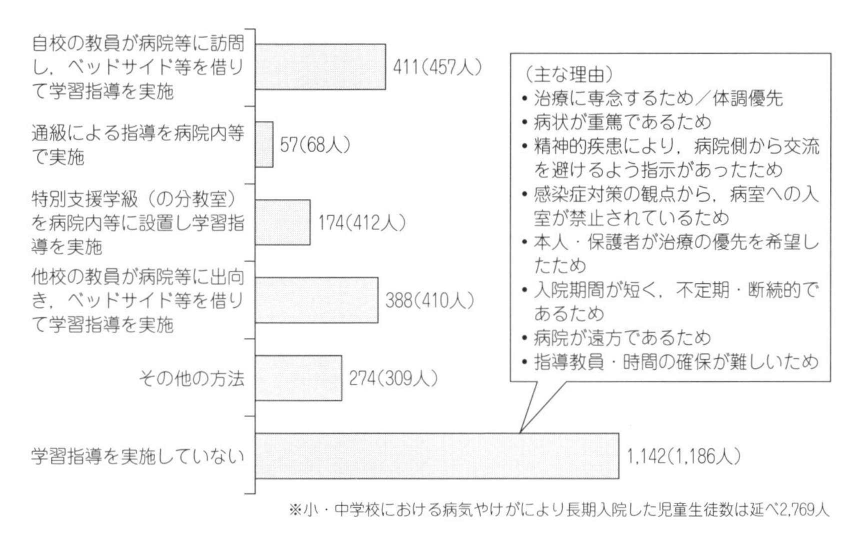

図9-1　病気入院した児童生徒に対する学習指導（小・中学校の場合）

出典：文部科学省「長期入院児童生徒に対する教育支援に関する実態調査（平成25年度）」.

っている。義務教育での主な理由は「治療に専念するため／体調優先」が挙げられている。「医療的な観点から学習指導が実施できない状況」や「本人・保護者が治療の優先を希望したため」は別に項目があるので，「治療に専念するため／体調優先」の判断は学校がしたことになる。高校段階での主な理由が「病状が重篤なため」，「入院期間が短く復帰後の学習指導で進度を回復する」などが挙げられている。厚生労働省の「令和2年度患者調査」では，0歳から14歳までの子どもの平均在院日数は8.9日となっている。特に小児がんの治療では短期の入退院を繰り返すことがあり，入退院前後の自宅療養も含めると，30日以上の長期欠席となること，復学後の学習指導では追いつけない状況があることが推測される。

さらに高校段階では転学等をした生徒が復籍を希望した場合，無条件で復籍を認めている学校は4,960校中709校（14.3％），復籍を認めていない学校が1,246校（25.1％）である。入院により在籍が難しくなり，他の高校の受験，普通高校から通信制高校や単位制高校への進路変更などを余儀なくされることもある。復籍の難しさが院内学級等への転学の障壁となり，学習空白が生じる

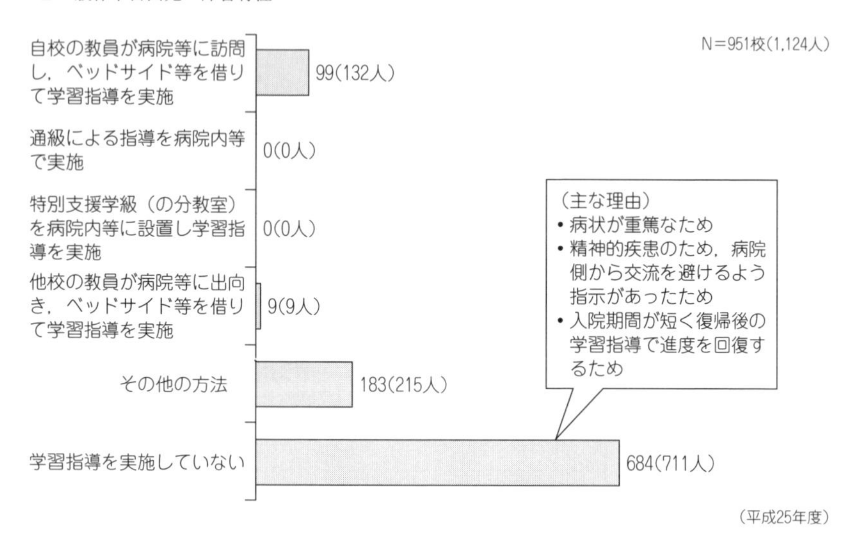

図 9－2　病気入院した児童生徒に対する学習指導（高等学校の場合）

出典：文部科学省「長期入院児童生徒に対する教育支援に関する実態調査（平成25年度）」.

など，教育の機会，教育継続が保障されていないことが明らかである。

斉藤（2021）は「子どもはどんな状態であっても，それぞれが学びたいという内発的な要求をもち，多様な学習を求めている」と述べている。文部科学省はICT機器を活用したオンライン授業，オンデマンド授業を進めており，一定の条件の下，指導要録上の出席とみなすことができるとしている（文部科学省，2018，2019，2023a，2023b）。効果が期待される一方で，遠隔授業だけでは対応しきれない教育的関わりも指摘されている。詳しくは次節で，事例と合わせて述べることとする。

3　復学に向けた心理的な支援

長期入院を経験した児童生徒の不登校の原因として，入院による学習の遅れや，集団形成が進んだクラスメイトの中に入りにくい，話が合わないなどの友人関係がある。表 9－1 の「不登校」の中にはこうした児童生徒も含まれていると考えられるが，実態は明らかにされていない。

（1）学習の遅れの影響と対応

病気の子どもたちの悩みで最も多いのは学校に関する悩みである。特に，「入院や通院で学習空白があり，勉強についていけない」など，学習に関することは大きな悩みとなっている。第２節で示したように，小中学校に比して高等学校段階での対応が十分でない。本項では全国病弱教育研究会第16回全国大会資料（2022）から病気の高校生への支援事例を紹介する。

〈事例１〉

病院内の分教室で小学部・中学部の子どもたちの教育を行っているＡ特別支援学校では，高校生については対象外だが，高校生支援として，転学していない高校生に対しても自主学習の支援や在籍校による授業等への支援を行っている。授業等への支援として，在籍校との同時双方向型遠隔授業への機器の貸出・確認，見守りなどを行っている。また，授業だけでなく，個人面談や定期テストの実施なども行っており，生徒の成績評価や復学，進路選択への支援につながっている。この他，病棟内の高校生同士の交流を行うことで，孤独になりがちな高校生の仲間づくりにも寄与している。さらに，小児病棟だけでなく成人病棟に入院する高校生もいることから，こうした高校生の復学支援会議を開催している。長期入院により運動機能の障害が生じ，専門的な教育が必要になった高校生に対して，進路変更に向けた支援も行っている。この学校の教員たちは「分教室だからできる支援がある」と述べている。高校生が安心して学習に取り組み，安心して復学できる体制づくりにより，子どもたちが「病気の子ども」ではなく「自分」らしく存在できる場になっている。

〈事例２〉

Ｂ支援学校は病院内に小学部・中学部が設置されている。高校生については，在籍校と病院とをつなぐ「医教連携コーディネーター」が支援を行っている。高校生の学習会を行うとともに，大学院生を活用した学習支援を行っている。在籍校と病院内を結んだ遠隔教育では，在籍校のクラスメイトがタブレット端末を準備するなど，遠隔授業に主体的に関与している。クラスメイトが自主的に準備することで，場所は離れていても，入院児とクラスメイトとの心理的な距離は縮まっている。医教連携コーディネーターは，入院中の高校生が学校とつながること，彼らの学習意欲，生きる意欲につながると考えている。医教連携コーディネーターは，高校生の復学支援を積み重ねる中で，「高校生の復学は，知らない人たちばかりの高校に戻ることのハードルの高さを考える必要がある」ことを実感し，「遠隔授業は授業配信だけが目標ではない。クラスメイトなどとの交流や高校の今を知ることは入院中の励みになる」と話している。

病気の子どもたちの教育は，病気療養児の発達や心理状態に配慮した教育であることが求められる。病気になることで，子どもたちは生きるエネルギーを奪われる。ICT 活用により，在籍校とつながる時間と場を作ることで，病気の子どもたちは学校・友だちとつながり，奪われたエネルギーを取り戻し，学習意欲，生きる意欲が回復していくことがこれらの実践から見えてきている。学習支援は単に学習の遅れを取り戻すだけでなく，心理的安定や子どもらしい生活の再構築に寄与しているといえる。

一方で，院内学級担任を長年務めた佐藤（2021）は「ICT 機器の活用でオンライン授業を実施したり，病室同士をつないだり，離れた場所にいる人とつながることができるようになったが，直接会うこととは，良し悪しは別として，『質』の違いを感じる」と述べている。ICT 機器の操作に比較的慣れている者でも，実際の遠隔授業において，オンラインの会話だけでは相手の様子を知ることが難しいという課題が明らかになっている。また，オンライン授業の時間に子ども自身が画面の前に出てくるかは，心理状態や意欲に関わることであり，関係性が十分にできていない場合，オンラインでの授業が成立しないこともある。子どもたちの体調，治療の進み具合などに起因する心理状態などを理解することが，遠隔授業の質を高めることにつながるだろう。

（2）友だち関係

小児慢性特定疾病児童等自立事業では，慢性疾患のある子どもや保護者への相談支援事業が行われている。檜垣・三平（2021）は，相談支援事業の発展・深化に向け，「小児慢性特定疾病児童等支援員による相談対応モデル集」を作成した。学齢期の相談事例として，クラスメイトへの説明や，いじめ，教員やクラスメイトから病気への理解が得られないなどが挙げられている。実際に自立支援員には，「クラスメイトなどから心無いことを言われる」，「病気になったことで，バイキン扱いされる」，「学校生活管理指導表では走ってはいけないのに，体力測定で走らされた」など，クラス内，学校内での病気に対する理解不足に関する相談が寄せられている。これらの相談は，病気の子どもの状態に対する理解不足，情報共有の不足など，学級経営や学校経営上の課題が理由と推測される。

事例集では，本人の発達年齢や病気の理解，自己管理能力などの把握，本人及び保護者の意向の尊重，クラスメイトへの説明パターンの提示，登校しぶりや不登校傾向の把握，学校や関連機関との連携，特別支援教育コーディネーターの活用，「教育支援資料」（現：「障害のある子供の教育支援の手引」）の活用などを挙げている。

教育的支援として，クラスメイトへのアプローチが必要な場合がある。インクルーシブ教育は単に病気や障害のある子どもたちが同じ場にいるだけでなく，そこで一緒に学ぶ教育である。インクルーシブ教育の実現には学級経営，学校経営が大きな役割を担い，支持的学級風土づくりや障害者理解教育が必要と言われている。病気の子どもたちが地域の小学校，中学校で学ぶ環境を整え，豊かな学びができるようにすることは，まさにインクルーシブ教育の実現につながる。一方，学校だけでは解決方法がわからないことも多くある。地域のリソースとして医療，保健，福祉など多様な人と連携していくこと，特別支援教育コーディネーターがその橋渡し役，キーパーソンとなっていく必要がある。特別支援教育コーディネーターや学校教員が病気の子どもの教育や心理についてよくわかっていない場合には，特別支援学校のセンター的機能の活用や，小児慢性特定疾病児童等自立支援員などがキーパーソンとなることが考えられる。学校だけで課題を解決しようとするのではなく，地域と連携して解決を目指すことが，子どもたちの最大の利益につながる。

先ほどの２事例では，入院中の高校生同士，入院中の高校生と在籍校の高校生とのつながりをつくっていた。仲間がいることで，阻害されかけたアイデンティティの発達の再構築，主体的・対話的で深い学びの実現，その後の人生の質の向上につながっていくことが推測される。

4　病気の子どものキャリア発達

（1）在宅療養による学齢期の心理的喪失と再構築

エリクソン（Erikson, E. H.）は人生を① 乳児期，② 幼児期初期，③ 遊戯期（幼児期後期），④ 学童期，⑤ 青年期，⑥ 前成人期，⑦ 成人期，⑧ 老年期，の８つの発達段階に分け，各発達段階の発達課題を定義し，青年期の発達課題をアイデンティティの確立とした。青年前期（11～14歳）は，両親についで仲間がアイデンティティに影響を及ぼすとされ，仲間からの称賛という社会的サポートが自己価値観と結びついていく時期とされている。青年中期（15～17歳）は家庭だけでなく仲間集団，学校，広範囲な地域の機関などの異なる環境がアイデンティティ形成過程をより促進する可能性があるとされ，青年たちは親の制御や権威から離れ始め，友人や仲間手段とより強い関係を築き始める。青年後期（18～22歳）では，友情や親密な関係の中で，より広い個人的・社会的価値観を形成し，自己と親とをそれぞれ自立した個人とみなす状態に到達するとされている。学齢期に病気を経験することは，親子関係，友人関係の変化をもたらし，アイデンティティの確立にも影響が出るということである。ここでは病気の進行により肢体不自由特別支援学校に転校したＹさんの事例を紹介する（樫木，2019）。

Ｙさんは小学校の通常学級に在籍していたが，病気の進行により歩行困難になり車いすを使用することになった。小学校卒業前には呼吸困難により24時間人工呼吸器装着となったため，特別支援学校中学部に進学することになった。当初は通学を希望していたが，保護者の付添いによる医療的ケアの実施が困難であったため，訪問教育を受けることとなった。進学先が異なったことで小学校の友だちとの関係が疎遠になり，訪問籍であったことから新しい友だちをつくることが困難であった。友だちとの別れによる孤独感と心身の不安定さ，限定的な人間関係や特別支援学校に興味がわかなかったことなどから，学習意欲のみならず，生活意欲も低下していた。高等部に入り，「普通の高校生みたいに外出したい」という本人のねがいにより，担任はスクーリングできる環境を整え，家族へのアサーションなどを進めた。共感できるピアの先輩との出会いや，当時は珍しかった遠隔授業で「友だちの可視化」を行ったことなどにより，卒業時には人との出会いによる自己の変化を振り返り，関わりの中での自己理解を望むようになった。ここで着目すべきは，中学部時代において13～15歳までに行われるはずであった家族や友だち関係の変容が阻害されたこと，高等部時代において，時期は遅れたものの，アイデンティティの確立に向け急速に自己価値観を築いたことである。

さらに，20代前半での新たなピアとの出会いから，家族に介護されることができなくなったら施設に入所するという重度障害者の在宅生活に関するイメージの転換が起こり，Ｙさんは自立生活への覚悟を決めて，数年かけて自立生活を実現させる。また，特別支援学校高等部卒業後に所属した専門学校でイラストを学ぶピアではない仲間との出会いがあり，職業観を育んでいった。自立生活を支える上で重要な出会いであり，フリーのイラストレーターとしての自己の確立につながった。

これは，病気や障害があっても，病気や障害のない人と同様にアイデンティティは発達し，さらに発達課題のやり直しが可能であることが示された事例である。病気や障害により生活や教育状況は変化する。人と関わり続けられる環境設定を状況に応じて更新し続ける必要がある。

（２）AYA 世代の課題

AYA 世代とは，Adolescent & Young Adult（思春期・若年成人）のことを指し，15歳から39歳が該当する。AYA 世代は通院や治療が継続することで，学習の遅れによる進学・就労や就労継続の困難，経済的自立の困難の他，治療の副作用による不妊，恋愛・結婚などにも影響が出ることがわかっている。このように小児期の慢性疾患罹患により生涯にわたって不利益を生じる可能性があり，特に高校生の学習保障は積年の課題として支援の必要性が指摘されている。こうしたAYA 世代の課題を解決するためにも教育的支援の役割を改めて考える必要がある。病気の子どもたちへの支援は日常的な関わり合いの中でキャリア発達の視点で進められなければならない。入院中に教育・学習に関する支援を受けた子どもの声を紹介する。

小学校の院内学級しかない病院もある。「中学生になったら院内学級がないので，授業をあきらめていたが，中学校の院内学級が設置されたことで授業が受けられるようになった」。前節で紹介した事例に出てくる高校生は，入院により通学できなくなった口惜しさ，友だちと一緒に卒業したい切実な願いを語っている。在籍校との遠隔授業により，友だちと話すことの楽しさと実感するとともに，「人生で一番楽しい高校生活を入院中も充実できるようにしてほしい」と言っていた。入院期間が長いと，復学して知らないクラスメイトの中に入っていく不安は計り知れない。在籍校の遠隔授業を受けていた高校生が，退院後復学した際には，「おかえり」「ひさしぶり」と迎えられ，クラスの一員であることを実感していた。遠隔授業の実施により，思春期における教育からの長期離脱が子どもたちに与える心理的喪失を軽減することが示された好事例といえる。

病気や障害のある人が社会的自立を目指すとき，日常生活をどのように組み立てていくか考えられるようにするためには，学齢期における将来を見通した指導・支援が必要である。

病気の子どもたちの教育を充実させていくためには，学校間，教員間，児童生徒間など，人と人をつなぐコーディネーターが必要である。特別支援教育コーディネーターがその役割を果たすのか，事例で紹介した「医教連携コーディネーター」などの仕組みをつくるのか。教育の質の向上が人とのつながりの質を高め，子どもたちの将来の自立につながっていくのではないだろうか。

病気の子どもはどの学校，どの学級にも存在する。病気があってもその子なりのアイデンティティの確立，キャリア発達がある。単に学習を補完するだけでなく，関係性を育み心理的な支援を展開し，病気や障害がある子どもたちがどこにいても学び続けられるインクルーシブ教育の確立が急務である。

学習課題

① 病気の子どもの「喪失」に対して，どのような教育的支援が求められているか，自分の言葉で説明してみましょう。
② 通常の学級に在籍する中学３年生の筋ジストロフィーの進路指導において，進学先を検討するため，どのような情報を用意したら良いか考えてみましょう。

参考文献

文部科学省（2023）．令和４年度児童生徒の問題行動・不登校等生徒指導上の諸課題に関する調査結果．

文部科学省（2018）．小・中学校等における病気療養児に対する同時双方向型授業配信を行った場合の指導要録上の出欠の取扱い等について（通知）．

文部科学省（2019）．高等学校等におけるメディアを利用して行う授業に係る留意事項について（通知）．

文部科学省（2023a）．小・中学校等における病気療養児に対するICT等を活用した学習活動を行った場合の指導要録上の出欠の取扱い等について（通知）．

文部科学省（2023b）．高等学校等の病気療養中等の生徒に対するオンデマンド型の授業に関する改正について（通知）．

檜垣 高史・三平 元（2021）．小児慢性特定疾病児童等自立支援員による相談対応モデル集　厚生労働省科学研究費補助金小児慢性特定疾病児童等自立支援事業の発展に資する研究（H30－難治等（難）－一般－017）

樫木 暢子（2019）．医療的ケアのある重症児の社会的自立を促す教育的支援に関する研究．https://tohoku.repo.nii.ac.jp/records/129054

厚生労働省（2022）．令和２年（2020）患者調査の概要

斉藤 淑子（2021）．Part1第３章　教育の本質をとらえた実践の在り方　全国病弱教育研究会（編）病気の子どもの教育入門　改訂増補版　クリエイツかもがわ，pp.29-36

佐藤 比呂二（2021）．出会いはタカラモノ　全障研出版部　2021

副島 賢和（2016）．病気をかかえた子どもになぜ教育が必要なのか　小児看護，**39**(11)，1353-1355.

谷口 明子（2009）．第３章　入院中の子どもの不安　長期入院児の心理と教育的援助――院内学級のフィールドワーク――　東京大学出版会，pp.39-57

全国病弱教育研究会第16回全国大会資料（2022）

第10章
医療的ケア

下川和洋

医学の進歩によって，呼吸や食事，排泄等に障害があっても，喀痰吸引，酸素療法，人工呼吸療法，経管栄養，導尿など医療的ケアを行うことで，地域生活が可能になった。医療的ケアが必要な幼児・児童・生徒には，特別支援学校の場合，吸引や経管栄養を必要とする重症心身障害児が多く，幼稚園，小・中・高等学校の場合，１型糖尿病や二分脊椎症の子どもが多い。

本章では特別支援学校と通常学校（幼稚園・小・中・高等学校）に多く見られる医療的ケア児について，ケアの種類と代表的な疾病・障害を取りあげ，その心理と配慮について述べる。

1 医療的ケアと医療的ケア児

（1）医療的ケアとは

周産期医療や救急医療の進歩によって新生児等の救命率は向上した。一方，厚生労働省は行政施策として病院医療から在宅医療への推進を図ってきた。この流れは，呼吸障害や摂食・嚥下機能障害，排泄障害等のある人たちが，痰の吸引，酸素，人工呼吸器，経管栄養，導尿等を必要とする状態で在宅・地域生活に移行することにつながった。こうした児童（０～19歳）は，厚生労働省の推計で2021年に約２万人とされ，この10年間で約２倍に増加している（厚生労働省，2023）。

「医療的ケア」とは，「医療的ケア児及びその家族に対する支援に関する法律」（以下，医療的ケア児支援法）第２条１項で「この法律において『医療的ケア』とは，人工呼吸器による呼吸管理，喀痰吸引その他の医療行為をいう」とされている。「医療的ケア児」は，同法第２条２項において「日常生活及び

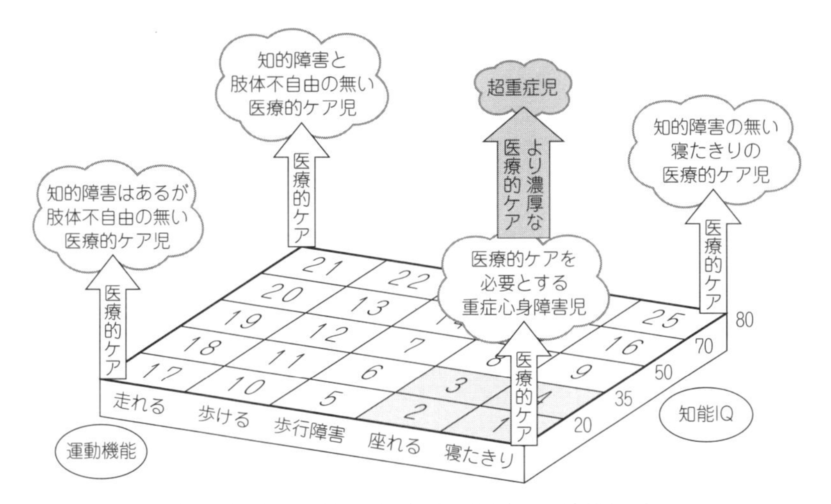

図10-1　重症心身障害児（大島の分類）と医療的ケア児

出典：筆者作成.

社会生活を営むために恒常的に医療的ケアを受けることが不可欠である児童」とされている。なお，この「医療的ケア」「医療的ケア児」の定義は一般化されたものではなく，医療的ケア児支援法内における定義であることを理解しておく必要がある（参議院厚生労働委員会，2021)。

（2）重症心身障害児と医療的ケア児

重度の肢体不自由と知的障害が重複した状態を重症心身障害といい，その状態の子どもを重症心身障害児（以下，重症児）という。これは医学的診断名ではなく，児童福祉の行政上の措置を行うための用語である。その判定のために作られたのが「大島の分類」である。また，障害児に必要なケアの種類を点数化して（たとえば人工呼吸器は10点など)，ケアの合計が25点以上の場合に「超重症児」と呼ぶ。いずれにしても発生原因はさまざまである。

医療的ケア児を大島の分類に加える形で図示したものが図10-1である。このように医療的ケア児は，運動機能や知的能力とは別の次元のもので，医療的なケア（介護）のニーズをもつ子どもをいう。

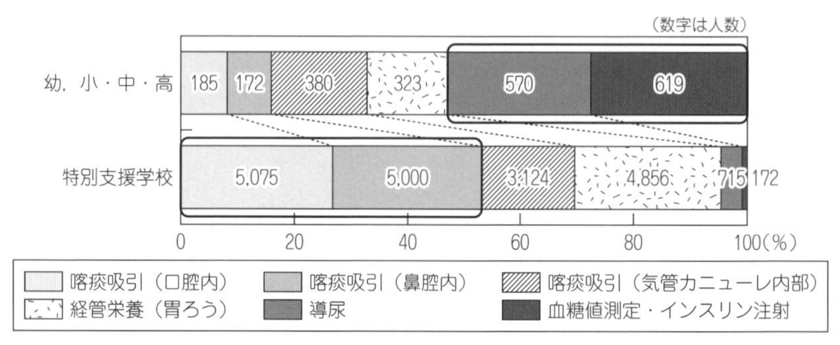

図10-2　幼稚園，小・中・高等学校と特別支援学校における医療的ケアの種類比較（各上位4項目）

出典：文部科学省（2023）.

（3）学校種別による医療的ケア児

文部科学省「令和4年度学校における医療的ケアに関する実態調査結果（概要）」によると，医療的ケアの種類は，特別支援学校の場合，喀痰吸引（口腔内）5,075件，喀痰吸引（鼻腔内）5,000件，経管栄養（胃瘻（ろう））4,856件，喀痰吸引（気管カニューレ内部）3,124件の順に多く，幼稚園，小・中・高等学校の場合は，血糖値測定・インスリン注射619件，導尿570件，喀痰吸引（気管カニューレ内部）380件，経管栄養（胃瘻）323件の順に多い（図10-2）。こうしたケアの種類から，特別支援学校には重症児が多く，幼稚園，小・中・高等学校の場合は1型糖尿病や二分脊椎症の子どもが多く在籍していると思われる。

2　特別支援学校に在籍する医療的ケア児

（1）喀痰吸引が必要な児童生徒の心理

喀痰吸引とは，鼻腔・口腔・気管切開（図10-3）などにたまった痰を吸引器で取り除く行為である。痰には，肺や気管から上がってくる狭い意味での痰に加え，唾液，鼻汁の3つが含まれる。

① 重症心身障害

【症状・特徴】

重症児の呼吸障害には，① 閉塞性呼吸障害（鼻口から声帯までの空気の通り道（上気道）の通りが悪い），② 拘束性呼吸障害（呼吸を行う胸郭の動きが悪い），③ 中枢性呼吸障害（眠ってしまうと呼吸を止めてしまう）などがある。

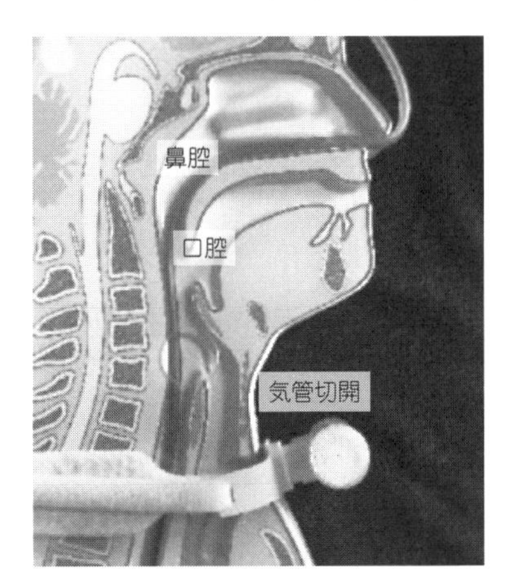

図10-3　吸引部位

気道粘膜の繊毛運動により痰を肺から喉に向けて運ぶ機能（気道クリアランス）が低かったり，呼気で痰を十分喀出できなかったりすると，分泌物が気道を塞ぐ形になり，呼吸が苦しくなる。自分で十分な呼吸換気ができない場合，排痰を補助するカフアシスト®等を使用したり，声帯下の位置に空気の通り道を作る気管切開をしたり，呼吸換気を補助する人工呼吸器を利用することになる。粘稠性の高い痰や，多量の痰が気道を塞ぐと呼吸ができないために大変苦しい状態になる。そうした状態の際，吸引器で痰を取り除くのが「喀痰吸引」である。

【心理と配慮】

吸引は，痰のほかに肺の空気が吸い出されるため，特に気管切開部の吸引は短時間で効率的な吸引を心がける必要がある。そのためには本人の水分摂取量の確保，部屋の湿度などの環境，必要に応じてネブライザーによる加湿，呼吸介助のような適度な運動と排痰しやすい姿勢作りなどを行い，痰が気管から咽頭まで上がったところでタイミング良く吸引するのがコツである。

喀痰吸引は口腔や鼻腔など身体にチューブを入れる行為なので，本人にとっては苦痛な行為である。痰が貯まって呼吸苦になったタイミングで喀痰吸引が行われると，呼吸苦から解放されて楽な状態になる。そのため，常に一緒に寄り添う教員等が対応できると良い。呼吸が苦しいときに，適切な対応を行うことで教員等との信頼関係を築くことにもつながる。

また，呼吸が苦しく常に不快な状態が続くと，自己の身体に対して否定的な感情を持つことが考えられる。適切なタイミングで喀痰吸引を行うことで呼吸が楽になり，自己の身体に対して肯定的な気持ちをもつことができる。その際，吸引操作を機械的に行うのではなく，本人に「吸引しますか？」と確認するなど，児童・生徒と教師のコミュニケーション活動の一環として吸引の場を捉えることも可能である。

② 筋ジストロフィー

【症状・特徴】

筋ジストロフィーとは，筋肉の機能に必要なタンパク質を作る遺伝子に異常が存在し，徐々に筋肉に破壊が生じるさまざまな疾患を総称したものである。

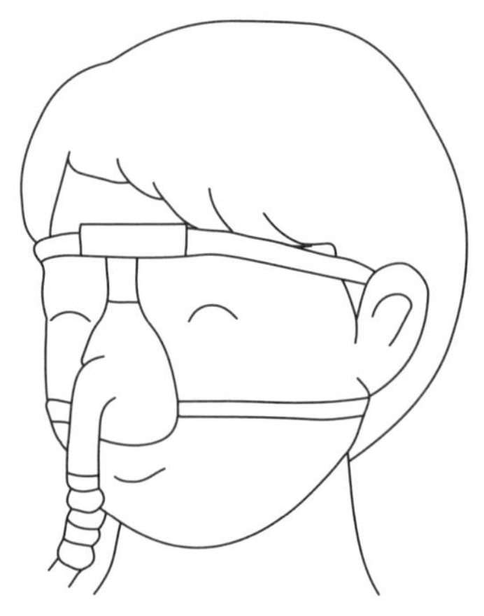

図10-4　非侵襲的人工呼吸療法（NPPV）

代表的なデュシェンヌ型（DMD）は，筋ジストロフィーの大部分を占め，性染色体Xに原因遺伝子が存在する伴性潜性遺伝であり，男性のみが発症する。周産期には異常は見られず，乳児期のつたい歩きまでは正常である。3～4歳頃に易転倒，走行困難などの異常で気付かれる。10歳前後で歩行不可となり，車いす生活となる。徐々に呼吸筋がまひして，酸素と二酸化炭素のガス交換が不十分になり，以前は20歳前後で心不全・呼吸不全のため死亡していたが，「非侵襲的人工呼吸療法（NPPV）」（図10-4）など医療技術の進歩により，生命予後が延びている。

10歳代後半には呼吸障害に対して夜間にNPPVを導入するようになり，進行に伴い日中も使用するようになる。

【心理と配慮】

幼児期から小学校低学年の頃には歩行は不安定になり，つまずいたり，他人と接触したりして転倒して骨折を起こしやすい。また，同時期には筋肉痛を訴えることがある。

車いす生活が長くなると胸郭変形，側彎を起こしやすくなり，呼吸障害を増強させる要因となる。自分でできないことが増えてくると座った際の腰の位置，胸ベルトの位置，シャツのしわ，靴下の位置，リクライニングの位置などわずかな位置が気になり，介助者に位置を直すよう求めるようになる。長時間同一姿勢による循環障害などから褥創，冬期間の末梢循環不全による凍傷なども念頭に置いて，心理的配慮のもとで丁寧な対応が必要である。

病気が進行すると呼吸筋がまひして，酸素と二酸化炭素のガス交換が不十分となる。この低酸素，二酸化炭素の蓄積によって頭痛が起きたり，自力排痰が困難なったりと呼吸苦を訴えるようになる。疲労させない範囲で，胸郭を広げて深呼吸や，口をすぼめてゆっくり呼気を出す呼吸訓練を行う。たとえば，毎朝，保健室のデジタル肺活量計で測定した値をゲームの得点感覚で報告したり，声に反応する電池を組み込んだプラレールの電車を何周走らせられるか対決するなど，日常生活や遊びの中での呼吸訓練が大切である。

なお，病名や遺伝性の進行性疾患，予後などについて保護者の意向で本人が説明を受けていない場合がある。プライバシー保護，本人・家族の疾病に対する考えの尊重の配慮，通常学級生活ではいじめなどに配慮が必要である。

③ 脊髄性筋萎縮症（SMA）

【症状・特徴】

脊髄性筋萎縮症は，発症時期と症状によって３つの型に分けられ，重症型である１型はウェルドニッヒ・ホフマン病とも呼ばれ，脊髄の運動ニューロン（脊髄前角細胞）の病変によって体幹や四肢の筋力低下と筋萎縮が進行する疾病で，生後６ヶ月までに発症する。

生涯坐位保持は不可能で，生きていくためには人工呼吸器の装着が必要である。通常は気管切開を行って人工呼吸器を装着する侵襲的人工呼吸療法（IPPV）を行うが，非侵襲的人工呼吸療法（NPPV）も導入されつつある。嚥下障害もあるため胃瘻による経管栄養を行う。一般的に知的障害はない。

なお近年，新薬が導入され，早期診断・治療が開始された症例の中には，歩行まで獲得したものも見られ，早期診断・治療が重要とされる。

【心理と配慮】

通常，日常の姿勢は寝たきりで，人工呼吸器を装着して吸引や経管栄養など濃厚なケアを必要とするため，見た目の重症度や介護度は非常に高い。しかし，知的障害がなく，眼球運動は正常に保たれていることから，視線で50音表から文字を選択する透明文字盤の活用や，手指・肩・膝・足指など随意的に動かせる身体部位を使って，重度障害者意思伝達装置を操作して文章やメール作成などコミュニケーションが可能である。

また，知的障害がないことから，地域の保育所や小学校への入学を希望される場合がある。一方，一般の人が人工呼吸器に対して抱くイメージには，病気や事故等で呼吸困難になった人が延命治療で使用する器械，生命維持装置，おそろしい・こわいなどがあると思われる。しかし，人工呼吸器は呼吸の弱さを補い，より快適な状態で社会参加を可能にするための道具ともいえる。このように周囲の人に対して発想の転換を促し，学校教育段階においても，児童生徒の社会参加のために適切な支援が望まれる。

④　喉頭軟化症・声門下狭窄

【症状・特徴】

喉頭（こうとう）軟化症とは，喉（のど）の空気の通り道である気道と，食べ物の通り道である食道の分かれる部分の喉頭の組織（喉頭蓋（がい）や披裂部（ひれつぶ））が柔らかいため，吸気時に組織が気管を塞いだり狭めたりして，喘鳴（ぜんめい）を引き起こす疾患である。

声門下狭窄は，声帯から下の下気道が狭いことで，喘鳴や呼吸困難を引き起こす疾患である。

早産児では，喉頭組織や気管軟骨の不十分な形成，肺の低形成など呼吸器系の未成熟が原因で，気管内挿管及び人工呼吸器装着が必要となる場合がある。その後，肺の機能が育ち，気管内挿管を抜く際に，嚥下時に喉頭蓋が気管を覆う喉頭の機能が十分でないために，抜管困難になる。そうした場合，気管切開が必要になる。

【心理と配慮】

知的障害および手指にまひがない幼児の場合，３歳頃から自分で吸引の練習を行い，セルフケアが可能になる幼児もいる。それによって大人の見守りのもとで自己吸引を行い，他の幼児・児童と同様に通所・通学を行う例も見られる。

なお，発達や喉頭や気管の成長に伴い，就学前までに人工呼吸器の離脱や気管切開孔を閉じて，医療的ケアが不要になる例も見られる。

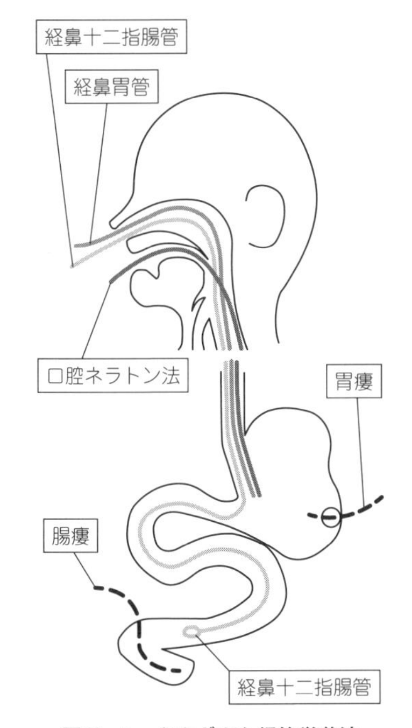

図10-5　さまざまな経管栄養法

（2）経管栄養が必要な児童生徒の心理

経管栄養とは，何らかの理由で口からの食事ができない場合に，胃や腸まで通した管（カテーテル）を使って栄養を補給する方法である。

経管栄養法には食事のたびにカテーテルを挿入する間欠的経管栄養法と，常にカテーテルを入れた留置経管栄養法に分かれる。間欠的経管栄養法は口腔ネラトンによる方法で，栄養摂取の度に口腔から胃にカテーテルを挿入して注入し，注入終了後にカテーテルを抜いておく方法である。留置カテーテルによる経管栄養法には，経鼻胃管（NG チューブ），経鼻十二指腸管（ED チューブ），胃瘻，腸瘻の大きく４つの方法がある（図10-５）。

なお，細長い管を「管」「チューブ」「カテーテル」などと呼ぶが，体内に挿入して，検査や治療などを行うための柔らかい細い管をカテーテルと呼ぶ。しかし，一般に経管栄養などをチューブ栄養と呼んだりもする。

【症状・特徴】

経管栄養を必要としている子どもは，

① 先天性の摂食・嚥下障害：口蓋裂や下顎の低形成など器質的な障害，脳の障害等により不十分な嚥下反射で誤嚥が多いなどの嚥下機能障害のため，幼少期から経管栄養を行っている

② 後天性の摂食・嚥下機能障害：成長に伴う口腔・咽頭・喉頭の変形，加齢に伴う嚥下機能の低下などにより思春期頃から経管栄養が必要になる

③ 摂食・嚥下機能障害以外の理由：乳幼児摂食行動障害（拒食，食事恐怖，幼児経管栄養依存症，栄養過剰），偏食，自閉スペクトラム症など認知の偏りなどから必要充分な量の経口摂取ができない

に分けられる。全面的に経管栄養に移行する場合もあれば，経口摂取と経管栄養を併用する場合もある。感染症等により体力が落ちて一時的に経管栄養を利用するが，症状が改善すれば経口摂取に戻れる場合もある。また，喉頭気管分離による気管切開では，食道と気管が分離されるので，経口摂取した物を誤嚥することはなくなる。そこで，喉頭気管分離術による気管切開と胃瘻造設をすることで，体調が良くない時の栄養補給には胃瘻を使うが，日常は経口摂取を行うなど経管栄養と経口摂取を使い分ける例も見られる。

【心理と配慮】

① 食事環境への配慮

施設・病院に隣接の特別支援学校の中には，昼食時間になると児童生徒は施設・病院に戻って食事を摂る学校がある。一方，施設・病院から通学する経管栄養の児童生徒が，昼食時間に学校内の部屋（通称「注入部屋」）に集められて，経管栄養セットを持った病院・施設の看護師が来校して，手際よく児童生徒に経管栄養を行う学校もある。ケアの必要な児童生徒だけを集めたり，特別の場所でのみケアを提供したりするのは，ケアを提供する大人側の管理・効率を優先した対応の場合がほとんどである。

給食時間は単に栄養補給の場ではなく，「学校生活を豊かにし，明るい社交性及び協同の精神を養う」（学校給食法第２条３項）ための時間である。学校給食の時間と空間を友だちと共有すること自体に教育的な意義がある。

② 食べる意欲に対する配慮

脳性まひのＡさんは，中学部の時に高熱を出して，救急医療機関に搬送され，気管切開（喉頭分離）が行われた。退院後，主治医は「すぐに胃瘻造設するので口から食べる練習はいらない」と言ったが，本人は食べる意欲があった。

喉頭気管分離術という気管切開では食物が気管に入る誤嚥事故は起きないので，家庭と学校で食べる練習をし，その後，経口摂取が可能と認められて胃瘻造設は見送られた。

Aさんは高等部卒業後，福祉制度のガイドヘルパーと一緒に映画や買い物など，自分が行きたい場所に出かけて楽しんでいる。必要時にはヘルパーが吸引を行っている。医療的ケアの支援者が広がることで，障害者総合支援法の基本理念である「社会参加の機会の確保」が実現する。Aさんは最近，飲み込みの調子が悪いと感じ，胃瘻造設を考えている。本人が望み，納得したタイミングで経口摂取から胃瘻へ変更するのも意思決定支援である。

3　幼稚園・小・中・高等学校に在籍する医療的ケア児

（1）血糖値測定・インスリン注射が必要な児童生徒の心理

通常学校で一番対象者が多いケアは，血糖値測定とインスリン注射である。若年で血糖値測定及びインスリン注射が必要なのは1型糖尿病が多い。

【症状・特徴】

1型糖尿病は，自己の免疫機構がインスリンを産生する膵臓のランゲルハンス島β細胞を破壊してしまい，インスリンの分泌ができなくなってしまう原因不明の病気である。自己免疫の他，ウイルス感染が引き金になってβ細胞を破壊するともいわれる。日本人の子どもの発症率は10万人あたり約2人。食事療法や運動療法が必要な生活習慣病である2型糖尿病に対して，1型糖尿病は直ちにインスリン療法が必要である。

【心理と配慮】

1型糖尿病は自分でインスリンがつくれないため，血糖値を測定し，それに応じた量のインスリンを注射して血糖値をコントロールしなくてはならない。一生にわたる自己管理が必要となるため，本人や家族の精神的経済的負担は大きい。近年，連続的に血糖値を測定してインスリンを自動的に注入するインスリンポンプ療法を行っている例も見られるようになった。

子どもが学校でインスリン注射を行う場合，まず場所の確保が必要である。

多くの場合，生徒はインスリン注射を教室・保健室・空き教室・職員室などで行っている。本人・保護者，担任，養護教諭などで以下の検討を行い，子どもにとって快適な環境作りを行う。

① 養護教諭と担任が主治医の診療情報提供書などを元に本人や保護者，学校医などと話し合っておいた方が良い事項

- 血糖値測定とインスリン注射を行う場所と方法
- 低血糖の時の症状と対処方法
- 補食として食べるものとその置き場所
- 友だちに説明して理解を図るべき事項（インスリン注射の必要性と低血糖の症状と対処法，予防のための補食の必要性など）
- 宿泊行事など日常と異なった環境になる場合の対応

② クラスの友だちに説明しておいた方が良い事項

- 体調維持のために注射やポンプによるインスリンの補充が必要なこと。
- 低血糖の時やその予防のために，飲食物（お菓子やジュース）を取る必要があること。

（2）導尿が必要な児童生徒の心理

神経因性膀胱とは，脳・脊髄の中枢神経，あるいは脊髄から膀胱に至るまでの末梢神経のさまざまな病気により，膀胱や尿道の働きが障害され，排尿障害をきたす病気の総称である。自力での排尿が困難なため，尿道口からカテーテルを挿入し，人工的に尿を排出させることを導尿という（図10-6）。

【症状・特徴】

二分脊椎症は，脊椎の形成過程で種々の程度の椎弓欠損が生じる先天奇形である。骨だけの異常の場合もあるが，医療的ケアの対象となるのは，骨の欠損だけに留まらず神経組織（脊髄）が脊柱管の外に脱出する脊髄髄膜瘤である。新生児期に手術を行い，種々の程度の水頭症，脊髄まひ（両下肢主体），知覚障害，膀胱直腸障害（排尿・排便障害）など重篤な後遺症を残す。排尿障害では導尿，排便障害には下剤や浣腸などで対処する。

まひに伴う下肢の変形に対しては，整形外科的な手術や装具療法を主体とし

た治療やリハビリテーションが行われる。水頭症に対してはシャント手術が行われる。知覚障害により褥瘡ができやすいので注意を要する。

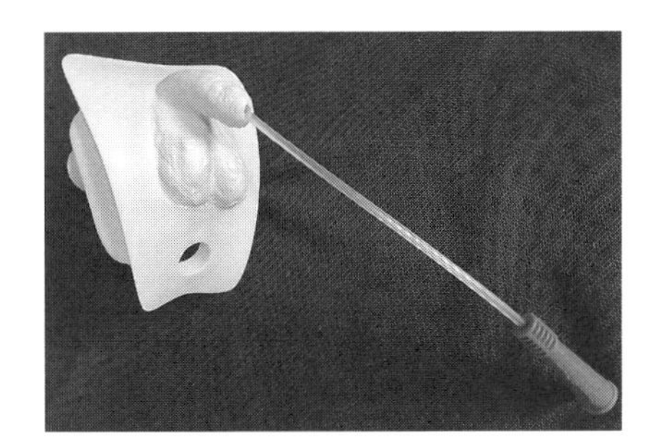

図10-6　導尿

【心理と配慮】

膀胱直腸障害（排尿・排便障害）により自分で排尿・排便をコントロールできないため，おむつを装着している。そのため排泄物のにおいが周囲に漏れて恥ずかしいという思いをしている場合がある。児童生徒が，自ら必要に応じてトイレに交換に行くことを，周囲が理解する必要がある。

導尿は，清潔操作と膀胱の残尿を空にすることが大切である。性別によって導尿時の姿勢（立位・座位），尿道口の確認のしやすさ（女児の自己導尿の練習では鏡を使って位置を確認する）などの違いがある。知的障害がなく，手指にまひがない場合は，小学生の段階で自己導尿ができるようになる場合がある。自己導尿などセルフケアができるようになると，社会的な制限は少なくなり，卒業後の進路や自立生活など選択肢が広がる。そのため，担任，看護師，養護教諭，保護者が協力して，自己導尿，自己吸引，人工呼吸器の自己管理などを教育課程の「日常生活の指導」や「自立活動」に位置づけた取り組みもある。

この他，随伴症状には水頭症がある。水頭症は，脳で作られた髄液が途中の通路閉塞で脊髄へ流れないため，脳に髄液が溜まり脳を圧迫している状態である。治療では，脳室へカテーテルを入れ，余分な髄液を腹腔へ流すバイパスの手術（VPシャント）をして脳への圧迫を予防する。何処の部位にシャントが入っているか確認しておく。カテーテルが詰まると，頭痛，嘔吐，意識障害（傾眠：眠りがち），痙攣・呼吸停止など脳を圧迫した症状が出現するので，頭をぶつけたりしないこと，嘔吐があれば，早めに医療機関（脳外科）を受診する必要がある。

また，髄液の流れる圧を調節する圧可変式バルブは，圧調節に磁力を利用しているため，最適に設定されたバルブ圧が別の磁場で変わってしまうことが稀にある。バルブ自体が壊れることはないが，設定圧の最適化が必要となるため，磁気を発生する磁気ネックレス等を装着しない，動作中の電子レンジのドアに近づかないなどの配慮が必要である。

4　医療的ケア児の心理と配慮

（1）集団生活における配慮

保育所や小学校等など子どもをあずかる現場からは，「他の幼児・児童が，医療的ケア児に突発的に何かやらかすかもしれないから不安だ」と心配する声も聴かれる。しかし，たとえば気管切開をした幼児のことを「○○さんの喉にあるのは，カニューレと言って息を吸ったり吐いたりする所で，とても大切な部分です」とか，経管栄養も「このチューブは食事をするための大切な部分です」と模型や図を使って説明することで，多くの子どもたちはプライベートゾーンや大切な部分だと理解する。こうした教育的な配慮が，養育者には求められる。

（2）医療的ケア児のロールモデルと心理的配慮

非侵襲的人工呼吸療法（NPPV）が必要な生徒で，夜間の装着は嫌がらないが，学校で友だちの前で装着することを嫌がった事例がある。装着時の違和感を理由にしていたが，周囲の目を気にしているのは明らかであった。

気管切開，酸素療法，人工呼吸器など器具を装着するタイプの医療的ケアを導入するに当たっては医療者が本人にしっかりと説明することとともに，学校でも日常のケアを行うことで社会参加を果たしている卒業生や同じ疾病の仲間との交流の場など，本人のロールモデルになる人との出会いの場を作っていただきたい。

（3）子どもアドボカシー

2005年頃，知的障害も運動障害もない，気管切開をした幼児２名の保育所入所問題に筆者は関わった。2021年に大人になった二人とイベントで対談し，保育所や学校生活を振り返った。筆者の質問「気管切開の吸引は，学校のどこでおこなったか？」に対して，一人は「自分は吸引を隠す必要がないと思っていても，担任からパーティションの裏に隠れて吸引するように言われた」，もう一人は「私は，吸引はプライベートなことなのでパーティションで隠れて行いたい」と発言した。吸引場所についての二人の考えに違いはあるが，やりとりの中で明らかになったのは，「大人だけで決めるのではなく，自分たちの意見も聞いてほしかった」という点である。

医療的ケアは，病院という特殊な場で行われていた医療を家庭で行えるように医療機器を小型化したり，ケアの手技を簡便化したりと発展してきた。学校で医療的ケア行う場所も，安全や衛生的でプライバシーが守られる環境は望ましいが，専用室や隔離的対応は通常は不要である。対象児だけを特別な場に集めるのは，大人側の管理・効率を優先した対応の場合がほとんどであり，経管栄養の児童生徒を集めた「注入部屋」は，その代表例である。

子どもの権利条約第12条には，こどもの意見表明権が示されている。障害者権利条約は，「私たちのことを私たち抜きで決めないで（Nothing about us without us）」を合言葉に世界中の障害当事者が参加して作成された。2023年４月１日には，こども基本法が施行された。子どもが意見や考えを表明できるようにサポートする子どもアドボカシーが，医療的ケアを支援する場面でも重視される必要がある。

学習課題

① 鼻腔・口腔・咽頭・喉頭・気管・食道の入った頭部断面図を描こう。
② 気管切開や人工呼吸器，インスリンなど医療的ケアが必要な状態で，社会で活躍している有名人を調べてみよう。

参考文献

厚生労働省（2023）．医療的ケア児について
https://www.mhlw.go.jp/content/000981371.pdf（2023年７月26日確認）
文部科学省（2023）．令和４年度学校における医療的ケアに関する実態調査結果（概

要)」.
参議院厚生労働委員会（2021）．医療的ケア児及びその家族に対する支援に関する法律案に対する附帯決議.

Ⅲ　コミュニケーション

第11章
コミュニケーション支援とAAC

佐野将大

障害のある人と十分にコミュニケーションをとることは難しいものである。コミュニケーションのとり方が適切でなければ，相手の意思を十分に引き出せていないということもあるかもしれない。そのようなとき，コミュニケーションを支援するための技法（テクニック）と，道具や機器（テクノロジー）を組み合わせて支援しようとするAACの考え方が役に立つことがある。本章では，相手の意思を尊重するために，その人・その場面にあった技法と手段を組み合わせてコミュニケーションを支援するための考え方や具体的な方法について紹介する。

1 AACとは

AACは，Augmentative & Alternative Communicationの略で，「エーエーシー」と読む。1970年代ごろから医学，工学，言語学，リハビリテーション，教育の関係者が集まり開始された，障害のある人とのコミュニケーションに関する学際的な研究領域のことである。アメリカ言語聴覚学会（ASHA）は，「AACとは重度の表出障害をもつ人の形態障害（impairment）や能力障害（disability）を保証する臨床活動の領域を指す。AACは多面的アプローチであるべきで，個人のすべてのコミュニケーション能力を活用する。」と定義している（1991）。東京大学の中邑賢龍は，AACを「拡大・代替コミュニケーション」と訳し「AACの基本は，手段にこだわらず，その人に残された能力とテクノロジーの力で自分の意思を相手に伝えることである」と述べている（中邑，2002）。大切なのは，発声にみによる会話にこだわらず「視線，ジェスチャー，サイン，文字，シンボル，写真，コミュニケーションを支援する道具，ICT機器，身の回りの便利な道具，等」その人，その場面にあった手段を組み合わ

表11-1　コミュニケーションを支援する技法の分類と具体例

ノンテク コミュニケーション	ローテク コミュニケーシション	ハイテク コミュニケーション	アルテク コミュニケーション
・身体反応や表情変化の読み取り ・かかわりの手順や環境の整理	・写真カード ・絵カード ・コミュニケーションカード ・単語カード	・観察を支援するための機器 ・スイッチを使った遊び	・スマートホン ・タブレット端末 ・IC レコーダー
・直接行動の読み取り ・間接行動の読み取り		・VOCA	
	・コミュニケーションブック	・視線入力装置	・メール ・録音
・選択肢の提示 ・イエスノーコミュニケーション ・身振り／ジェスチャー ・サイン	・視線ボード ・50音表・文字盤 ・筆談	・環境制御装置	・メモ ・カメラ

出典：中邑（2002），巌渕ら（2016）の整理を参考に筆者作成.

せて，コミュニケーションを豊かにしていこうとする考え方である。また，AAC は手段だけではなく，障害のある人の意思表示を支援するための技法（選択肢提示の技法，イエス／ノーコミュニケーションの技法等）も含まれている。

2　コミュニケーションを支援する技法の分類

コミュニケーションを支援する技法は４つに分類できる。ジェスチャーやサインを使うことのように道具を利用せず支援する技法はノンテクコミュニケーション，写真カードや文字盤など使って支援する技法はローテクコミュニケーション，VOCA（Voice Output Communication Aid：音声出力型会話補助装置）や視線入力装置など専用機器を使って支援する技法はハイテクコミュニケーション，スマートホンやタブレット端末等身の回りにある道具を利用する技法はアルテクコミュニケーションと称される（表11-１）。

3 肢体不自由障害がある子どもとのコミュニケーションを考える視点

AAC とはコミュニケーションに困難をもつ人へのアプローチの領域であるが，ここでは肢体不自由障害がある子どもの支援に焦点を当て，３つの重要な観察の視点を紹介する。

一つ目は，コミュニケーションのプロセスのどこに困難さが生じているかを観察する視点である。コミュニケーションのプロセスには諸説あるが，ここでは「視覚・聴覚・体の感覚から情報を入手する－記憶と関連させ思考する－発信する－相手に伝わる－相手からのリアクションを受け止める」というプロセスとして考えてみよう。相手の言葉が聞き取りづらいとコミュニケーションに困難さが生じる。場面に応じた方法がわかりづらければ支援が必要である。声を上手く出せないとき，相手に上手く伝わらないときにも支援が必要と考えることができる。コミュニケーションのプロセスのどこに具体的な支援が必要か検討するための視点である。

二つ目は，コミュニケーション環境を観察する視点である。コミュニケーション環境には支援者の態度や経験も含まれる。「どの場面で相手の意思を重視するのか／どの程度重視するのか／どうやって重視するのか」という支援者の態度や支援者のコミュニケーション技術の獲得状況は困難さに影響を与える。また，コミュニケーションは場に依存していることが多く，特定の場所でのみ求められるやりとりが発生している場合もある。その場その場のコミュニケーション環境に応じた具体的な方法を検討する視点である。

三つ目は，子どもの理解力を観察する視点である。肢体不自由障害がある子どもには，最重度知的障害をもつ子どもから，肢体不自由のみの単一障害の子どもまでがいる。当然，コミュニケーション支援の内容が同じであるということはなく，子どもの理解に応じた方法や手段の決定が重要となる。

4　発信行動がほとんど見られない子どもとのコミュニケーション

（1）定位反応を探す

重度の知的障害と身体障害を合わせ有する肢体不自由児の場合，自発的な表現を支援者がすぐに感じ取れない場合がある。そういった場合，「なにに対して・どのように注意を向けているか」という能動的な反応（「おや・なんだ反応」や「定位反応」と呼ばれる）を観察することから始める。音，光，風，匂い，熱，振動などに対し定位反応が生じているか，感覚障害やまひなどの関係で定位反応が起こりにくい感覚や身体部位が無いかなどを注意深く観察し，適切な刺激を用いてコミュニケーションを行っていくことが大切である。

（2）観察を補助する機器を使う

定位反応は能動的な反応だが，いつも同じ刺激に反応が出るわけではない。同じ刺激を繰り返し経験すると反応が弱まること（馴化）や，異なる刺激に変わると反応が復活すること（脱馴化）が知られている。短時間での観察では重要な情報を得ることが難しいことが多いため，刺激を提供できる自然な環境を作り時間をかけて繰り返し観察していく必要がある。

定位反応を探すときには，「コミュニケーションとは関係なく生じている身体の動き」（表11-2）との区別が重要になる。このときスマートホンに搭載されている録画機能「タイムラプス機能」が役立つ。長時間の観察であっても数十秒の動画での確認が可能となり，「ゆっくりと変化している動き」や「定期的に生じている動き」が明確になることがある。他の方法での観察とも合わせて，普段の身体の動きの特徴をある程度把握しておくことが重要である。

支援者の関わりに対してどのように反応しているかという「コミュニケーションと関係のある身体の動き」を観察するときには，OAK Cam というソフトウェア（スマートホン用は iOAK）の「モーションヒストリー機能」（図11-1）が役立つ。一定時間の身体の動きの量を着色し可視化できるため，働きかけの

表11-2　コミュニケーションとは関係なく生じている身体の動きの例

身体の動き	出現する身体部位の例
呼吸に関する動き	胸回り，口の動き等
唾液の飲み込みに関する動き	口の動き等
定期的に生じる緊張	足や腰に定期的に力が入る等
反射の残存に関する動き	首の動きに伴う上肢の動き等
急な刺激に対する反射に関する動き	首や上肢，口回りの動き等
断続的に生じる身体の揺れ	首や手足，目の動き等
自らの身体の感触を求める動き	手，口等
身体の近くのものの感触を求める動き	手，足，お尻，背中等

出典：谷口・佐野（2017）を参考に筆者作成.

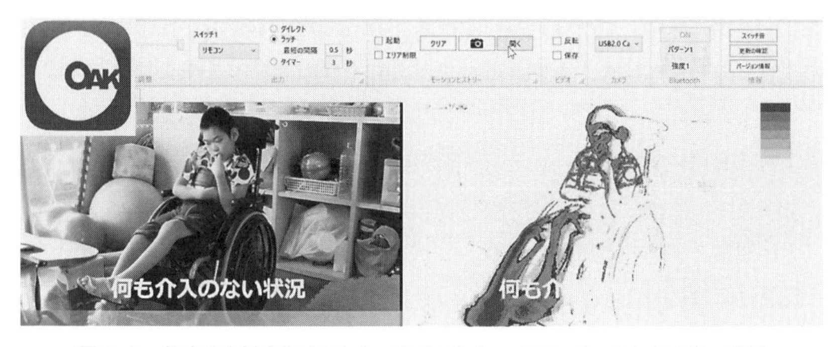

図11-1　観察を支援するソフトウェア OAK Cam のモーションヒストリー機能

違いによって動きに違いがないか比べたり，身体の近くで撮影することで微小な運動表出を捉えたりすることができる。

（3）A-B デザインで観察する

観察時には，関わる前と後で動きに違いが生じているということを明確にすることが重要である。そこで，①「関わる直前の様子を観察・記録」し，②「関わってみて様子の違いを観察・記録」するという A-B デザインという方法を武長らが紹介している。さらに客観性を高める方法として，③「関りを一時中断してみて，行動の違いを観察・記録」する A-B-A デザインや，④「同じかかわりを再度行い行動の違いを観察・記録」する A-B-A-B デザインもある。iOAK と A-B デザインの活用例を図11-2 に示す。

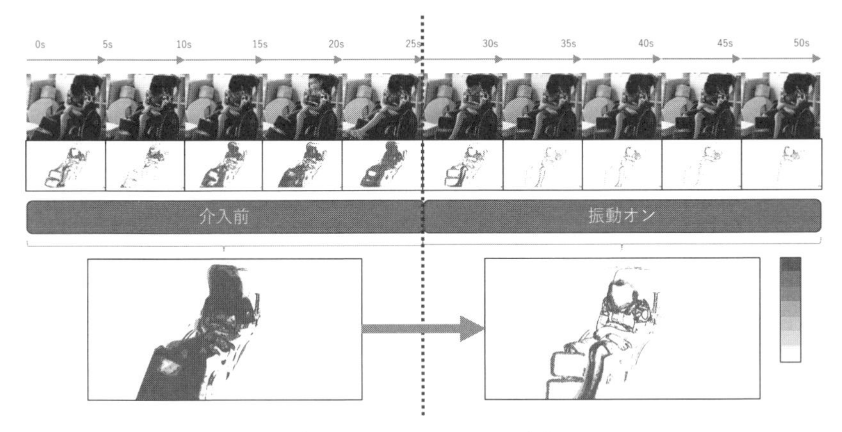

図11-2　背中の振動マッサージ機に対する反応をA-BデザインとiOAKのモーションヒストリーで捉えた例

（4）身体の動きの増減を観察する

定位反応の観察で捉えられる体の動きの変化には，「全身の力が抜ける」「揺れる動きの減少」「手や足の動きの減少」「表情筋の緩和」「頬の紅潮」「瞼が開く」「目を閉じる」「眼球の動きの減少」「声が小さくなる」「口の動きの減少」「呼吸がゆっくりになる」「心拍数の減速」「刺激源の方向に少し動く」等があげられる。運動表出を「ある／なし」ではなく「増減」や「ゆっくりとした変化」として捉える見方が特徴である。運動表出の変化については川住ら，心拍数の変化については片桐らが詳細に研究している。

（5）見つけた動きを解釈する

身体の動きの違いが見つかるとその意味を知りたくなる。しかし，この動きの変化はこういう意味だ，と単純に意味付けするのは難しい。日常の観察や刺激の特徴を考慮し総合的に判断していく必要がある。観察で見つけた1つの動きから解釈するのは難かしいが，1つでも見つけたらそれをヒントに，比較できるような観察場面を作っていくことが重要である。観察の結果がいくつか集まってくると自然な解釈に近づいてくることがある。佐野らの実践から，このような動きの解釈例を表11-3にまとめる。

表11-3　発信行動がほとんど見られない子どもの身体反応の解釈例

反応の種類	解釈例
定位反応	その刺激に注意を向けている
探索反応	その刺激が動いている様子や変化している様子に対して注意を向けている
受け入れ	その刺激を受け入れている
防衛反応	その刺激はドキドキする／不快／取り込みたくない
心地よさの表出	その刺激は心地よい／快／取り込みたい
違和感への定位	慣れない刺激が提供されたことに対して注意を向けている
中断への定位	刺激が中断されたことに対して注意を向けている
中断への不快	刺激が中断されたことに対して不快感を示している
予測	次の刺激の提供を予測して待っている
予測（不安）	次の刺激が提供されることは分かるが，ドキドキしている
予測（期待）	次の刺激が提供されることが分かり，ワクワクしている
再現の期待	同じ刺激が提供されることに対して期待している
再現の要求	その身体の動きは，同じ刺激を提供して欲しいということである

出典：片桐（1995），谷口・佐野（2017）の整理を参考に筆者作成.

（6）やりとりを組み立てる技法

「受け入れ，ドキドキ，不快，快」というのは基本的な表出であるが，実際の子どもたちの中にはどれか一つしか観察できないケースも存在する（図11-3）。しかし，一つの表出を確認できればコミュニケーションは充分可能である。そのような場合のコミュニケーションの例を表11-4に示す。

Beukelman & Mirenda（1992）は，関わりを手順ごとに分け，手順ごとに反応を観察するスクリプティッド・ルーチンという技法を紹介している。子どもの表現はゆっくりと現れることが多いため，各手順でじっくりと時間をかけることが重要である（表11-5）。佐野らは図11-4の記録をコミュニケーションの環境整備の技法として提案している。コミュニケーションの要素の配置や働きかけの順番を検討するのに役に立つ。

（7）中断して反応を引き出す

受け入れや快の表出が明確な子どもには，「中断して待つ」技法が提案されている。支援者の中断に対し，子どもも待っているような反応（中断への定位）が見られた場合は，表11-5のように手順を組み立て，受け入れの反応を確かめながら活動を再開する。一方，支援者の中断に対し再現を予測し期待す

図11-3　重度の障害があっても見られる子どもの反応例

イラスト：© 谷口公彦

表11-4　子どもの反応を基にやりとりをする技法の例

観察する視点	刺激の提示方法
注意を向けているか－向けていないか	注意を向けているときには刺激の提示を継続する／注意が外れたときに修正する
ドキドキしているか－ドキドキしていないか	ドキドキしているときに刺激の提示を修正する／安心しているときは継続する
不快を示すか－受け入れているか	不快を示しているときに刺激の提示を修正する／受け入れているときは継続する
快を示すか－注意が外れるか	快を示しているときに刺激の提示を継続する／注意が外れたときに修正する

出典：中邑（2002）を参考に筆者作成.

表11-5　関わりの手順を整理し反応を待つ

観察を基にしたかかわり方の一部

	視覚・聴覚・触覚的な働きかけ	言語的働きかけ	観　　察
1	近づく前の様子を見る	こんにちは	もとの動きを観察しておく
2	足音を聞かせながら，本人の近くまで移動する	一緒に遊ぼう	人の移動に注意を向けられるかを観察する
3	本人の近くで声をかける	一緒に遊ぶのは私だよ	人の声にどのように反応するかを観察する
4	本人と遊ぶためのおもちゃを取りに行く	玩具の準備をするね	人が離れていくことにどのように注意を向けるかを観察する
5	おもちゃの箱の音，おもちゃの音を聞かせる	今日はこの玩具で遊ぼうか	玩具の音に対してどのように反応するかを観察する
6	おもちゃを本人に近づけ，様子を見る	この玩具見たことある？	玩具の音の接近に対してどのように反応するか観察する
7	本人の身体に触れ，おもちゃに一緒に触る	一緒に遊ぼうか	身体に触れられることに対してどのように反応するか観察する
	続く		

出典：Beukelman & Mirenda（1992）を参考に筆者作成.

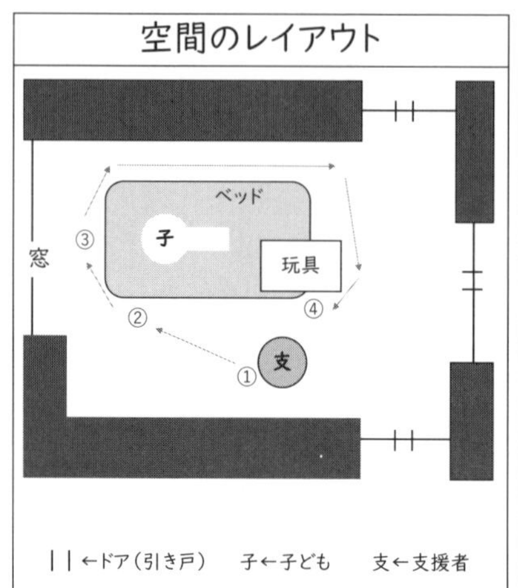

活動の順番や動き

・①の場所で声をかける
・②に足音を立てながら近づく
・②の場所で声をかける
・③の場所へゆっくり移動する
・子の頭の近くのベッドに優しく触れる
・子の頭に優しく触れる
・声をかける
・子の頭の下に手を敷く
・その日の頭の動きや目の動きを感じる
・子が頭を動かしたら、手を動かして応える

・④に足音を立てながら近づく
・玩具の音を聞かせる

・③に戻って玩具の音を聞かせる
・支の左手を子の頭の下に敷き、右手で玩具を操作する
・頭の動きや目の動きを感じる
・子が頭を動かしたら、玩具を動かして答える

図11-4　コミュニケーションの環境を考えるための記録表の例

出典：佐野・谷口（2018）を参考に筆者作成.

るような運動表出（再現の期待・要求）が見られた場合は，期待していると思われる刺激や活動を丁寧に提供する。このやりとりを通して本人の発信を引き出し育てていくことを目指すことが重要である。

（8）おもちゃ遊びの支援

再現を要求できるにもかかわらず，身体障害があるなどの理由で充分におもちゃで遊べない子どもたちがいる。そのような子どもの遊びたい気持ちを大切にするため「おもちゃ遊びの支援」がコミュニケーション支援の一環として取り組まれている。おもちゃを子どもたちが操作できるように，さまざまな専用のスイッチが開発され市販されている（図11-5）。

おもちゃをスイッチに接続する方法として，電池BOXに差し込んで使う「BDアダプター」，電源コードとコンセントの間に差し込んで使う「リモコンリレー」，スイッチ操作後の挙動を制御する「ラッチ＆タイマー」が市販されている（図11-6）。スマートホンで玩具を操作できる乾電池型IoT製品や，タブレット端末のアプリを操作するためにスペースやエンターの信号を送るためにタブレット端末とスイッチの間に接続して使う「スイッチインターフェー

押すタイプのスイッチ

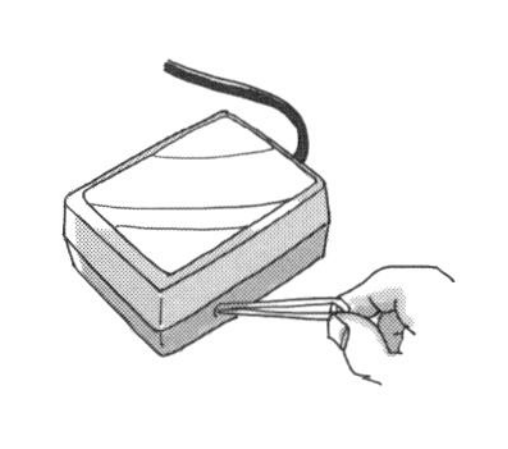

引っ張るタイプのスイッチ

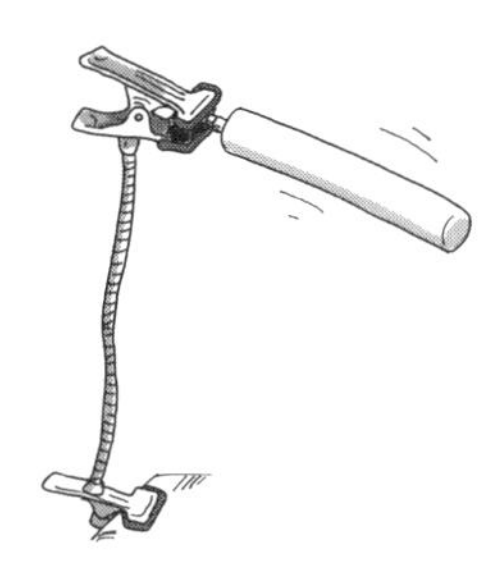

棒を押すタイプのスイッチ

図11-5　さまざまな専用のスイッチ

イラスト：© 谷口公彦

BDアダプター

リモコンリレー

ラッチ＆タイマー

図11-6　おもちゃとスイッチを接続する方法

イラスト：© 谷口公彦

ス」と呼ばれる製品も販売されている。

スイッチ選びに迷った際には，価格や安定性から「プッシュ型スイッチ」から試してみると良い。玩具を子どもに渡す前に動作を確認しておくことも重要である。スイッチを押したときの玩具の動作には「スイッチを押したときに動作する」「スイッチを押している間動作する」「スイッチを離したときに動作する」の３種類の動作があり，スイッチと玩具の間に挟んでいるいろいろな製品の設定や仕様が影響している。最終的にどのような動作ができればよいのかイメージをもち，スイッチや設定を検討していく必要がある。

スイッチを子どもに渡したときに，スイッチの素材や感触に意識が向いたり，スイッチを舐めてしまったりする子どもについては，「スイッチを使ったおもちゃ遊び」を通してコミュニケーション支援とすることは適切ではない。また，スイッチを操作する子どもの身体の動きが随意的に生じているかの検討も重要である。子どもがおもちゃの動きを予測できているか，それに応じた子どもの身体の動きが出ているかの評価が重要である。子どもが意図していない動きにスイッチを設置し，予測のつかない結果を繰り返し体験させることは適切ではない。これらの場合には，（1）から（7）で紹介したコミュニケーション技法を検討することを勧める。

ニューソン・ニューソン（1981）は，発達初期は大人がおもちゃを持って子どもを遊びに誘導し，発達が進むとおもちゃを使って子どもが大人を遊びに誘うようになると説明している。おもちゃが操作できればそれで良いのではなく，おもちゃが引き出す遊びについて注目し支援を行うことがコミュニケーション支援において重要なことである。

5　直接行動としての発信行動が見られる子どもとのコミュニケーション

（1）要求・拒否・注意喚起の行動を探す

子どもによっては，欲しいものの近くに移動して入手する行動（要求行動），提示されたものを拒絶する行動（拒否行動），他者の注意を引く行動（注意喚起行動）が見られる場合がある。これらの行動は「直接行動」（図11-7）と呼ばれる。肢体不自由児の場合，自分で動ける環境が整えられるとこれらの表現ができるようになることもある。

（2）記録を取る

図11-7に示されるコミュニケーション行動がある場合，坂井はその行動を記録することを勧めている（図11-8）。この記録から，具体的な支援方法や使うべき道具を検討することができる。具体的な方法は，坂井が詳しく紹介している。

（3）間接行動を教える

「間接行動」（図11-9）という行動もある。子どもが支援者の手を持って目的

図11-7　要求・拒否・注意喚起という直接行動

イラスト：© 谷口公彦

コミュニケーション記録シート

子どもの名前 sakai

記録日 2018/1/1

集計開始

		機能				文脈			
どのような場面で(文脈)	どうした(子どもの言動)	要求	注意喚起	拒否	その他	どこで	だれに	手段	備考
食事の場面で	お茶碗を出す	○				キッチンで	母	物	おかわり
集団指導の際に	こっちを見ながらクラスメイトをたたく		○			プレイルーム	担任	行動	こっちを見て
お風呂に入る場面で	物を投げる			○		家	母	行動	入りたくない
朝登校時に	おはようという				○	学校	担任	音声	あいさつ
遊びの時に	手を引く	○				学校	担任	クレーン	ビデオが見たい
朝礼時に	体育館から出ていく			○		学校	担任	行動	

図11-8　コミュニケーション行動の記録

出典：坂井聡研究室 HP（https://www.sakalab-aac.com).

図11-9　間接行動の例

イラスト：© 谷口公彦

のものまで誘導するクレーン行動，手が届かないものに対して手を伸ばす手差し，指を指して伝える指差し行動などがある。本人がコミュニケーションを楽にできるようになる可能性があれば間接行動を教えることがある。場面や話題によって，直接行動か間接行動か，またはその組み合わせが良いかを本人と検討することが重要である。

（4）写真カードを使う

「写真カード」とは，直接行動や間接行動が出ている対象の物を写真にして子どもに提示することで，コミュニケーションをとるための手段である。子どもは写真カードを指差ししたり，視線で選択したり，写真を取って支援者に手渡したりすることで，自分の意思を伝えることができるようになる場合がある。写真カードを使うことで，目の前にないものを選べるようになったり，「このなかから選んでね」というような小さな制約を加えたやりとりができるようになったりすることもある。しかし，知的障害の状況によって写真カードの理解が難しい場合があることに注意が必要である。写真カードを手渡したとき紙やラミネートなどの素材に注目しているような行動が生起している場合には，第4節や，第5節の(1)～(3)で紹介しているコミュニケーションの技法を選ぶことが適切であろう。また，Aの写真カードは理解できるがBの写真カードは難しいこともある。理解していなければ生起しないと思われる行動が出る環境を準備した上で，写真カードを提示して子どもの様子を観察することで子どもの理解を検討することができる。写真カードのサイズや提示枚数，レイアウトはコミュニケーションのしやすさに影響を及ぼすことがあるので，時間をかけて調整していくことが重要である。

写真カードが増えてきたら，話題や場面ごとにシートやファイルに整理することがある（コミュニケーションブック，図11-10）。カテゴリをまず選択して細かなカードがあるシートに移動したりするなど，コミュニケーションする人の話題の質や量等の情報も考慮しつつ，微調整を行いながら本人と支援者が楽にコミュニケーションしていけるように作成していく必要がある。

写真カード

コミュニケーションブック

図11-10　写真カード・コミュニケーションブック

イラスト：© 谷口公彦

（5）シンボルカードを使う

シンボルとは，対象となる事物をわかりやすく表現した「絵」のことで，PCS（Picture Communication Symbols）　や Drops（The Dynamic and Resizable Open Picture Symbols）（図11-11）が代表的である。写真カードと同様，シンボルカードを指差ししたり，視線で選択したり，シンボルカードを取って支援者に手渡したりして，自分の意思を伝えることに使う。写真カードは撮影された具体物そのものを示すのに対し，シンボルカードは指し示すものが少し抽象的になるのが特徴である。たとえば，オレンジジュースを写真にすると，ある特定のジュースを示す写真カードが出来上がるが，シンボルカードにするとどの製品のオレンジジュースでも構わないことになる。より具体的なものを示したいのか，少し抽象化して示したいのかを検討しながら単語によって写真カードとシンボルを使い分けることで，コミュニケーションが便利になっていくことがある。しかし，知的障害の状況によってはシンボルカードの理解が難しいことに注意が必要である。絵を見て，それが指し示す具体物や場所などをイメージできれば良いが，具体的な写真でなければイメージをもつことが難しい子どももいる。シンボルを用いてやりとりをする際に子どもの行動を観察し，活用するシンボルの一つ一つについて理解できているかどうかを検討する必要がある。

シンボルには，具体物を絵にしたものだけではなく，抽象的な表現を絵にし

PCSシンボルズの例　　Dropsの例

図11-11　シンボルの具体例

出典：Bordmaker & Speaking Dynamically Pro，視覚シンボルで楽々コミュニケーション．

たものも少なくない。直接行動（図11-7）や間接行動（図11-9），写真カード（図11-10）では表現が難しいことであってもシンボルを活用することで表せるようになることがある。その逆に，シンボルで伝えるよりも具体場面で具体的に使うものを見せながら伝えた方がコミュニケーションしやすいこともあるため，シンボルを活用しようとする子どもが，抽象的な事柄を理解できているかどうかどうかを確認しながら導入することが重要である。

コミュニケーションが便利で効率の良いものになり，より個別性をもった発信ができることを目指してシンボルが活用されると良い。理解があやふやな言葉を使いコミュニケーションをとると生活のなかで不具合が生じてしまう。目の前の子どもが安心して過ごすためにどのようなコミュニケーションをすると良いのか，そのためにどのような支援が必要なのかを考える必要がある。青木は，このようなコミュニケーションの支援は，音声言語によるコミュニケーションと比べるとどうしても一手間かかる手段ではあるため，話し言葉によるコミュニケーションが苦手な人への理解とその子に適したコミュニケーションに合わせる姿勢が必要であると述べている（青木，2017）。

（6）VOCAを使う

直接行動（図11-7）や間接行動（図11-9）が生起している子どもの場合，

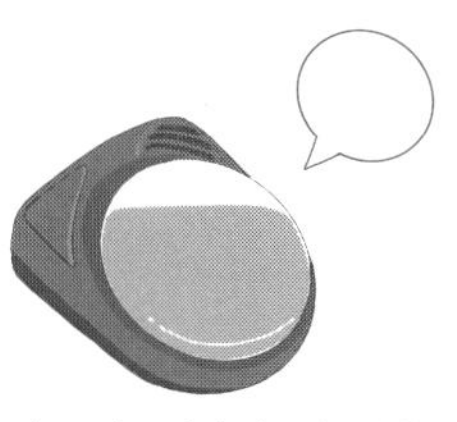

1スイッチ1メッセージ
タイプのVOCA

1スイッチ複数メッセージ
タイプのVOCA

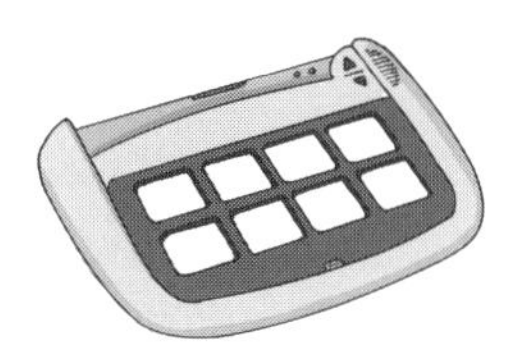

複数スイッチ
タイプのVOCA

図11-12　代表的な VOCA の種類

イラスト：© 谷口公彦

Drop Tap
@Droplet Project

TD snap
@tobii dynavox

図11-13　複数の写真や絵を並べて活用する VOCA の例

VOCA というコミュニケーション支援機器を活用できることがある。VOCA は「Voice Output Communication Aid」の略で「ボカ」と読む。音声出力型の会話補助装置で，音声の録音と再生が可能である。1スイッチで1つのメッセージを再生するタイプや，1スイッチで複数メッセージを連続して再生するタイプ，多数のスイッチがあるタイプがあり，場面や子どもの伝えたいこと等で使い分けることもある（図11-12）。

複数の写真や絵を配置するタイプの VOCA もある。専用品としての VOCA もあるが，近年ではタブレット端末のアプリも活用されている（図11-13）。

（6）選択肢を提示する技法

選択肢を提示する技法は，中邑（2002）が選択行動のレベルを言葉の理解が難しいレベルから言葉で選ぶことができるレベルまでの4段階に整理し，詳細に説明している。また，武長ら（2016）はジュースを選択する活動を通して「体験して選ぶ」「匂って選ぶ」「見て選ぶ」等の視点で選択肢の提示技法について提案を行っている。ここではそれらを参考に，言葉の理解を必要としない選択肢の提示方法として整理したものを表11-6に示す。

一つずつ体験し「受け入れ／防衛」の反応を観察する手法（継時提示・反応の読み取り）も選択の技法として提案されている。体験を通して「いる／いらない」「する／しない」を伝えられる子どもには，自分が環境をコントロールできると感じられる支援が重要であると中邑は指摘している。

提示した二つの選択肢に「どちらもいらない」や「違うものが欲しい」を伝えられたり，選択後に「やっぱり違う」が伝えられたりする場合には，二つの実物や写真を同時に見せ（同時提示），自己決定の経験を重ねることが大切である。ただし，支援者が提示した選択肢だけしか選べない子どもや，これは違うと伝えられない子どもの場合は，そのような実態を配慮し選択の方法を検討していくことが必要である。

（7）スケジュールで伝える

意思を伝えればいつでもどこでもその活動を入手できるとは限らない。時には「ちょっと待ってね」や「いつならできるよ」との返答が必要となる。状況に応じた伝え方を工夫する必要がある（図11-14）。

「始まり」と「終わり」がわかりにくいため，行事後に不安を示したり，変化すること自体に不安を示したりする子どもがいる。そのような子どものために，大まかな予定を視覚的に示すスケジュールが販売されている。

今日の予定や活動の手順を伝える時にも，写真や絵を用いたスケジュールや手順の視覚的な提示が有効である。そうすると「この予定は嫌だ」というような行動を示すこともある（図11-15）が，それも重要なコミュニケーション行動である。やりとりをしながら時間をかけて納得できるように支援することが重

表11-6　選択肢を提示する方法

選択肢の提示方法	判断の方法
一つずつ体験してもらい，様子を観察する（継時提示・反応の読み取り）	一つ一つ体験しているときに出る反応が「受け入れ」なのか「防衛」なのか読み取る
一度体験してから中断し，様子を観察する（継時提示・いるかいらないかの表出を待つ）	中断して待っているときにでる動作が「いる」なのか「いらない」なのか読み取る
同時に具体物を二つ見せ，様子を観察する（具体物の同時提示・表出の読み取り）	同時に二つ見せて待っているときにでる動作が「選ぶ動作」なのか「それ以外」なのか読み取る
写真カード等を複数見せ，様子を観察する（複数提示・表出の読み取り）	複数の写真カードを見比べた後にでる動作が「選ぶ動作」なのか「それ以外」なのか読み取る

出典：中邑（2002），武長ら（2016）の整理を参考に筆者作成.

ちょっとまってね

これならできるよ

いつならできるよ

図11-14　状況に応じたコミュニケーション例

イラスト：© 谷口公彦

図11-15　これも大切なやりとり

イラスト：@谷口公彦

要で，自分でスケジュールを管理できない子どもは見通しがもてず不安な状態で過ごさないといけないということにならないようにと坂井（2019）は指摘している。

6　言葉や文字を理解できる子どもとのコミュニケーション

言葉や文字を理解できても，肢体不自由の障害により発声や発音が上手くできない，身体の動きに制限があるなどでコミュニケーションに困難さが生じることがある。どのような困難さが生じているのかについては，身体障害の状態だけではなく，子どもの生活場面を観察し，本人からのニーズを聞き取りながら検討する必要がある。

（1）イエス／ノーコミュニケーション

言葉や文字の理解があり，自分で選んだものがその後提供されることがわかり，「はい／いいえ」のルールが理解できている場合は「イエスノーコミュニケーション」という技法を適応できる。言葉や文字の理解があるというのは，言葉や文字から，目の前に無いもののイメージをもてるということであり，イメージを想起できていることを示す行動が観察されなければ言葉や文字の理解があるとは判定しづらい。イエス／ノーコミュニケーションは簡便に見えるが，「はい」「いいえ」しか表出できない相手の意図を探ることを実際にやってみると容易でないことも多く，工夫が必要である。場面や特徴等のカテゴリから絞っていく方法や，「あ，か，さ，…」のように言っていき，yesのところで「さ，し，す…」と言っていくことで伝えたい単語にたどり着く等の方法がある。聞きとり方をどのように整理するかということが重要であり，支援者と時間をかけ調整しお互いの見通しを作っていくことが望ましい。「どちらでもない」「しっかり決められない」「近い」「遠くなった」などの選択肢を準備することも会話を柔軟に進めていくために重要である。

（2）50音表・文字盤の活用

「50音表」や「文字盤」は平仮名50音を印刷した道具で，一文字ずつ指差してコミュニケーションを取る道具である。これに「はい」「いいえ」「どちらでもない」等の単語カードや「数字」「小文字」「濁音」「半濁音」などを追加することで個別にカスタマイズして活用する。場面や話題によってはコミュニケーションシート／ブックと併用することもある。

長文を伝達するときにはわかりにくくなることがある。支援者は内容を書き取る，音声でフィードバックする等の方法が必要になることもある。指差しが難しい場合は，透明のシートに文字を印刷し視線で文字を選択することがある。また，支援者が行ごとに指差ししていくのを見せ，イエスノーで選択するというスキャン式の方法で文字を選んでいくこともある。

50音以外のカードの配置，大きさ，文字を選ぶ方法，支援者の役割などのことで個別性の高い支援方法であり，支援者間の情報共有が重要である。

（3）音声出力機能のある文字盤の活用

「VOCA」には，入力した文字を音声で再生させるタイプのものもある。人差し指での操作が難しくても，スイッチや視線入力装置で文字選択が可能な製品もある。機器の設定が完了していれば，アナログの文字盤と比べると支援者に「聞き取りの技術」として求められる負荷が少ない。しかし，風呂場で使えるのか，外出時はどうするのか等の肢体不自由障害からくる場面の限定が生じることがあり，ノンテクコミュニケーションとハイテクコミュニケーションの併用を検討することが重要である。

（4）筆　談

筆談とは，文字を書いて相手に意思を伝える方法である。支援者が選択肢を文字で書き子どもが選択するという方法もある。スマートホンのメールやメモ機能，専用のアプリケーションでも筆談は可能である。手段の選定時には，支援者も書くのか，口頭で伝えるのか，活用場面や話題はどうかなどについて考慮し，個別性に応じた筆談の環境を提案することが重要である。

（5）ジェスチャー・サイン

ジェスチャーとは身振りや手ぶりで動作に関連のある事柄を伝えようとするものであり，サインとは動作に特定の意味を意図的に与えて意思を伝えようとする手段のことである。一般的なジェスチャーやサインであれば多くの人に理解されるが，個別性が高いものは読み取りが難しい。そのような場合，サインの情報を支援者間で共有するための資料を作成する場合がある。

（6）音声の聞き取り

肢体不自由障害があることで特徴的な発音になることがあり，初対面の支援者とのコミュニケーションが難しくなることがある。発音の特徴や話題の傾向を知るとコミュニケーションがスムーズになることも少なくないが，それでも新しい人，頑張っても聞き取りが難しい人とのやりとりでは困難さが持続しているということに注意が必要である。音声だけに頼らず，筆談や50音表，タブレット端末などを活用しコミュニケーションを取ることができる環境を提案することが重要である。

7　新しい手段や道具を活用するということ

支援者が子どもの状況を観察し，この方法でやりとりができれば便利なのではないかと提案したとしても，子ども自身がそれを活用することを嫌がることがある。そのようなときには，子どもがどうして嫌がっているのかを共感的に想像する必要がある。私たちも経験していないことに対して説明や説得を聞いて納得するのは簡単ではない。新しい手段を使い始めるときには，子どもにとって「便利な」体験ができるよう支援者はシナリオを準備し，子どもが納得していくための時間を十分に確保することも重要である。道具は使い始めたらそれで終わりではない。場面や相手に応じて使う手段を択んだり，使う程度を選んだり，組み合わせを考えたりするという「使いこなし」まで考えると，さらに十分な時間が必要である。ゆっくりとコミュニケーションの経験値が高まるように支援していきたい。

学習課題

① 本章で触れたコミュニケーション支援の道具や製品は，時間と共に進化したり入手困難になったりする。現在どのようなものが開発・販売されているか調べてみよう。
② コミュニケーション支援に関する技法のうち，興味があるものについて文献やインターネットを用いて調べてみよう。

参考文献

青木高光・竹内奏子・川辺博（2017）．視覚シンボルで楽々コミュニケーション２ドロップレット・プロジェクト編　エンパワメント研究所
巖淵 守・松田 英子（2016）．身の回りにあるテクノロジー（アルテク）を利用した支援インターフェイス　計測と制御，**55** (2), 102-106.
片桐 和雄（1995）．重度脳障害児の定位反射系活動に関する発達神経心理学　風間書房
川住 隆一（2003）．超重症児の生命活動の充実と教育的対応，障害者問題研究**31** (1), 11-20.
坂井 聡（2019）．知的障害や発達障害のある人とのコミュニケーションのトリセツ　エンパワメント研究所
佐野 将大（2018）．反応はあるが変化が大きく何を理解し要求しているかはっきりしない　ATAC2018 Proceedings，35-39.
佐野 将大・谷口 公彦（2018）．おもちゃで遊ぶことができず受け身的な生活から抜け出せない　ATAC2018 Proceedings，115-119.
武長 龍樹・巖 淵守・中邑 賢龍（2016）．黙って観るコミュニケ—ション　株式会社atacLab
中邑 賢龍（2002）．AAC入門　こころリソースブック出版会
谷口公彦・佐野将大（2017）．黙って見守って分かること（1）　ATAC2017 Proceedings, 78-82.
Beukelman D. R. & Mirenda, P. (1992). *Augmentative and Alternative Communication: Management of Severe Communication Disorders in Children and Adults*, Baltimore: Poul H Blookes Publishing.Co.
J. ニューソン・E. ニューソン（著）三輪 弘道・後藤 宗理・三神 広子・堀 真一郎・大家 さつき（訳）（1979）．おもちゃと遊具の心理学　黎明書房

第12章
アシスティブ・テクノロジーの導入と生活の質の向上

新谷洋介

ここでは，アシスティブ・テクノロジーの用語に関する説明や，日本の教育や福祉において使用されているアシスティブ・テクノロジーに関連する用語を紹介する。そして，書きやすくするための手段を例に，支援機器の紹介や導入の留意点を説明する。最後に，障害の状態に対応する支援機器の利用について，支援機器の変更，様々な機器から選択すること，使用するための練習が必要なことを観点に説明する。

1 アシスティブ・テクノロジーとは

（1）アシスティブ・テクノロジーとは

アシスティブ・テクノロジーとは，「教育の情報化に関する手引－追補版－」（文部科学省，2020）によると，「障害による物理的な操作上の困難や障壁（バリア）を，機器を工夫することによって支援しようという考え方が，アクセシビリティであり，それを可能とするのがアシスティブ・テクノロジーである。」と記述されている。

棟方（2012）によると，アシスティブ・テクノロジーは，日本において，2002年の「新情報教育に関する手引」に初めて明記されたとされている。また，日本の教育において用いられているアシスティブ・テクノロジーは，米国で用いられているAssistive Technologyの訳語と述べている。米国の1988年に，Technology Related Assistance Actにおいて，assistive Technology device（支援機器）とassistive technology service（支援技術サービス）の二つがセットで定義されたと述べている。

Technology Related Assistance Actは，改定され，1998年には，Assistive

Technology Act と名称が変更となっているが，前述の定義は変わっていない。

（2）Assistive Technology Act

1998年に出されたAssistive Technology Actは，2022年に「21st Century Assistive Technology Act」として，改定された。ここでは，改定された，「21st Century Assistive Technology Act」をもとに，アシスティブ・テクノロジーの定義を確認していく。なお，英文の訳はGoogle翻訳を用いた。

① アシスティブ・テクノロジー（ASSISTIVE TECHNOLOGY）の定義

> (3) ASSISTIVE TECHNOLOGY.—The term 'assistive technology' means technology designed to be utilized in an assistive technology device or assistive technology service.
>
> (https://ataporg.org/wp-content/uploads/docs/at-act-info/rom22634.pdf)

直訳すると，「『支援技術（アシスティブ・テクノロジー）』という用語は，支援技術デバイスまたは支援技術サービスで利用されるように設計された技術を意味します。」とされている。日本において，アシスティブ・テクノロジーは，「ASSISTIVE TECHNOLOGY」の頭文字をとって「AT」と略称されることがある。また，「assistive technology device」は，「支援機器」と訳され，「AT機器」と略称されることがある。なお，米国の定義では，補助金給付に関連する法律上の定義上，「assistive technology device or assistive technology service」とされ，「ASSISTIVE TECHNOLOGY」は，「支援機器」と「支援技術サービス」のどちらかを示すもの（or）とされているが，日本の教育では，「支援機器」や「支援技術サービス」は，教育上切り離すことはできないため，セットで捉えられる（and）ことが多い。

② 支援機器（ASSISTIVE TECHNOLOGY DEVICE）の定義

> (4) ASSISTIVE TECHNOLOGY DEVICE.—The term 'assistive technology de-

vice' means any item, piece of equipment, or product system, whether acquired commercially, modified, or customized, that is used to increase, maintain, or improve functional capabilities of individuals with disabilities.
(https://ataporg.org/wp-content/uploads/docs/at-act-info/rom22634.pdf)

直訳すると，「『支援技術機器（支援機器)』という用語は，障害のある個人の機能的能力を向上，維持，または改善するために使用される，商業的に入手されたものであるか，改造またはカスタマイズされたものであるかにかかわらず，あらゆる品目，機器，または製品システムを意味します。」とされている。

③ 支援技術サービスの定義

(5) ASSISTIVE TECHNOLOGY SERVICE.—The term 'assistive technology service' means any service that directly assists an individual with a disability in the selection, acquisition, or use of an assistive technology device. Such term includes—
(https://ataporg.org/wp-content/uploads/docs/at-act-info/rom22634.pdf)

直訳すると「『支援技術サービス』という用語は，障害のある個人の支援技術機器の選択，取得，または使用を直接支援するサービスを意味します。」とされている。

(A) the evaluation of the assistive technology needs of an individual with a disability, including a functional evaluation of the impact of the provision of appropriate assistive technology devices and services to the individual in the customary environment of the individual;
障害のある個人の支援技術ニーズの評価。これには，個人の習慣的な環境における個人への適切な支援技術機器およびサービスの提供の影響に関する機能評価が含まれます。

(B) a service consisting of purchasing, leasing, or otherwise providing for the acquisition of assistive technology devices by individuals with disabilities;

障害のある個人による支援技術機器の購入，リース，その他の提供からなるサービス。

(C) a service consisting of selecting, designing, fitting, customizing, adapting, applying, maintaining, repairing, replacing, or donating assistive technology devices;
支援技術デバイスの選択，設計，取り付け，カスタマイズ，適応，適用，保守，修理，交換，または寄付からなるサービス。

(D) coordination and use of necessary therapies, interventions, or services with assistive technology devices, such as therapies, interventions, or services associated with education and rehabilitation plans and programs;
教育およびリハビリテーションの計画およびプログラムに関連する治療，介入，またはサービスなど，支援技術機器を使用した必要な治療，介入，またはサービスの調整および使用。

(E) instruction or technical assistance for an individual with a disability or, where appropriate, the family members, guardians, advocates, or authorized representatives of such an individual;
障害のある個人，または必要に応じて，そのような個人の家族，保護者，擁護者，または認定された代表者に対する指導または技術的支援。

(F) instruction or technical assistance for professionals (including individuals providing education and rehabilitation services and entities that manufacture or sell assistive technology devices), employers, providers of employment and training services, or other individuals who provide services to, employ, or are otherwise substantially involved in the major life functions of individuals with disabilities; and
専門家（教育およびリハビリテーションサービスを提供する個人および支援技術機器を製造または販売する事業体を含む），雇用主，雇用および訓練サービスのプロバイダー，またはサービスを提供，雇用，またはその他の形で実質的に関与するその他の個人に対する指導または技術支援。障害のある人の主な生活機能。

(G) a service consisting of expanding the availability of access to technology, including electronic and information technology, to individuals with disabilities.
障害のある個人に対する電子技術や情報技術などのテクノロジーへのアクセスの利

用可能性を拡大することからなるサービス。
(https://ataporg.org/wp-content/uploads/docs/at-act-info/rom22634.pdf)

このような，7つのサービスが明示されている。日本の教育においては，個別の支援教育支援計画，個別の指導計画，特別支援教育就学奨励費，ICT支援員等が関連している。また，購入に関しては，障害者総合支援法による補装具費や介護保険制度による福祉用具貸与費の補助がある。

（3）アシスティブ・テクノロジーに関連する用語

アシスティブ・テクノロジーという用語は，特別支援学校学習指導要領（以下「学習指導要領」）では見つけられない。学習指導要領上では，「（4）児童の身体の動きや意思の表出の状態等に応じて，適切な補助具や補助的手段を工夫するとともに，コンピュータ等の情報機器などを有効に活用し，指導の効果を高めるようにすること。」（第2章第1節第1款の3の（4））のように，「補助具」，「補助的手段」，「コンピュータ等の情報機器」の用語が使用されている。

また，前述した障害者総合支援法や介護保険制度では，「補装具」，「福祉用具」の用語が使用されている。日本の法律上では，「福祉用具の研究開発及び普及の促進に関する法律」において，「福祉用具」が，「この法律において『福祉用具』とは，心身の機能が低下し日常生活を営むのに支障のある老人（以下単に『老人』という。）又は心身障害者の日常生活上の便宜を図るための用具及びこれらの者の機能訓練のための用具並びに補装具をいう。」（第2条）と定義されている。

関連して，「ICT（Information and Communication Technology）」，つまり，情報（information）や通信（communication）に関する技術の総称も，学習指導要領上では使用されていない。アシスティブ・テクノロジーが，AT，AT機器，支援技術等様々な形で使用されているように，「教育の情報化の手引き―追補版―」第1章上では，「ICT」の用語も，「ICT」単独で使用されていることや，「ICT活用（利活用）」，「ICT環境」，「ICT化」，「ICT機器」など様々な形で使用されている。

実際には，教育においては，「ICT」と「アシスティブ・テクノロジー（AT)」を利用していることが多く，福祉において，「補装具」，「福祉用具」が使用されていることが多いと感じる。また，機器を使用するためのフィッティング等の支援を総称する場合に，「アシスティブ・テクノロジー（AT)」を使用し，機器を示す場合にAT機器（支援機器）の用語を利用することが多い。

教育における「ICT」と「AT」の使い分けは，一般的に，学習の目的を達成するためのツールとしての考え方の場合に「ICT」，困難さを支援するためのツールとしての考え方の場合に「AT」を使用することが多い。しかし，実際には，定められておらず，両者が含む形である，「ICT・AT」と表記することもある。

最後に，アシスティブ・テクノロジーに関連する用語が様々あり，他の文献等を調べる際に混乱することを鑑み，いくつか代表的なものを挙げた。しかし，用語云々よりも，どのように意味して使用されているかが最も重要なことは言うまでもない。

2　支援機器の導入の留意点

（1）支援機器の導入の留意点

支援機器にはさまざまな種類があり，適切な実態把握をした上での選択が必要である。ここでは，「文字を書くこと」を例に，支援機器について触れていく。

（2）書きやすくするための支援機器

肢体不自由児が書きやすくするためには，いすや机などの姿勢保持に関するもの，さまざまな太さや握りのペンなどの書くもの，さまざまな硬さの下敷きや罫線の幅など書かれるものの工夫がある。ここでは，書きやすくするための支援機器について紹介する。

① 3D プリンタ

筆記用具のグリップ等を，個々に応じた形状のものを作成することが可能になる機器である。自作することで，利用しながら細かな修正が容易になることも期待される。3D プリンタで使用できる，3D モデルデータを公開している取り組みもある。

例）
FabLab Shinagawa
　https:www.fablab-shinagawa.org
田中浩也監修（2019）『はじめてでも簡単！ 3D プリンタで自助具を作ろう』三輪書店
林園子・濱中直樹著（2021）『無料データをそのまま3D プリント　作業に出会える道具カタログ／事例集』三輪書店

② タッチパネル

筆記用具を持つことが難しい方が，タッチパネルを利用することで，直接指で書くことができる。

図12-1　タッチパネル

③ タッチペン

腕の可動域が狭く，太さの違うペンや，色の違うペンなどを取りかえることが難しい場合に，１つのペンが，様々な種類のペンとして切り替えて利用ができる。また，3D プリンタで作成したグリップ等と併用することもできる。

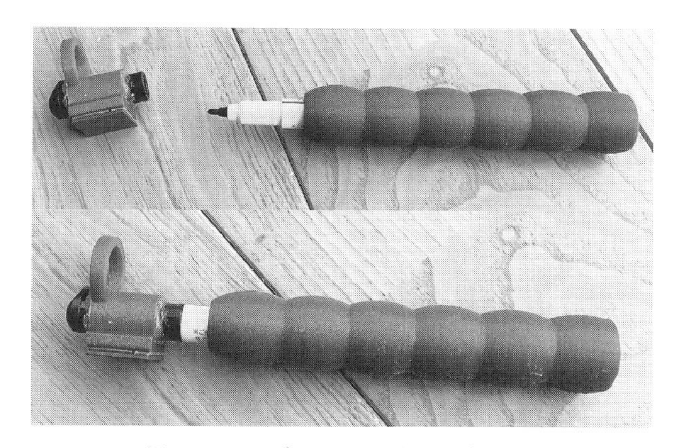

図12-2　3D プリンタで作成したグリップ

出典：株式会社アシテック・オコ提供。

④ アームサポート

腕をうまく動かせない場合に，肘等を固定し，動きをスムーズにするためのものである。

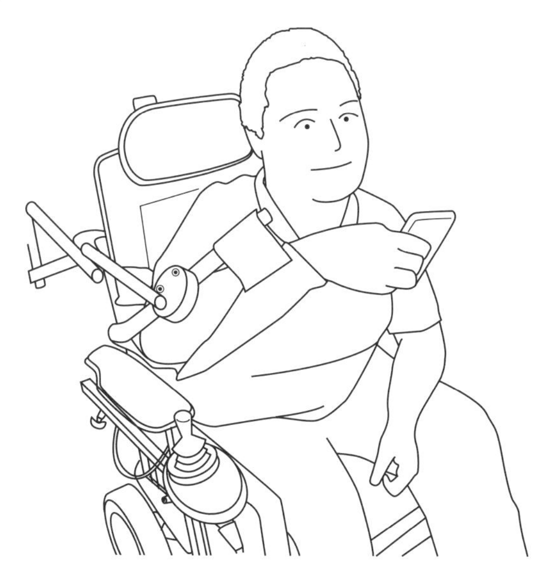

図12-3　アームサポート

（3）書くことを代替する支援機器

① キーボード

コンピューター等に文字入力するための機器である。キーボードには，大きさ，キー入力の深さ，キー入力の硬さ，キー入力の音，キーの形状等様々な違いがある。最近はゲーミングキーボードの普及により，キー配置の変更や，キーそれぞれをカスタマイズすることもできるようになった。

入力方法は，かな入力，ローマ字入力がある。かな入力は1文字当たりのキー入力数が少ない利点があるが，英文字を入力することを考えると，ローマ字入力を覚えた方がよい考え方もある。

② ソフトウェアキーボード

物理的にキーを押すことが困難な場合に，画面上に表示されたキーボードで文字入力をできるものである。マウスやタッチパネルによる入力，スキャン入力等，実態に合わせた，スイッチや視線入力装置等と組み合わせて使用ができる。また，ソフトウェア上のキーボードのため，QWERTY配列や50音配列等様々なキー配列を容易に選択できる。

図12-4　ソフトウェアキーボード

（Windows11のもの）

③ 音声入力

音声で文字入力ができるものである。基本的に音声が文字に変換されるときには漢字が使用される。ひらがなのみや，学年相当の漢字を使用したい場合は，特定のアプリを使用する必要がある。発音が不明瞭な場合は認識率が下がる場合もある。

例）
UDトーク（UDトークキーボード）
https://udtalk.jp/about/

④ ICレコーダー

速く書くことや，机等書く環境が整っていない場所で書くことが困難な場合に，書くための内容を音声に録音することで，書くことを音声に代替するために使用できる機器である。書く時間や書く環境が整った際に，録音した音声データを元に書くことができる。また，音声文字認識機能を利用することで自動で文字変換することも可能である。

⑤ カメラ

書くための内容を，画像に代替するために使用できる機器である。画像データは，OCR機能を使用し，文字変換することが可能である。なお，画像には不要なものが映り込んでいたり，様々な内容が整理されず1枚の画像に保存されていたりするため，撮影した画像をもとに，トリミングしたり，文字変換した情報を整理することが大切である。

⑥ プリンタ

書いた内容を，紙に出力するための機器である。上記の方法と組み合わせて利用する。

3　障害の状態に対応する支援機器の利用

（1）障害の状態に対応する支援機器の利用

「教育の情報化に関する手引－追補版－」によると，肢体不自由児の支援機器利用について例示されており，「肢体不自由のある児童生徒が車いすを使用する場合，ただ単に座れれば良いわけではなく，体の状態に応じたクッションや座面の高さなどの調整が必要となる。加えて，年齢の進行や障害の状態に応じて適宜調整をする必要がある。情報機器についても同様に，一度調整した内容がそのまま利用し続けられるわけではなく，学習内容などに応じた調整が必要となる。その際，大切なことは，本人の力で必要な技術についての知識と技能を身に付けさせることを最終的な目標に適用することが肝要である。」とされている。このように，学習におけるねらいや，進行性の障害等，支援機器の変更，支援機器の適応が必要になる。

（2）支援機器の変更

書くことの代替としてキーボード入力を行っていたとしても，すべての場面，時期に同じ方法を使用することが適切とは限らない。支援機器を変更することが考えられる例を場面別に紹介する。

①　学習のねらいに応じた変更

英語において，英語で文章を考える際は，文法等を正しく使用することをねらいとするため，推測変換をONにする。スペルを確認する際は，スペルが大事なため推測変換をOFFにする等，学習のねらいに応じた変更がある。

②　疲労度に応じた変更

書く文字数が少ない算数・数学は，ノートに筆記し，文字数が多い社会はカメラやキーボード入力するなど，疲労度に応じた変更がある。

③ 障害の変化に応じた変更

進行性の場合は，キーボード入力と，視線入力等，今までの方法が困難になった場合に，継続した活動ができるように，他の手段と並行した支援が必要である。

④ 機器の変化に応じた変更

機器は，突然販売停止になることや，故障すること，更新されることがある。使用している機器の代替手段を念頭に置く必要がある。

（3）様々な機器から選択することが大切

キーボードを例にしても，同じ用途で使用するための機器でも，様々なものがある。いくつか試してみて，適切なものを使用することが大切である。

（4）すぐに文字入力ができるわけではない

鉛筆で文字を書くために，時間をかけて何度も練習して，上手に文字が書けるようになったように，支援機器を入力したものも同様に，すぐに文字入力ができるわけではない。場合によっては，従来の方法と並行しながら，代替手段を使用するための練習も必要である。

また，支援機器等の手立てが変更になった場合，従来の手立てよりもパフォーマンスが落ちることがある。変更になった手立てが最終的に高いパフォーマンスが得られることを見通し，パフォーマンスが落ちたことで，落ち込んだり，従来の手立てに固執しないような工夫が必要である。工夫の例として，ソフトウェアキーボードを１つのスイッチを使用して項目モードでタイピングする練習を，ゲームやスポーツ形式で取り組むものがある（新谷ほか，2023）。

ATスポーツ（アシスティブ・テクノロジー・スポーツ）
http://at-sports.tokubetsushien.com/

「ATスポーツ」とは，「アシスティブ・テクノロジー・スポーツ」の略で，障がい児者に対して支援技術を活用した身体活動，対戦を通した支援技術の共有をスポーツとしてとらえるものである。

「支援技術を活用した」とは，支援機器や，支援機器の操作方法・設定を選定し活用することである。

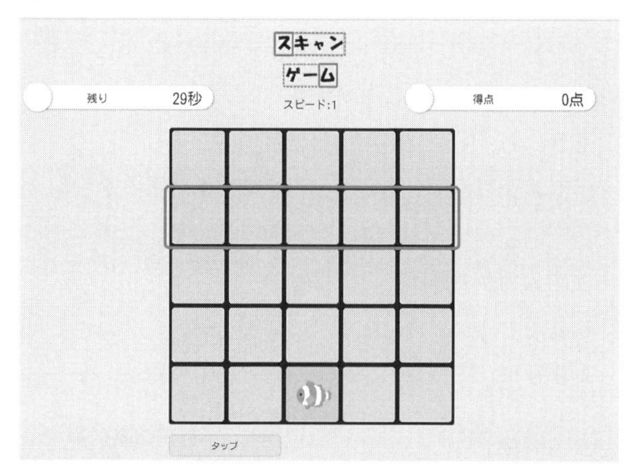

▶スキャンゲーム

学習課題

① インターネットで書くこと等に関する支援機器を探し，「障害の状態（困難さ）」，「学習上のねらい」，「支援機器の特徴・機能」，「効果」を観点に，支援機器の利用方法を発表しあいましょう。

② 1つの支援機器を取り上げ，その支援機器の利用方法を，「障害の状態（困難さ）」，「学習上のねらい」，「支援機器の特徴・機能」，「効果」を観点に，発表しあいましょう。

引用・参考文献

新谷 洋介・金森 克浩・大杉 成喜・田中 栄一・田代 洋章・福島 勇・伊藤 文子（2023）．AT（アシスティブ・テクノロジー・スポーツ）スポーツ大会の実施とゲームの試作，日本教育情報学会年会論文集，**39**，155-158.

文部科学省（2020）．教育の情報化に関する手引―追補版―（令和２年６月）第１章

棟方 哲弥（2012）．アシスティブ・テクノロジーの定義――その１：米国のIDEAから，国立特別支援教育総合研究所，メルマガ連載記事「特別支援教育に役立つアシスティブ・テクノロジー」第１回

21st Century Assistive Technology Act，2022
https://ataporg.org/wp-content/uploads/docs/at-act-info/rom22634.pdf

第13章
重度重複障害のある子どもとのコミュニケーション

坂口しおり

障害の重い子ども（重度重複障害児）の多くは，発語や身振りサインといった伝達行動や働きかけへの反応が不明瞭であるため，彼らに対してはコミュニケーション関係構築や発達支援が難しい，と見られがちである。しかし，支援者のコミュニケーション感度の向上や，健常児発達と照らしての発達程度の理解を踏まえることで，彼らとの良好なコミュニケーション関係構築や，効果的な支援が可能となる。

本章では，支援者のコミュニケーション感度向上に有効なインリアル・アプローチの考え方と，発達支援シートを活用した実際のコミュニケーション評価場面を紹介すると共に，障害の重い子どもへのコミュニケーション支援の基礎となる考え方を述べ，支援の方向性について考えていく。

1　障害の重い子どもとは

重度重複障害，という言葉がある。重度重複障害児の定義は明確ではないが，一般には，①盲・聾（ろう）・知的障害・肢体不自由・病弱の各障害が二つ以上ある（重複障害），②精神発達の遅れが著しく，ほとんどことばをもたず，意思の交換や環境への適応が非常に困難で，日常生活では常時介護（看護）を必要とする，③破壊的な行動，多動傾向，異常な習慣，自傷行為，自閉性などの問題行動が顕著で常時介護を要する，といった様子の子どものことを言う。（「障害の重い子どもに対する学校教育の在り方について（報告）」（『文部省特殊教育の改善に関する調査研究会・1975（昭和50）年』）より）

重度重複障害児は，障害が重複しているだけでなく，精神発達または行動上の障害が重い子どもであり，教育をする時には，最も支援や配慮が必要となる。

この本では，重度重複障害の子どものことを，「障害の重い子ども」と言い換えて説明していく。

2　障害の重い子どもと接するにあたって

（1）まずはゆったりと

多くの場合，障害の重い子どもと初めて接する人は，「この子どもは何がわかるのだろう？」「どうやって関わるべきなのか？」「私のことをどう思っている？」「体を壊したらどうしよう」と，いろいろな思いを抱く。

「おはよう」と声をかけても反応が弱い，表情の変化が乏しい，といった様子があると，「私の働きかけに応えてくれたのか？」と不安になる。身振りサインが少なく，アイコンタクトや，笑い合う，といった行動が見られないと，「やりとりすることが難しい」という印象を受ける。音がする方を向く，差し出された物を見る，欲しいものに手を伸ばす等の対象に関心を向けているような行動が少ないと，「何に興味があるのだろう」とその子どもの気持ちを理解する手がかりが得られず，焦りを感じるだろう。

でも，お母さんや慣れた人は，「子どもたちはしっかり応えている」と思っていることはよくあり，「頭を横に振ったから，この子は嫌だと言っています」「口をパクパクしているので，食べたがっています」「手をこうやって触っても大丈夫です，痛い時は目を見開きますから」と，生活の中で子どもの小さな動きを読み取り，嫌だ，欲しい，痛い，とその意味を見出し，対応している。

障害の重い子どもの行動は小さく，必ずしも安定していないため，慣れていない人は，「どの行動を見たらよいのか，何が意味のある行動なのか，そもそもどう接したらよいのか」，と迷うことも多いだろう。

そう言った時は，まずは子どもをよく観察し，「こうした時にはこんな表情をする」と場面や状況の中で，その子どもの行動を丁寧に読みとっていくとよいだろう。1か月もすると，「ゆっくりと声をかけて数秒待つと，支援者の方に顔を向ける」「うちわで風を送ると笑う」「支援者の腕に頭がもたれかかるように抱くと，表情が緩む」とわかってくることが多い。

表13-1　SOUL

Silence（静かに見守ること）	子どもが場面に慣れ，自分から行動が始められるまで静かに見守る。
Obsevation（よく観察すること）	何を考え，何をしているのか，よく観察する。コミュニケーション能力，情緒，社会性，認知，運動などについて能力や状態を観察する。
Understanding（深く理解すること）	観察し，感じたことから子どものコミュニケーションの問題について理解し，何が援助できるか考える。
Listening（耳を傾ける）	子どものことばやそれ以外のサインに十分耳を傾ける。

（2）子どもの動きに合わせて――SOULの姿勢で

特に，大人に自ら働きかけること少ない障害の重いこどもを前にすると，多くの支援者は，「自分から何かしなければ」という気持ちになり，何らかの働きかけをしがちである。

「名前を呼ぶ，手を握る，話しかける，歌う，くすぐる，手遊びをする」，「子どもの行動を引き出すために，快の反応を引き出すために～をする」，と子どもの反応が弱ければ弱いほど支援者は積極的に子どもに働きかけていく傾向がある。

関係を保つためには「支援者の側が子どもに働きかける→子どもが反応する」といったやりとりは必要なのかもしれない，でも，こういった支援者主導の働きかけに慣れてしまうと，子どもの側は「働きかけを待っていればいい」と受け身であることに慣れ，本来できたはずの行動をしなくなることもある。

コミュニケーション・アプローチのひとつにインリアル・アプローチがある。

インリアル・アプローチ（竹田・里見，1994）では，子どもとの出会いにおいて，SOULの姿勢を重要視している。SOULの姿勢（表13-1）とは，まずは子どもを静かに（Silennce）観察（Observation）し，子どもの行動を理解し（Understanding），子どもの声に耳に傾け（Listening）ていくことであるだろう。

SOULの姿勢で子どもと向き合い，子どもからの発信を待つことが大切である。

支援者が自分を静かに見守り続けていると，子どもの多くは，何が起きたのかを観察するように周囲に注意を向け，自分から発信しようと努力し始める。子どもからの発信があったら，それに合わせて答えていくと，新しいコミュニケーションが生まれることがよく見られる。

子どもとの関係が安定してきたら，次は「何を支援すべきか」を考えていく。健康，医療，心理的安定といった学習の基盤となる内容に加え，感覚や動きの獲得，コミュニケーション，認知など「発達を促す学習」を行っていく。

3　障害の重い子どものコミュニケーション評価

（1）発達評価シート

子どもたちは生活場面で多くの内容を，順を追って獲得していく。首が座るのが３ヶ月，物の永続性や人の意図の読み取りは６ヶ月すぎ，10ヶ月になると社会的な身振りで要求し，１歳になると話したり，歩いたりし始める，というように，発達初期の学習は多くの子どもが，同じ時期に，同じ順番で獲得していく。

筆者はコミュニケーション支援を長年担当する中で，赤ちゃんの発達を参考にして，障害の重い子どものつまずきやすい課題を整理し，わかりやすい環境の中で学習を促してきた。

そして，つまずきを克服し，本来の力を発揮する子どもを何人も見てきた。

拙著『障害の重い子どものコミュニケーション評価と目標設定』（坂口，2006）では，赤ちゃんの発達を参考に，発達評価シートを提案している。

表13-２，13-３にあるように，発達評価シートは主に６つの視点（人への志向，物への志向，理解，表出，認知発達，学習の基礎，好む遊び）と，６レベル（０～２ヶ月，２～４ヶ月，４～６ヶ月，６～10ヶ月，10～12ヶ月，12～１歳４ヶ月）で構成している。そして，コミュニケーション支援を内言語（考えることば）獲得の支援と捉え，認知，運動，視覚，聴覚といった面も含めて見ていく。

表13-2　6つの視点

志向性	人への志向	人への興味や関心
	物への志向	物への興味や関心
理解		ことばや身振り，場面の理解
表出		ことばや身振り等の表出
認知発達	物の永続性・記憶する力	ことばや出来事を記憶する力
	因果関係・手段—目的関係	世の中の規則性を理解する力
学習の基礎	集中力・注意力・学習意欲	新しいことを学ぼうとする力
	問題解決力・持続力	現状を良くし続けようとする力
好む遊び	好む遊び	興味・関心の方向性

表13-3　6つのレベル（おおよその発達の段階）

	発達の目標・代表的な行動
12～1歳4ヶ月	ことばと身振りで意図を伝える。一語文を話す，ことばを聞くと行動できる，正しい行動をしようとする。歩く。
10～12ヶ月	社会的な身振りで意図を伝える，ことばがわかる，ことばに近い発声をする，大人の真似をする。
6～10ヶ月	人の意図に気づく，行動の前後に人に視線を向ける，物に積極的に関わろうとする。隠れたものを見つける。ハイハイをする。寝返りをする。座る。
4～6ヶ月	人と物の両方に視線を向ける。目の前にある物は触りたがる。うつ伏せ姿勢をとる。
2～4ヶ月	周囲よく見る，人と目を合わせる，声で周囲に訴える。身近な物を触る。自分の手を見る，首が座る。
0～2ヶ月	快・不快を感じ，それを解消しようとする。泣く，笑う。

（2）実際の評価（オルゴールの音が止まったらどうするのか）

ここでは，Aさんに協力していただき，筆者が行なっている支援を紹介する。

コミュニケーション評価は静かな部屋で行い，基本的には支援者が子どもの横に座る。評価にあたっては，事前に保護者の了解を得て，生活場面の観察，注意事項等の聞き取りを行い，体調を見ながら行う。

ここではオルゴールを使い，オルゴールが止まった時に，Aさんがどのような反応を示すのかを見ていく。

いわゆる健常な子どもは，オルゴールが止まるとオルゴールを大人に手渡して鳴らすように要求したり（10ヶ月位），大人の方を見て，「また鳴らして」と言うように声を出したり（8ヶ月位），支援者とオルゴールを見比べたり（6ヶ月位）する。

◀使用したオルゴール

①「いい音ね」と言ってオルゴールを机の真ん中に置く。
　Aさんは，じっとオルゴールを見ている。

評価の観点
・オルゴールを見る。
・見続ける。

②オルゴールが止まり，支援者が「どうする？」と言うと，しばらくオルゴールを見ていた。

③支援者が何も言わずに近くで見ていると，考えたように笑い，オルゴール

を支援者の方に押した

評価の観点
・支援者を見る。オルゴールを見る。
・支援者とオルゴールを見比べる。
・支援者に声を出す，触る。
・オルゴールを手渡す，指差す

評価：Aさんは，机の上にあるオルゴールに視線を向けて見続けていた。音楽が止まるとしばらく考えるように動きを止め，オルゴールを見続けていた。支援者が何も言わずに待っていると，オルゴールを支援者の方向に押し出したことから，オルゴールから音が鳴っている，支援者がオルゴールを鳴らす，といったことは何となくわかっているようだった。ただ，自らのオルゴールを支援者の方に押し出す行動はオルゴールが止まって1分以上経ってからであり，支援者が行動するのを待っているようだった。

（3）評価のポイント

実際に障害の重い子どもを評価してみると，「いつもではないけれど，できる時もある」「障害によって達成は難しいけれど，本当は理解している」と，「○（できた）かな，△（惜しい）かな」と評価に悩むことがよくある。そうした時には，△とする。△をつけるのは，「潜在的には達成する力がある」，「あと少しで，獲得しそうな様子が見られる」「できる時とできない時がある」といった様子が見られた時が多く，△の項目は，「適切な支援を行えば○になる可能性が高い」ことを示している。そして，何故△と判断したのかを具体的な行動で考えていく。たとえば今回は，「オルゴールが止まってしばらくは動かなかった，少し経ってから考えたようにオルゴールを支援者の方向に押し出したが，しっかりとは渡さなかった，だから△」と考える。

通常の場面では，Aさんはしてほしいことがあっても，待っていて自ら支援者に働きかけることは少ない様子があった。

今回は,「A さんが行動を起こすまで支援者は待つ」ことがポイントとなる。多くの場合, オルゴールが止まって A さんがオルゴールを見ていたら,「鳴らしてほしいのだ」と A さんの意図を察し, 支援者がすぐにオルゴールを持ち上げて音を鳴らすことが多い。そのため, A さんは潜在的にはオルゴールを支援者の方向に押し出すことができる力があっても, 通常の学習や生活場面では自ら行動せず, 次に誰かが行動を起こすのを待つようになったと予想できる。そのため, 結果として自ら支援者に働きかけることがないように見えていた。コミュニケーション評価場面では, 意図的に支援者がすぐには応答しないようにして,「意図を実現するために, A さんはどのような行動を取るのか」を丁寧に観察していく。

(4) 支援の結果と考察

今回の評価場面のように, A さんの「鳴らしてほしい」という意図を理解していても支援者は A が行動するのを待つ, と言うことを意図的にくり返していくと, A さんは「オルゴールを支援者に渡す方が鳴らしてもらうためには早道」と理解し, そういった場面では自ら行動するようになることが期待できる。

実際に今回の A さんも回を重ねる毎に, オルゴールが止まるとすぐに支援者の顔を見て声を出したり, 手渡すようにオルゴールを支援者の方に押し出したりするようになっていった。そして, 日常のさまざまな場面でも, 支援者に伝えたいことがある時, 支援者の方を向いて声を出したり, 支援者の方に手を伸ばしたりすることが多くなった。

コミュニケーション手段は, 意図がうまく伝わらない時に, 自ら意図を実現する方法を考えることで高まっていく。今回のような「意図的に支援者が子どもの動きを待って潜在的な力を見極める場面」の設定はとても大切と考える。

また, 支援の場面で次の行動につながるヒントを示すこと, たとえば,「先生, オルゴールならそうか」と言って支援者が自分を指差しながら A さんの顔を覗き込んで「先生に頼むと良い」, ことをわかりやすく伝えることも効果的である。

4　コミュニケーション支援を支える

（1）発達を促す学習——感覚や動きの支援

障害の重い子どもの支援では，「抱っこ，揺さぶり，歌，紙破き」といった感覚遊び的な内容が多くなされる。発達を促す上で，感覚を育て，全身に働きかける活動は重要となる。

赤ちゃんは，抱っこや揺さぶりが大好きで，成長するにしたがって，砂遊びやかけっこ，ダンス，すべり台と，とにかく身体を動かそうとする。

子どもの脳は急激に発達していく。脳の発達には体を通したさまざまな刺激が必要と言われ，子どもたちは遊びを通してさまざまな刺激を整理し，体や動きのイメージを作っていく。

障害の重い子どもの多くは，入院生活が長い，てんかん等で無理ができない，体を動かしにくいといったさまざまな理由で，十分な刺激を受けないまま入学してくる。多くの学校でなされる感覚遊びは，子どもたちにたくさんの刺激を与え，「持ち上げる」「飛ぶ」「熱い」といった感覚，「気持ちよかった」「疲れた」「楽しい」といった感性を育てていく。

感覚統合を参考に，５つの感覚刺激を表にしてみた。「豊かな感性を育てる」ためには，どういった感覚や動きを育てていくべきかを整理し，計画的に支援していく必要があると考える。

（2）規則性の学習

感覚刺激遊びを通し，子どもたちは感覚や感性を育てていく。そういった活動と共に，子どもたちは生活に関するさまざまな情報，たとえば「カーテンを触るとヒラヒラする」，「リモコンを押すとテレビが映る」といったことを体験する中で，周囲の環境の規則性「～をしたら，～になる」（因果関係と呼ばれます）を理解し，規則性がわかると，「カーテンを揺らすためにカーテンに手を伸ばす」「テレビを見るためにリモコンを押す」「～をするために，～をしよう」（手段—目的関係と呼ばれます）と積極的に周囲に働きかけていく。

表13-4　さまざまな感覚刺激

☆さまざまな感覚刺激
・聴覚（聞いて楽しむ）…さまざまな物の音や人の声・ことばの変化を感じる感覚。
・視覚（見て楽しむ）…さまざまな物や人の動き，場面，光や影，明暗の変化を感じる感覚。
・前庭覚（揺れや回転を楽しむ）…体に揺れやスピード感，傾きを感じる感覚。
・触覚（触って楽しむ）…触ったり，触られたりすることを感じる感覚。
・固有受容覚（力の入る感じを楽しむ）…筋肉の圧迫感や引き伸ばされた感じの感覚。

拙著『絵で見ることばと思考の発達』（坂口，2023）でも紹介しているように，赤ちゃんは主に目と手を使って周囲に働きかけ，周囲の規則性を学習していく。障害の重い子どもの多くは初期の発達段階でつまずきますが，その理由は「その子どもの理解する力の乏しさ」よりむしろ，「赤ちゃんが行う学習のできにくさ」にあるように思う。

手を自由に使えない，見る力が弱い，学習姿勢を保持できないといった場合，周囲の規則性に気づき，働きかけ，理解することは著しく困難となる。学習しやすい環境を設定し，姿勢を作り，つまずきの整理と手助けを丁寧に行っていくことが必要と考える。

（3）丁寧な支援

子どもたちは周囲の規則性を学びながら学習を進める。支援を行うときは，「何を子どもに学ばせたいのか」を明らかにし，それを実現するために，「どういった弱さ」があり，「どのように支援すれば子どもはそれを理解できるのか」を考えていく。

子どもたちが規則性を理解できるように，「何を理解させるのか」「どうやって理解させていくか」を考え，わかりやすく，学習するところを明確に示し，確認していく，といった支援を検討していく必要がある。

筆者は，障害の重い子どもであっても，健常な子どもと同様の発達を遂げる，と考えるが，初期の発達のつまずきは，かなり丁寧な支援を必要とする。

「好きな遊びを繰り返す」→「要求を伝える」となるためには，子どもの中で，「楽しい」→①「もっとやりたい（意欲）」→②「でもできない，どうしたらできるのだろう（方法を考える)」→③「大人が私の近くにいる（気づく)」→④「大人の顔を見てみよう（探索する)」→⑤「大人が手を挙げているから私も挙げよう（真似る)」→⑥「活動が繰り返された（効果を生んだ)」→⑦「この人に向かって手を挙げると，楽しい活動がまたできるのかもしれない(関係性を予測する)」→⑧「終わったら，この人を見て手を挙げてみよう(目的を実現する)」といったことに気づき，何回か繰り返して「私のしたいこと」→「この人に手を挙げるとよい」の関係を理解すると，「遊びを繰り返してほしい時には，要求を「視線＋身振り」で大人に伝えるとよい」と学習し，多くの場面で使える手段となる。

（4）規則性の学習の前提となるもの

規則性の理解には，最初から最後まで見続ける目，周囲へ働きかける手が必要だが，障害の重い子どもの多くは，目や手を使うことが得意でないことが多い。

目が合わないと，「目を合わせたくない」と捉えられがちだが，見る力が弱ければ「相手が自分を見ている」と気づかず，目を合わせる楽しさを知らないこともある。

見る力は学習によって獲得され，うつぶせやお座りといった姿勢をとりながら視線を下向きに安定させ，目の自由な動きを学習する。
赤ちゃんが行う，「手を顔の上にかざす行動や，うつ伏姿勢は」，手を振り上げる，手首に体重をかける，といった，持つ，投げる動きの基礎となる。

見る力，持つ力，学習姿勢の獲得への取り組みは計画的に行うべきであり，特に神経系の発達が盛んな小学生の時期から積極的に取り組む必要がある。

（5）学習場面の設定

規則性の学習には，集中力も必要となる。おもちゃをいじっている時の赤ちゃんは，大真面目な顔で，周囲の動きを気にすることなく取り組んでいる。
障害の重い子どもの支援が個別室で行われる場面はあまり見ないが，週に1回，30分でも，静かな落ち着いた部屋で学習する時間を作り，「今，起きているこ

表13-5　要求を伝えるためのステップ

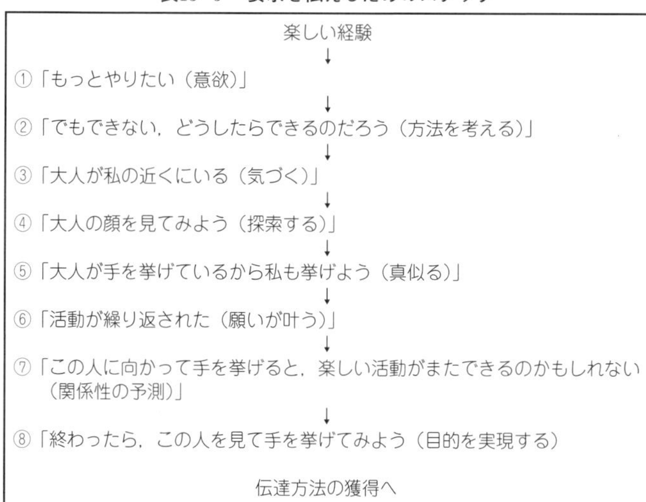

楽しい経験

↓

①「もっとやりたい（意欲）」

↓

②「でもできない，どうしたらできるのだろう（方法を考える）」

↓

③「大人が私の近くにいる（気づく）」

↓

④「大人の顔を見てみよう（探索する）」

↓

⑤「大人が手を挙げているから私も挙げよう（真似る）」

↓

⑥「活動が繰り返された（願いが叶う）」

↓

⑦「この人に向かって手を挙げると，楽しい活動がまたできるのかもしれない（関係性の予測）」

↓

⑧「終わったら，この人を見て手を挙げてみよう（目的を実現する）

伝達方法の獲得へ

と」，「～をしたら，～になった」「確かめてみよう」を考える機会を用意していていくことをしていきたい。

学習課題

① インリアル・アプローチには言語心理学的技法があります。具体的にどんな技法なのかを調べ，書いてみましょう。また，なぜ技法が有効なのかを考えてみましょう。
② 障害の重い子どもが要求を伝えるためにはどのようなステップが必要となるかを考え，子どもの気持ちを考えながら，書き出してみましょう。

参考文献

竹田 契一・里見 恵子編著（1994）．インリアル・アプローチ――子どもとの豊かなコミュニケーションを築く――　日本文化科学社

坂口 しおり（2006）．障害の重い子どものコミュニケーション評価と目標設定（コミュニケーション発達支援シリーズ）　ジアース教育新社

坂口 しおり（2023）．絵で見ることばと思考の発達（コミュニケーション発達支援シリーズ）　ジアース教育新社

Ⅳ　肢体不自由のある子どもの生活

第14章

肢体不自由者の就労と地域生活

太田容次

本章では，肢体不自由者の特別支援学校卒業後の就労の実態及び地域生活を送るための学校段階で必要となるキャリア発達を促す指導・支援の取り組みについて概説する。キャリア教育は，肢体不自由や併せ有する障害等の程度や種類等にかかわらず，すべての児童生徒に全教育活動を通して実施される取り組みである。人から決められて生きるのではなく自分らしく当たり前の生活を送るための取り組みを事例（仮）を基に考えたい。

1 地域で働き当たり前の生活を送るために

文部科学省（2022）による学校基本調査令和4年度においては，特別支援学校で学ぶ肢体不自由と重複障害など何らかの肢体不自由がある幼児，児童，生徒は3万705名であり，特別支援学校在籍者数の21％である。また，特別支援学校中学部卒業者で肢体不自由のある生徒1,468名のうち，1,435名（97.8％）は高等学校等進学者であり，その他は社会福祉施設等入所，通所者等である。

同様に特別支援学校高等部では，大学等進学率2.8％，大学・短期大学の通信教育部への進学者を除く進学率2.1％，専修学校（専門課程）進学率0.4％であり，就職者の割合3.6％，社会福祉施設等入所，通所者の割合84.2％，その他（不詳・死亡の者）2.8％となっている。表14-1は，特別支援学校高等部（本科）卒業後の状況（国・公・私立計）（文部科学省，2020）であり，特別支援学校全体と肢体不自由のある生徒が学ぶ特別支援学校の卒業後の状況を筆者が抜粋したものである。集計の対象となっているのは平成30（2018）年3月卒業者であるが，社会福祉施設等入所，通所者の割合や進学者の割合などは2022年と同様の傾向がみられている。社会福祉施設等の利用者においては，2018年及

表14-1　特別支援学校高等部（本科）卒業後の状況（国・公・私立計）

区分	卒業者（人）	進学者（人）	教育訓練機関等入学者（人）	就職者（人）	社会福祉施設等入所・通所者（人）	その他（人）
計	21,657	427 2.0%	342 1.6%	6,760 31.2%	13,241 61.1%	887 4.1%
肢体不自由	1,841	43 2.3%	47 2.6%	111 6.0%	1,575 85.6%	65 3.5%

※進学者は，大学（学部），短期大学（本科），大学・短期大学の通信教育部及び放送大学（全科履修生），大学・短期大学（別科），高等学校（専攻科）及び特別支援学校高等部（専攻科）へ進学した者の計。
※教育訓練機関等は，専修学校（専門課程）進学者，専修学校（一般課程）等入学者及び公共職業能力開発施設等入学者の計。
※社会福祉施設等入所・通所者は，児童福祉施設，障害者支援施設等及び医療機関の計。
※その他は，家事手伝いをしている者，外国の学校に入学した者，進路が未定であることが明らかな者及び不詳・死亡の者等の計。
※上段は人数，下段は卒業者に対する割合。四捨五入のため，各区分の比率の計は必ずしも100% にならない。
出典：文部科学省「学校基本統計」(2020).

び2022年ともに85% 程度の利用を占めている。全体（計）の社会福祉施設等の利用との比較では20% 以上多い割合である。進学等は全体（計）との比較で１% 程度多い。それに対して，就職者は2018年6.0% で，2022年3.6% と減少傾向がみられる。

肢体不自由のある生徒の卒業後の状況として，中学部卒業者の多くは特別支援学校高等部や高等学校等へ進学している。高等部卒業者のうち進学者は2018年と2022年で大きな変化はなく，社会福祉施設等利用者も同様の利用割合がある。それに対して，就職者が半数近くに減少している。

これまで述べてきた卒業後の状況から日常の生活を考えると，特別支援学校教諭免許状取得を目指し教職を目指す者として，肢体不自由のある児童生徒を，肢体不自由の起因疾患となる病理面及び生理面の特徴やそれらの相互作用，感覚機能や知能の発達，認知の特性などを理解するだけでいいのだろうか。本書「Ⅲ　コミュニケーション」で述べた個に応じたコミュニケーション支援による QOL の向上でとどまっていいのだろうか。これでは支援機器の活用が目的になるのではないか，本来はその人らしい働きと生活を実現するための支援技術（アシスティブ・テクノロジー）の活用なのではないかと考える。

2　肢体不自由者にとってのキャリア発達

特別支援学校教育要領・学習指導要領解説総則編（幼稚部・小学部・中学部）（文部科学省，2018）において，第5節　児童生徒の調和的な発達の支援　1　児童生徒の調和的な発達を支える指導の充実の中で，（3）キャリア教育の充実が以下のように述べられている。

> （3）児童又は生徒が，学ぶことと自己の将来とのつながりを見通しながら，社会的・職業的自立に向けて必要な基盤となる資質・能力を身に付けていくことができるよう，特別活動を要としつつ各教科等の特質に応じて，キャリア教育の充実を図ること。その中で，中学部においては，生徒が自らの生き方を考え主体的に進路を選択することができるよう，学校の教育活動全体を通じ，組織的かつ計画的な進路指導を行うこと。

たとえば，学校等でICTを活用して学ぶ行為，その活動自体が目的になったり，アシスティブ・テクノロジーの活用が目的になったりするのではなく，教員は子どもが自分の将来とのつながりを見通すことができるように，「社会的・職業的自立に向けて必要な基盤となる資質・能力を身に付けていくこと」を目指し，キャリア教育の充実を教育活動全体で図ることが求められている。ここではそのために具体的な方法等は述べないが，教員の中に「キャリア教育」に対する未知からの拒否感は少なくなっているが，「キャリア教育＝進路指導」との誤解もあり，特に小学部において体系的に行われていないという課題もある。一方で「将来の夢を描くことばかりに力点が置かれ，『働くこと』の現実や必要な資質・能力の育成につなげていく指導が軽視されていたりするのではないか，といった指摘もある。」（文部科学省，2018）とのことである。

文部科学省（2006）は，小学校・中学校・高等学校キャリア教育推進の手引きの中で，「キャリア発達」について，「発達とは生涯にわたる変化の過程であり，人が環境に適応する能力を獲得していく過程である。その中で『キャリア発達』とは，自己の知的，身体的，情緒的，社会的な特徴を一人一人の生き方

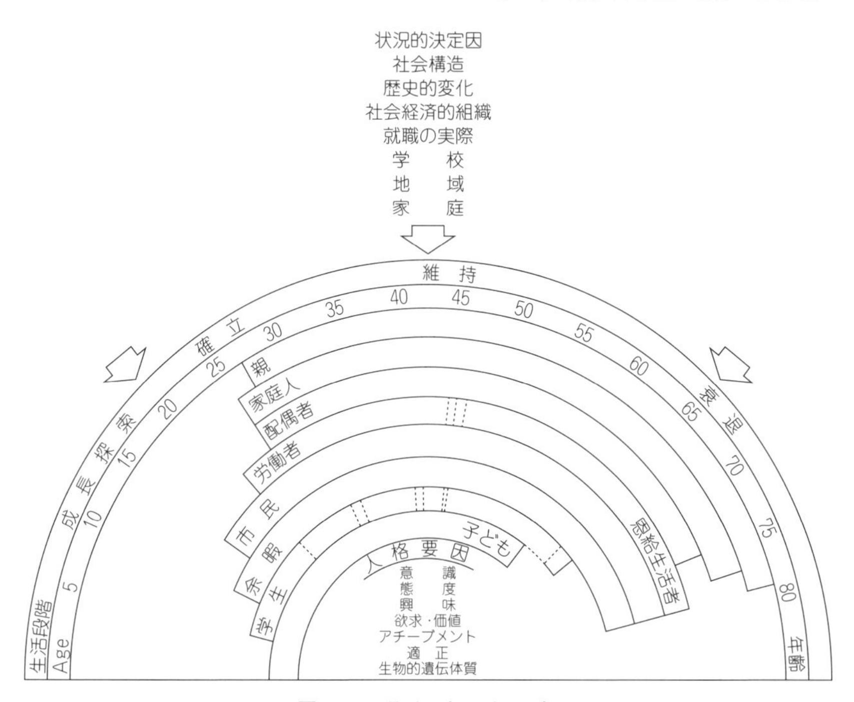

図14-1　ライフキャリアの虹

出典：Super（1980）.

として統合していく過程である。」と定義づけている。つまり，学んで終わりではなく，学んだことを自分の生き方としてどのように生かせるかを考えていくことが重要で，過去，現在，将来の自分を考えて，社会の中で果たす役割や生き方を展望し，実現することがキャリア発達の過程であるとしている。

同手引きの中でキャリア発達を理解するために「ライフキャリアの虹」（図14-1）を紹介している。

ライフキャリアの虹（Super, 1980）では，生活段階は「成長」「探索」「確立」「維持」「衰退」の5段階に区分されている。生活役割は「子ども」「学生」「余暇」「市民」「労働者」「恩給生活者」「配偶者」「家庭人」「親」の9つに区分して図式化されて例示されている。ライフキャリアの虹でスーパー（Super, D. E.）が示しているように，生活年齢を重ねる段階で5つの段階があり，成長～衰退と生涯にわたる段階が変化していくことがわかる。また，生活での役割も子どもから始まり，９つの役割が年齢や状況の変化に従って変化し，重なっていくことが示されている。それは人格要因として「意識」「態度」「興味」「欲求・価値」「アチーブメント（業績・獲得・成績など）」「適性」「生物的遺伝体質」が示されているが，十人十色という言葉があるように，一人一人違いがある要因である。肢体不自由のある子どもといっても，その起因疾患となる病理面や心理面，生理面の特徴が一人一人違うのと同様である。

ライフキャリアの虹は，働くという面からの「ワークキャリア」だけでなく，「ライフキャリア」として自己の「在り方」「生き方」を自分で考え，周りとの関係の中でより良い選択・決定ができることが必要であると示唆している。これは，肢体不自由のある人の地域での生活と働くことを含めた人生全体への支援が重要であることを示していると考えられる。その際に大切なのは，自己の「在り方」「生き方」を自分で選択・決定できるような主体的な学びが必要であるということであろう。

そのためのヒントとなる考え方に基づくツールを図14-２に示す。これは，PATH と略され，Planning Alternative Tomorrow with Hope（希望に満ちたもう一つの未来の計画）のことであり，「PATH では，障害のある人本人と，関係のある多くの人が一堂に会して，障害のある人の夢や希望に基づきゴールを設定し，そのゴール達成のための作戦を立てる」（干川，2002）ことを目指している。このツールを使うことで，先に述べた「夢ばかりで実現可能なものとならず，そのための学びもない」との批判も起こらない。その簡単な段階を示すと，自分の夢を「１．北極星」とし，希望の一番星を実現するための「２．ゴール」を設定する。その上で「３．いま」を確認し，「４．必要な人」「５．必要な力」を知り，確認する。その上で「６．近い将来の行動」「７．１か月後の作業」「８．初めの一歩」と具体的に行動目標を可能な事項で本人と保護者，関係者も含めて話し合い具体的に行動することになる。肢体不自由のある子どもであれば，支援の内容も一人一人違い，進め方も違ってくると考えられる。

さらに現在はキャリア・パスポートとして，さまざまな取り組みが行われているが，こうしたツールの活用が目的ではなく，本人の考えた「在り方」「生き方」を実現するための学びやカウンセリング等の対応，さらにはキャリア・

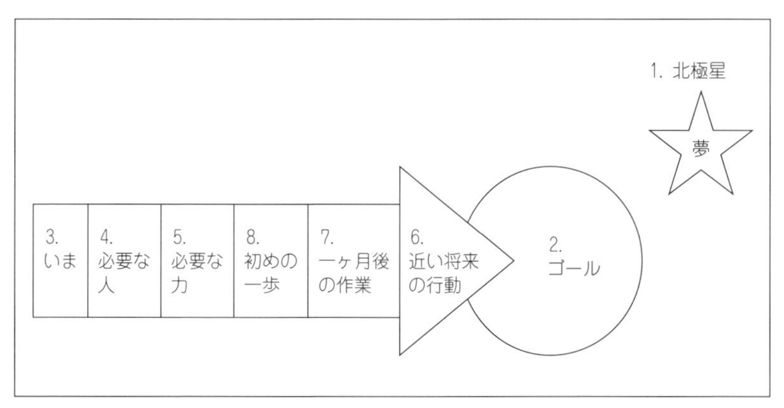

PATHのステップ
1. 北極星(夢)にふれる(夢や希望について語ること)
2. ゴールを設定する･感じる
3. いまに根ざす(どこに私･私たちはいるのか)
4. 夢をかなえるために誰を必要とするのか
5. 必要な力を知る(必要な力とそれを増す方法は？)
6. 近い将来の行動を図示する
7. 一ヶ月後の作業を計画する
8. 初めの一歩を踏み出す

図14-2　PATH（Planning Alternative Tomorrow with Hope）の概要図

出典：Pearpoint, O' Brein, & Forest（2001）を参考に涌井（2009）が作成.

パスポートを含む個別の教育支援計画等の活用が必要であろう。

キャリア・パスポートについては，学習指導要領等に示されているキャリア教育の充実の観点から「キャリア・パスポート」の目的が次のように整理されている（文部科学省，2019)。

> 小学校から高等学校を通じて，児童生徒にとっては，自らの学習状況やキャリア形成を見通したり，振り返ったりして，自己評価を行うとともに，主体的に学びに向かう力を育み，自己実現につなぐもの。
>
> 教師にとっては，その記述をもとに対話的にかかわることによって，児童生徒の成長を促し，系統的な指導に資するもの。

また，定義については，「学習指導要領及び学習指導要領解説特別活動編から『キャリア・パスポート』の定義を次のように整理する。」としている。

> 「キャリア・パスポート」とは，児童生徒が，小学校から高等学校までのキャリア教育に関わる諸活動について，特別活動の学級活動及びホームルーム活動を中心として，各教科等と往還し，自らの学習状況やキャリア形成を見通したり振り返ったりしながら，自身の変容や成長を自己評価できるよう工夫されたポートフォリオのことである。
> なお，その記述や自己評価の指導にあたっては，教師が対話的に関わり，児童生徒一人一人の目標修正などの改善を支援し，個性を伸ばす指導へとつなげながら，学校，家庭及び地域における学びを自己のキャリア形成に生かそうとする態度を養うよう努めなければならない。

神奈川県（2020）は，特別支援学校及び特別支援学級の児童・生徒を対象にしたキャリア・パスポートの活用について，図14-3のとおり示している。

重度化・重複化が進む特別支援学校の児童・生徒の実態から「児童・生徒自らが活動を記録することが困難な場合などにおいては，『キャリア・パスポート』の目的に迫る観点から，児童・生徒の障がいの状態や特性及び心身の発達の段階等に応じた取組や適切な内容を個別の教育支援計画や個別の指導計画に記載することをもって『キャリア・パスポート』の活用に代えることも可能としています。」（神奈川県，2020）と述べており，多様な実態に応じた取り組みや活用を求めている。重要なのは障害等が重度だからキャリア教育などは不要と決めつけるのではなく，自分の在り方や生き方を考え，自己選択や自己決定する取り組み等は必要で，キャリア・パスポートの目的に沿った取り組み等の情報を労働段階（大学等，企業，福祉施設）に引き継ぐことによる一貫した支援が重要であるとしている。

3　肢体不自由者の働く生活の実際

ここまで肢体不自由のある児童・生徒の特別支援学校（肢体不自由）卒業後の状況と肢体不自由のある人のキャリア発達について述べてきた。ここで，2人の事例（仮）を紹介し，さまざまな状況で働く生活を紹介したい。

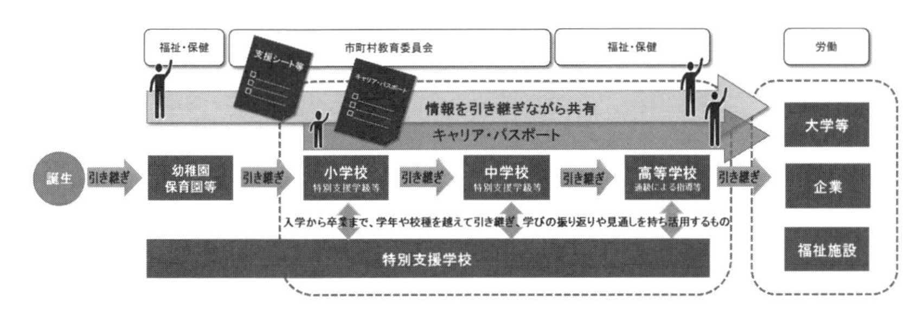

図14-3　特別支援学校及び特別支援学級におけるキャリア・パスポートの活用

出典：神奈川県（2020）.

（1）障害福祉サービス（生活介護）を利用しているＡさんの事例（仮）

Ａさんの肢体不自由の状態等は以下のとおりである。

【障害に関する基礎的な情報】

- 出生時仮死分娩で脳性まひと診断された。保育所と児童発達支援機関を並行して利用し，特別支援学校小学部に入学した。
- 脳性まひ（痙直型）により四肢まひがあり，立位は困難で，上肢下肢共に緊張が強い。
- 知的障害を併せ有しており，発語はない。保護者や支援者と目を合わせることはできたり，興味のある物を注視したりすることはできるが，視力等は不明である。
- 医療的ケアは実施していないが，食べ物等を飲み込む嚥下が困難で，特別支援学校では通常の給食を細かく刻み，かみくだく咀嚼の困難さを補っていた。食事は全介助が必要である。
- 車いすを利用している。移動は介助者の介助が必要である。
- 排泄はおむつを使用しており，全介助が必要である。

【発達の状態等に関すること】

- てんかんがあり，服薬管理と発作に備えての見守り，養護教諭や看護師との連絡・連携が常に必要である。
- 座位等の姿勢保持は可能だが，長時間になると保持が難しいため，姿勢保持のための背もたれやひじ置きなどが必要である。

- 基本的な生活習慣は確立しているが，四肢まひのため，場面に応じた介助が必要である。
- 発達検査は測定不能との結果である。
- 保護者やいつも接する支援者を見つめたり，訴えかけたりするような表情を見せる。Yes・No などの簡単な意思表示は表情で行っている。
- 棒スイッチの操作を腕で行うことで，スイッチの操作でおもちゃを操作して楽しむスイッチトイの操作が可能で，PC の画面上の選択やその先の意思表示が広がらないか特別支援学校在学中は模索していた。
- 情緒は安定しており，楽しい場面や活動ではにこにこしていることが多い。

■卒業後の生活への移行に向けて

A さんが卒業後の生活を自分らしく地域で送るために，保護者や特別支援学校，福祉事務所等の関係者との懇談を重ねてきた。また，A さんらしい生活が送れる日中活動を探るため，生活介護事業所や生活自立事業所での就業体験を重ねてきた。また，週末や介護する保護者が病気の場合などに短期間や夜間を含め入浴や排せつ，食事等の介護を行う短期入所（ショートステイ）や自宅での居宅介護（ホームヘルプ）も利用できるように就業体験時に体験することで卒業後も実際に利用可能とした。体験時の A さんと家族の様子を含めた本人の様子からの評価を保護者と共有し，個別の教育支援計画等に反映させた。さらに特別支援学校と保護者の個別の教育支援計画等を軸にした連携した指導・支援を途切れないようにするために，個別の指導計画や個別の教育支援計画の内容を抜粋した個別の移行支援計画を作成し，日中活動の場である障害福祉サービス生活介護事業所 B のコーディネータに情報の引き継ぎを行った。

特別支援学校卒業後の A さんの日中活動は，生活介護事業所 B で，入浴，排泄，食事の介護等を行うとともに，絵画や粘土を使った創作的活動や簡単な下請け作業などの生産活動を行っている。週末は家族と過ごすことが多いが必要に応じて居宅介護の支援サービスを利用している。

(2) 企業で就労しているCさんの事例（仮）

Cさんの肢体不自由の状態等は以下のとおりである。

【障害に関する基礎的な情報や発達の状態等に関すること】

- 二分脊椎症があり，出生直後に開いた脊椎管の細菌感染による脳脊髄炎などから守るため，閉鎖縫合手術を行ったが，術後も失われた神経機能は回復しなかった。下肢の運動まひ，皮膚感覚の欠如，尿意欠損した排泄困難（直腸膀胱障害）が残った。
- 就学前の幼児期に入院していた病院にて，尿意欠損対策のため2時間ごとの自己導尿の方法を習得し，時間管理等を含めて自立している。また，下肢の運動まひや皮膚感覚の欠如のための理学療法士からの指導によるリハビリも習得している。
- 就学時に知的発達に遅れ等はなく，小学校から中学校では特別支援学級（肢体不自由）に所属し，体育等の実技教科を除く多くの時間を交流学級である通常学級で過ごした。ただし小学校高学年より学年相当の学習が困難となり，特別支援学級で下学年対応の教科学習の時数を増やし学習を行った。
- 高等学校への進学に際しては，中学校特別支援学級担任と保護者を含めた本人との懇談をもち，個別の教育支援計画を基にした本人の願い（将来は職場で働く生活を実現し，家族と離れて自立したい。）を実現するために，特別支援学校（肢体不自由）への進学を決めた。

卒業後の生活への移行に向けて

Cさんは特別支援学校（肢体不自由）高等部に入学後，下学年対応の教科学習や作業学習，自立活動に取り組み，担任等との定期的なキャリアカウンセリングの際も，自分の学びと課題，就業体験での課題等を考え，キャリア・パスポートにまとめて記録していた。自分の学びを振り返り，自己理解した上で次の学習に向かい，学期ごとのカウンセリングの際に，次の課題を設定し，それに向かう姿がみられた。また，将来の家庭から離れ自立した生活の可能性を探るため，就業体験の際には車いすでも利用可能なグループホームを長期間利用して，グループホームから体験先の企業に通勤するという体験も行った。また，職業的自立をするために事務作業（主にワープロ等の技能）に関する県主催の作業技能検定を受検し，１級を取得している。太田（2018）によると都道府県単位で作業技能検定が実施されているのは25都府県であった。地域と学校，そして社会参加と自立に向けた主体的な学習に意欲的に取り組むことで企業担当者の高評価を得た証明である技能検定１級を取得し，Ｃさんは一般企業で事務職として雇用（障害者雇用枠）されることになった。特別支援学校卒業後も，就業・生活支援センターのコーディネータの支援を受けながら，グループホームから車いすでの電車通勤を送っている。休日は，特別支援学校の頃の友人と外出したり，食事をしたり楽しんでいるようである。

4　自分らしい生活を送るために

特別支援学校教諭免許状取得を目指す皆さんは，免許状取得後の生活や就労をどのように思い描いているだろうか。自分の趣味や楽しみ，家族とのライフプランなどを思い描き，その夢実現のために今何をすべきかを考えて取り組んでいることだろうと思う。たとえば，自分だけで課題解決できない場合は，大学の担当部署に相談したり，必要な教育サービスを受けたりすることだろう。これは，肢体不自由のある人も同じで，肢体不自由の他に障害等を併せ有している人とそうでない人で違いがあるわけではない。障害や発達等によって，自分の気持ちを表出したり，家族や自分にとって大切なキーパーソンと思いや願いを共有したり，困った時に相談したりする方法に違いはあろうが，ニーズは同じである。

特別支援学校卒業後の生活は，就労先として社会福祉施設利用者（障害福祉サービス利用者）が約85％となっていることは先に述べたとおりである。障害の重度・重複化が進んでいることも影響していることと思われるが，特別支援学校に在籍していたかどうかを問わず，肢体不自由のある人の自己選択・自己決定に基づく自己実現に向けた取り組みに対して，必要な支援を途切れることなく受けることが必要である。

たとえば，小・中学校在学時は特別支援学級（肢体不自由）に在籍し，教科等の学習時間のほとんどを交流学級で過ごし，キャリア・パスポートや個別の教育支援計画等に基づく懇談（キャリア・カウンセリング）で，自分の夢を実現させるために高等学校に進学した生徒がいたとする。キャリア・パスポート等を引き継ぎ，高等学校でもキャリア発達を促す指導・支援が継続できればいいのだが，大学や企業等へ引き継がれず，他の生徒と同様に進路先決定に終始したのではないかというケースは，筆者の周りで散見する。

障害の有無にかかわらず自分らしい生活を実現するための取り組みを進める上で，支援が必要な場合は，その人に必要な支援を受けることができるように，ライフキャリアの虹をイメージして，卒業後の長い生活の中で自分らしく生きられるように環境を整えること，何より自分のことを振り返り，それをふまえてすべきことが自分で考えられ，自分でできることと支援が必要なことを整理し，主体的な生活が自分らしく送れることを大切にしたいものである。

学習課題

① 肢体不自由のある人を対象に，ライフキャリアの虹を参考に，どのようなキャリア発達を支援する指導・支援が必要か考えてみましょう。
② あなたが（仮）事例の２人の担任だとすると，それぞれの生徒に対して，キャリア・パスポートの活用も含めた具体的な配慮事項と指導・支援の重点を考え，①と合わせて友達と意見交換してみましょう。

参考文献

干川　隆（2002）教師の連携・協力する力を促すグループワーク――PATH の技法を用いた試みの紹介――　知的障害教育研究部重度知的障害教育研究室　一般研究報告書「知的障害養護学校における個別の指導計画とその実際に関する研究（平成11年度～平成13年度）」，独立行政法人国立特別支援教育総合研究所，43-47.
神奈川県（2020）.「かながわ版キャリア・パスポート」リーフレット
https://www.pref.kanagawa.jp/docs/v3p/cnt/f537614/kyariarifretto.html（2023.9確認）.
文部科学省（2006）．小学校・中学校・高等学校キャリア教育推進の手引き――児童生徒一人一人の勤労観，職業観を育てるために――．
文部科学省（2018）．特別支援学校教育要領・学習指導要領解説総則編（幼稚部・小学部・中学部）．
文部科学省（2019）．「キャリア・パスポート」の様式例と指導上の留意事項，「キャリア・パスポート」例示資料等について
https://www.mext.go.jp/a_menu/shotou/career/detail/1419917.htm（2023.9確認）．
文部科学省（2020）．卒業者の進路状況（平成30年３月卒業者），９．卒業者の進路．
https://www.mext.go.jp/a_menu/shotou/tokubetu/013.htm（2023.9確認）．
文部科学省（2022）．障害種別学級数及び在学者数，学校基本調査令和４年度．
文部科学省（2022）．状況別卒業者数，学校基本調査令和４年度．
太田 容次（2018）．特別支援教育におけるキャリア発達を促す教育実践の動向――特別支援学校作業技能検定の取組を中心に――　京都ノートルダム女子大学 「こども教育研究」刊行会　こども教育研究，**4**，１-11．
Pearpoint, J., O'Brein, J., & Forest, M. (2001). PATH: Planning Alternative Tomorrows with Hope: A Workbook for Planning Possible Positive Futures. (2nd Ed., 4th printing, 2001), Inclusion Press, Toronto.
Super, D. E. (1980). Life - Career Rainbow, A life - span, life - space, approach to career development. *Journal of Vocational Behavior*, **13**, 282－298.
ドナルド E． スーパー，中西 信男（訳）（1986）．D. E スーパー「キャリア心理学における発展」講演要旨　進路指導研究 , **7**，34-41．
涌井 恵（2009）．本人中心アプローチによる障害のある子どもの支援の輪作りに関する事例報告―小学生へのPATH（Planning Alternative Tomorrow with Hope）の実施　国立特別支援教育総合研究所　教育相談年報，**30**，１－６．

第15章
肢体不自由児の保護者や関係機関との連携

大井雅博

障害のある子どもたちの教育や生活支援を進めるには，学校だけでなく保護者をはじめ関係機関等との連携が不可欠である。特に肢体不自由の子どもたちは，就学前の早期から医療機関や福祉機関を利用しているケースがほとんどである。子どもたちに対し早期からの一貫した支援が行えるよう，特に就学時に幼稚園や保育所，療育センター等，そして医療機関や福祉機関からの情報の引継ぎが重要となる。また，在学時には教育機関が中心となって，子どもたちの支援についての計画を作成し，各関係機関等との連携を進めていく必要がある。

ここでは，教育機関が子どもたちの支援や関係機関との連携等を進めていくために必要な「個別の教育支援計画」について，その位置づけや作成・活用について解説する。そして，肢体不自由のある子どもたちが利用する関係機関について，その役割や制度について理解を深めることで，教育機関と関係機関等の連携を進め，障害のある子どもたちの教育や生活の充実を目指すことを目的とする。

1 個別の教育支援計画

障害のある子どもたちが在籍する学校と保護者や関係機関が連携し，子どもたちのよりよい教育や日常生活の支援を行うことは非常に重要である。連携を進めるにあたっては，計画的，組織的に進める必要があるためツールが必要となる。そのツールが個別の教育支援計画である。

特別支援学校学習指導要領（平成29年４月告示）第１章第５節の１の（５）には，「家庭及び地域並びに医療，福祉，保健，労働等の業務を行う関係機関との連携を図り，長期的な視点で児童又は生徒への教育的支援を行うために，個別の教育計画を作成すること」と記されている。また，特別支援学校学習指導要領解説総則編（平成30年３月）には，個別の教育支援計画について詳しく解説されている。以下，その解説から必要事項について抜粋して記す。

- 特別支援学校の教育においては，これまでも指導計画作成等に当たって配慮すべき事項として，家庭，児童福祉施設，医療機関等との連携を図る指導の効果を上げることが示されており，児童生徒一人一人の障害等に応じて保護者はもとより，関係機関等との連携に努めてきた。
- 障害者基本計画では，障害のある子どもたちの生涯にわたる継続的な支援のために「個別の支援計画」を作成することが示されているが，このうち幼稚園（幼稚部）から高等学校（高等部）に在籍する子どもたちについて，在籍する教育機関が中心となって作成するものが「個別の教育支援計画」である。
- 障害のある子どもたちは，学校生活だけでなく家庭生活や地域での生活を含め，長期的な視点で幼児期から学校卒業後までの一貫した支援を行うことが重要であるため，教育関係者のみならず，家庭や医療，福祉などの関係機関と連携するため，それぞれの側面からの取組を示した個別の教育支援計画を作成し活用することが求められる。
- 個別の教育支援計画の作成を通して，子どもたちの支援の目標を長期的な視点から設定することは，学校が教育課程の編成の基本的な方針を明らかにする際，全教職員が共通理解をすべき大切な情報となる。
- 就学前に作成される個別の支援計画等を就学先が引き継ぎ，適切な支援等を設定したり，進路先に在学中の支援の目的や教育的支援の内容を伝えたりするなど，就学前から就学時，卒業後の進学先まで，切れ目ない支援を行うことが大切である。その際，個別の教育支援計画には，多くの関係者が関与することから，保護者の同意を事前に得るなど個人情報の適切な取扱いに十分留意することが必要である。

個別の支援計画と個別の教育支援計画の概要を図示すると図15-１のようになる。

大切なことは，障害のある子どもたちが早期から生涯にわたり教育機関を含

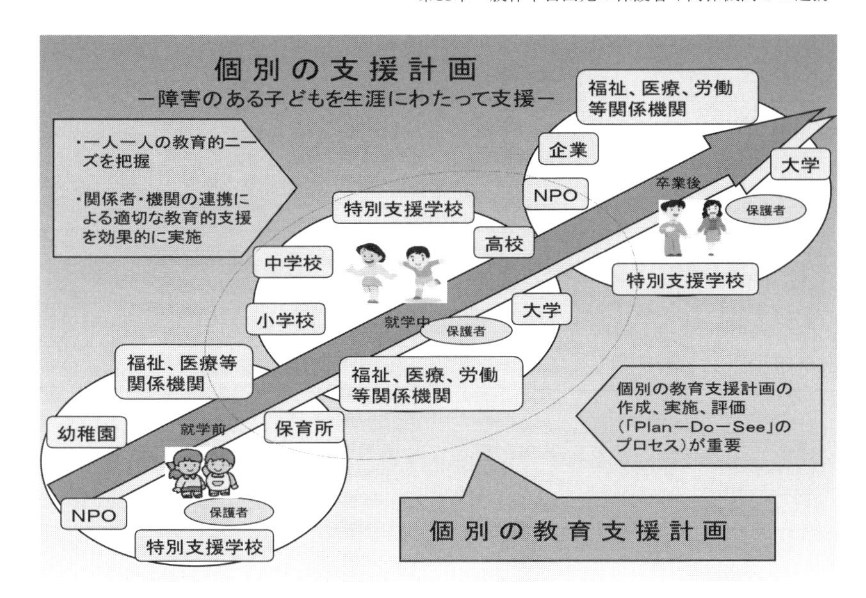

図15-1　個別の支援計画と個別の教育支援計画

出典：独立行政法人国立特殊教育総合研究所『「個別の教育支援計画」の策定に関する実際的研究』17頁（平成18年）.

め関係機関が連携して一貫した支援を受けられるようにすることである。そのために，個別の教育支援計画は必要なツールとなる。

それでは，個別の教育支援計画は，どのように作成すればよいのか。

まず，個別の教育支援計画の様式であるが，すでに多くの学校等では独自の様式で作成が進められている。そのような場合は，それぞれ所定の様式を使用することとなる。また，文部科学省でも Web で参考様式を公開している*。

＊文部科学省　個別の教育支援計画の参考様式について
https://www.mext.go.jp/a_menu/shotou/tokubetu/material/1340250_00005.htm

この様式について，記述方法の説明も添えられているので，是非参考にしていただきたい。

個別の教育支援計画の記載内容について，この様式に基づき説明する。この様式では，「プロフィールシート」と「支援シート」の２つから構成される。

プロフィールシートには，本人の名前，生年月日，保護者名，住所等の個人情報，在籍している学校・学級等の状況を記載する。さらに，これまで在籍した教育機関，発達検査等の記録，支援を受けている関係機関及び利用状況等を記載する。

支援シートでは，本人・保護者の願い，学校・家庭での様子，支援の目標，合理的配慮を含む支援の内容，支援の目標に対する関係機関等との連携について記載することとなっている。さらに作成・活用の後，支援の目標の評価，引継ぎ事項等を記載することとなっている。最後に，保護者の確認欄が設けられている。

作成については，各教育機関において対象の子どもの担任を中心として進めることとなる。支援会議（ケース会議）や校内委員会等を開催し，関係機関の担当者と教員が検討のうえ，支援内容等について決定していくことが本来の方法であるが，現実的には日程調整などに課題があり難しい。しかし，教育機関が関係機関から情報を得ながら，作成を進める必要がある。また，教育機関が作成した個別の教育支援計画について，何らかの方法で確認を進める必要もある。それは，支援を必要とする子どもに対し，関係機関が連携し統一した支援を行うことが求められるからである。

個別の教育支援計画については，早期から関係機関と教育機関が連携し，一貫した支援を継続することに意味がある。決して作成することのみに注力するのではなく，関係者による情報の共有と引継ぎが目的であることを忘れずに有効に活用していく必要が求められる。

2　医療機関等との連携

関係機関との連携について，特に肢体不自由の子どもたちは医療機関との連携が重要となる。特別支援学校学習指導要領解説自立活動編（平成30年３月）には，「自立活動の個別の指導計画の作成や実際の指導に当たっては，専門の医師及びその他の専門家との連携協力を図り，適切な指導ができるようにする必要がある」と示されている。さらに「専門医師をはじめ，理学療法士，作業療法士，言語聴覚士，心理学や教育学の専門家との連携協力をして，必要に応じて，指導・助言を求めたり，連携を密にしたりするなどを意味している」と記されている。

肢体不自由の子どもたちの特に身体面の指導に当たっては，同解説には具体的な例として次のように示されている。

- 内臓や筋の疾患がある幼児児童生徒の運動の内容や量，脱臼や変形がある幼児児童生徒の姿勢や動作について，専門の医師からの指導・助言を得ることの必要性
- 姿勢や歩行，日常生活や作業上の動作，接触動作等についての心身の機能の評価及び指導を進めるために理学療法士，作業療法士，言語聴覚士等からの指導・助言を得ることの必要性

肢体不自由の子どもたちは，定期的に専門の医療機関や療育センター等に通院しているケースが多い。本人，保護者及び各機関等の了承を得たうえで，教員が通院同行することで，指導や支援についての情報を共有することが望ましい。その際，個別の指導計画に記載された各授業での目標や指導・支援内容に基づき，さらに医療的な側面から確認したい内容，助言内容等を示し，医療機関等の担当者から指導・助言等を得るように進める必要がある。そのためにも教員は，肢体不自由についての一般的な医療の知識，医療に関する専門用語等について理解を進めておく必要がある。また，この機会に個別の教育支援計画に基づき学校生活のみならず家庭での日常生活における支援や配慮について，学校と保護者，医療機関が共通理解を進めるのもよい。

保護者から，肢体不自由児の療育についての情報を教員に尋ねられるケースがある。全国の肢体不自由児の療育センター等については，全国肢体不自由児施設運営協議会 Web に一覧が示されているので参考となる*。

＊全国肢体不自由児施設運営協議会　http://www.unkyo.jp/link/

また，一般社団法人日本作業療法士協会では，子どもの発達などについての相談も行っている。医療機関にかかっていない子どもたちや作業療法を受けて

いない子どもたちの学校での教育に関する作業療法や発達に関する相談を行い指導や支援のヒントを得たり，子どもたちを作業療法等の療育につないだりする連携を行うことができる。さらに，公益財団法人東京都理学療法士協会では，小児リハビリテーションの情報として「東京都小児リハビリテーションマップ」を作成している。このような情報を活用してリハビリテーション機関と学校との連携の構築を目指す方法もある。特に特別支援教育コーディネーターや自立活動専任教諭などは，各地域でのこのような情報を収集し，相談があればすぐに対応できるように準備していくことが望ましい。

医療機関等では，診察やリハビリテーションだけでなく，補装具や車イス，座位保持装置等の製作も行う。製作の際は，学校での活動も想定して要望を伝えるとよい。たとえば，車イスに装着するテーブルの形状や仕様，また常時VOCAやタブレット端末を使用しているのであれば，そのような状況を伝え，機器を固定するスタンド等の着脱を想定した仕様の依頼等，学校生活や日常生活でより活用しやすいように製作されることが望まれる。なお，補装具や車イス等を製作，購入する際には公的な支援を受けることができる。手続きについては，医療機関等が進めることになるが，制度について理解しておく必要がある。

3　福祉機関との連携

補装具等の購入について，公的制度があることについて述べたが，具体的な例について説明する。

まず，肢体不自由の子どもたちが身体障害者手帳の交付を受けることから始まる。就学する子どもたちについては，すでに身体障害者手帳の交付を受けていることがほとんどであるが，一般的な流れについて説明する。

身体障害者手帳を交付する機関は居住する自治体となる。各市町村の福祉事務所や障害福祉担当課等に出向き，申請に必要な書類と医師に作成してもらう診断書・意見書の書式を受け取ることから始まる。病院を受診し，その診断書・意見書を作成してもらうことになる。その際，医療機関が指定されている場合がある。診断書・意見書を受け取るときに指定医療機関について確認する必要がある。診断書・意見書及び申請に必要な書類等を再び担当課等に提出し審査の後，身体障害者手帳が交付される。交付までには通常１～２ヶ月程度の機関を要する。身体障害者手帳の肢体不自由についての等級を表15-１に示す。

次に，補装具の制度について説明する。補装具とは，障害者等の身体機能を補完し，または代替し，かつ，長期間にわたり継続して使用されるもの等。義肢，装具，車イス等とされており，肢体不自由児に該当する補装具は，車イス，電動車イス，座位保持イス，座位保持具，歩行器，頭部保持具，排便補助具，歩行補助つえ，重度障害者用意思伝達装置がある。

たとえば，肢体不自由児が診察やリハビリテーションで医療機関を利用している場合，その医療機関で車イスや座位保持具等の製作を行うケースがほとんどである。補装具費の申請については利用者，この場合保護者が該当の市町村の窓口に申請を行う。支給の手続きは図15-２に示す。

また，補装具の項目の中に「重度障害者用意思伝達装置」がある。これは，たとえば重度肢体不自由障害のため発声ができなかったり，パソコンでのマウスやキーボードの使用が困難であったりする場合，指先のわずかな動きや呼気，瞬きなどによりスイッチ操作を行うことで，パソコン入力を可能にし，文書作成やメール，コミュニケーションエイドとしての利用や，エアコンやテレビなど家電製品のリモコンの代用として，環境制御装置として使用するものである。よく知られている製品として「伝の心」（株式会社日立ケーイーシステムズ），「ファインチャット」（アクセスエール株式会社）（図15-３）などがある。また，視線入力で操作できる「OriHime eye+Switch」（オリィ研究所）もあり，これらの製品は補装具費支給制度に適合するように設定されている。申請の対象になるか否かは障害の状況等によるため，すべての子どもたちがこれらの製品を利用するに当たって公的な補助が受けられるとは限らないので，これらの販売元や各自治体に問い合わせ確認する必要がある。

表15-1　身体障害者障害程度等級表

級別	肢体不自由	
	上肢	下肢
1級	1　両上肢の機能を全廃したもの 2　両上肢を手関節以上で欠くもの	1　両下肢の機能を全廃したもの 2　両下肢を大腿の2分の1以上で欠くもの
2級	1　両上肢の機能の著しい障害 2　両上肢のすべての指を欠くもの 3　一上肢を上腕の2分の1以上で欠くもの 4　一上肢の機能を全廃したもの	1　両下肢の機能の著しい障害 2　両下肢を下腿の2分の1以上で欠くもの
3級	1　両上肢のおや指及びひとさし指を欠くもの 2　両上肢のおや指及びひとさし指の機能を全廃したもの 3　一上肢の機能の著しい障害 4　一上肢のすべての指を欠くもの 5　一上肢のすべての指の機能を全廃したもの	1　両下肢をシヨパー関節以上で欠くもの 2　一下肢を大腿の2分の1以上で欠くもの 3　一下肢の機能を全廃したもの
4級	1　両上肢のおや指を欠くもの 2　両上肢のおや指の機能を全廃したもの 3　一上肢の肩関節，肘関節又は手関節のうち，いずれか一関節の機能を全廃したもの 4　一上肢のおや指及びひとさし指を欠くもの 5　一上肢のおや指及びひとさし指の機能を全廃したもの 6　おや指又はひとさし指を含めて一上肢の三指を欠くもの 7　おや指又はひとさし指を含めて一上肢の三指の機能を全廃したもの 8　おや指又はひとさし指を含めて一上肢の四指の機能の著しい障害	1　両下肢のすべての指を欠くもの 2　両下肢のすべての指の機能を全廃したもの 3　一下肢を下腿の2分の1以上で欠くもの 4　一下肢の機能の著しい障害 5　一下肢の股関節又は膝関節の機能を全廃したもの 6　一下肢が健側に比して10センチメートル以上又は健側の長さの10分の1以上短いもの
5級	1　両上肢のおや指の機能の著しい障害 2　一上肢の肩関節，肘関節又は手関節のうち，いずれか一関節の機能の著しい障害 3　一上肢のおや指を欠くもの 4　一上肢のおや指の機能を全廃したもの 5　一上肢のおや指及びひとさし指の機能の著しい障害 6　おや指又はひとさし指を含めて一上肢の三指の機能の著しい障害	1　一下肢の股関節又は膝関節の機能の著しい障害 2　一下肢の足関節の機能を全廃したもの 3　一下肢が健側に比して5センチメートル以上又は健側の長さの15分の1以上短いもの
6級	1　一上肢のおや指の機能の著しい障害 2　ひとさし指を含めて一上肢の二指を欠くもの 3　ひとさし指を含めて一上肢の二指の機能を全廃したもの	1　一下肢をリスフラン関節以上で欠くもの 2　一下肢の足関節の機能の著しい障害
7級	1　一上肢の機能の軽度の障害 2　一上肢の肩関節，肘関節又は手関節のうち，いずれか一関節の機能の軽度の障害 3　一上肢の手指の機能の軽度の障害 4　ひとさし指を含めて一上肢の二指の機能の著しい障害 5　一上肢のなか指，くすり指及び小指を欠くもの 6　一上肢のなか指，くすり指及び小指の機能を全廃したもの	1　両下肢のすべての指の機能の著しい障害 2　一下肢の機能の軽度の障害 3　一下肢の股関節，膝関節又は足関節のうち，いずれか一関節の機能の軽度の障害 4　一下肢のすべての指を欠くもの 5　一下肢のすべての指の機能を全廃したもの 6　一下肢が健側に比して3センチメートル以上又は健側の長さの20分の1以上短いもの

出典：身体障害者福祉法施行規則別表第5号.

体幹	乳幼児期以前の非進行性の脳病変による運動機能障害	
	上肢機能	移動機能
体幹の機能障害により坐っていることができないもの	不随意運動 ・失調等により上肢を使用する日常生活動作がほとんど不可能なもの	不随意運動 ・失調等により歩行が不可能なもの
1　体幹の機能障害により坐位又は起立位を保つことが困難なもの 2　体幹の機能障害により立ち上がることが困難なもの	不随意運動 ・失調等により上肢を使用する日常生活動作が極度に制限されるもの	不随意運動 ・失調等により歩行が極度に制限されるもの
体幹の機能障害により歩行が困難なもの	不随意運動 ・失調等により上肢を使用する日常生活動作が著しく制限されるもの	不随意運動 ・失調等により歩行が家庭内での日常生活活動に制限されるもの
	不随意運動 ・失調等による上肢の機能障害により社会での日常生活活動が著しく制限されるもの	不随意運動 ・失調等により社会での日常生活活動が著しく制限されるもの
体幹の機能の著しい障害	不随意運動 ・失調等による上肢の機能障害により社会での日常生活活動に支障のあるもの	不随意運動 ・失調等により社会での日常生活活動に支障のあるもの
	不随意運動 ・失調等により上肢の機能の劣るもの	不随意運動 ・失調等により移動機能の劣るもの
	上肢に不随意運動・失調等を有するもの	下肢に不随意運動・失調等を有するもの

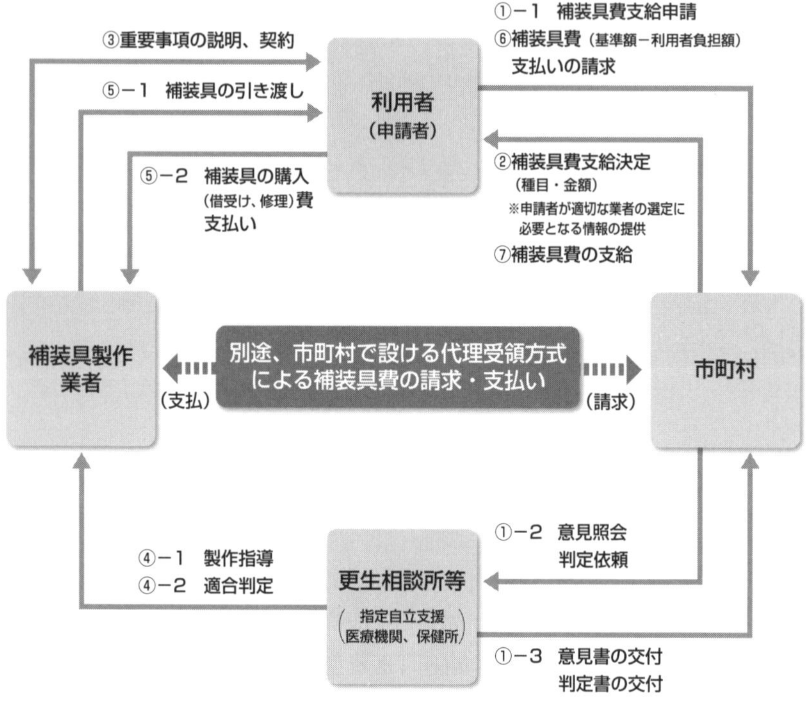

図15- 2　補装具費の支給の仕組み

出典：全国社会福祉協議会「障害者自立支援法のサービス利用説明パンフレット」（2021年４月版）.

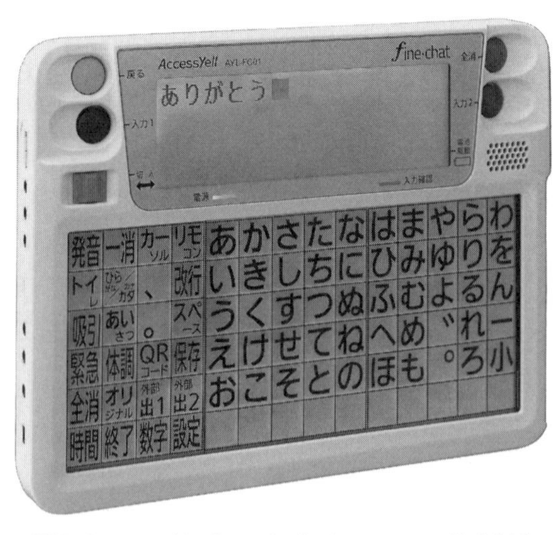

図15- 3　ファインチャット（アクセスエール株式会社）

4 障害のある子どものための福祉サービスと制度

障害のある子どもたちへの支援はもちろん必要であるが，それに加えて保護者や家族への支援についても忘れてはならない。

2012年の改正児童福祉法の施行により「児童発達支援センター」が創設された。児童発達支援センターの役割は，児童発達支援を行うほか，施設の有する専門性を活かし，地域の障害児やその家族への相談，障害児を預かる家族への援助・助言を合わせて行う地域の中核的な療育支援施設とされている。厚生労働省が策定している「第６期障害福祉計画・第２期障害児福祉計画」には，「令和五年度末までに，児童発達支援センターを各市町村に少なくとも一カ所以上設置することを基本とする」と示している。児童発達支援センターは，日常生活についての相談支援のほか，必要な支援を提供するため関係機関と調整を図っている。その関係機関に，児童福祉法に基づく障害児通所施設がある。障害児通所施設には「児童発達支援」「医療型児童発達支援」「放課後等デイサービス」「保育所等訪問支援」がある。

「児童発達支援」は，主に未就学の障害のある子どもに対し，発達障害センター等において日常生活における基本的な動作の指導，知識技能の付与，集団生活への適応訓練等を行うものであり，児童発達支援センターに医療機能を加えたサービスを「医療型児童発達支援」といい，肢体不自由児など心身の発達の遅れや障害のある子どもを対象としている。

児童発達支援が就学前の子どもを対象としているのに対して「放課後等デイサービス」は小学校（小学部）入学から高等学校（高等部）卒業までの就学時を対象としている。

「保育所等訪問支援」は，訪問支援事業所の職員（児童指導員，保育士，理学療法士，作業療法士，心理担当職員等）が，保育所や幼稚園，学校，放課後児童クラブ等を訪問し，障害のない子どもとの集団生活への適応のための専門的な支援を行うものである。

なお厚生労働省では，「放課後等デイサービスガイドライン」「児童発達支援

表15-2　放課後等デイサービスガイドラインに示された基本活動

ア　自立支援と日常生活の充実のための活動
　子どもの発達に応じて必要となる基本的日常生活動作や自立生活を支援するための活動を行う。子どもが意欲的に関われるような遊びを通して，成功体験の積み増しを促し，自己肯定感を育めるようにする。将来の自立や地域生活を見据えた活動を行う場合には，子どもが通う学校で行われている教育活動を踏まえ，方針や役割分担等を共有できるように学校との連携を図りながら支援を行う。
イ　創作活動
　創作活動では，表現する喜びを体験できるようにする。日頃からできるだけ自然に触れる機会を設け，季節の変化に興味を持てるようにする等，豊かな感性を培う。
ウ　地域交流の機会の提供
　障害があるがゆえに子どもの社会生活や経験の範囲が制限されてしまわないように，子どもの社会経験の幅を広げていく。他の社会福祉事業や地域において放課後等に行われている多様な学習・体験・交流活動等との連携，ボランティアの受け入れ等により，積極的に地域との交流を図っていく。
エ　余暇の提供
　子どもが望む遊びや自分自身をリラックスさせる練習等の諸活動を自己選択して取り組む経験を積んでいくために，多様な活動プログラムを用意し，ゆったりとした雰囲気の中で行えるように工夫する。

出典：放課後等デイサービスガイドライン.

ガイドライン」を策定している。学校との円滑な連携を実施するためにも一読し理念や制度の理解に努めることが求められる。

5　放課後等デイサービス

　現在，特別支援学校など障害のある子どもたちの多くが放課後等デイサービスを利用している。国民健康保険団体連合会（国保連）のデータによると，2021年度は全国で一月平均27万4,414人もの子どもたちがこのサービスを利用している。

　放課後等デイサービスは，児童福祉法第６条の２第４項の規定に基づき学校に就学している障害児に，授業の終了後または休業日に，生活能力の向上のために必要な訓練，社会との交流の促進その他の便宜を供与することとされている。つまり，単なる保育の機関ではなくさまざまな活動を提供している施設である。

　利用する子どもたち一人ひとりの状態に即した放課後等デイサービス計画に沿った発達支援を行うこととなる。また，子どもに必要な支援を行う上で，学校との役割分担を明確にし，学校で作成される個別の教育支援計画等と放課後等デイサービス計画を連携させる等により，学校と連携を積極的に図ることが求められると，放課後等デイサービスガイドラインには示されている。加えて，年間計画や学校行事等の共有，子どもの下校時刻の確認，施設の職員が学校の行事や授業参観に積極的に対応することが望ましいとも記されている。

このガイドラインには，施設における基本活動も示されている（表15-2）。放課後等デイサービス計画に沿って，基本活動を複数組み合わせて支援を行うことが求められている。

学校としても積極的に子どもたちが利用している放課後等デイサービスと連携をとり，学校での活動と放課後等デイサービスでの活動が有機的に機能し，子どもたちの活動の充実が図れるよう取り組みを進める必要が求められる。

しかしながら，放課後等デイサービスは，知的障害や発達障害のある子どもたちの利用が多く，すべての施設で肢体不自由のある子どもたちの受け入れを行っているわけではない。特に，医療的ケアの必要な子どもたちの受け入れを行っている施設になると限定的である。厚生労働省2020年度障害福祉サービス等報酬改定検証調査によると，医療的ケア児を受け入れている放課後等デイサービスは19.6%，現在受け入れておらず今後も受け入れの検討をしていない施設は61.7%となっている。医療的ケアの子どもたちや重度重複障害の子どもたちが放課後等デイサービスを利用する場合，学校での体調や医療的ケアの状況等を施設に伝え，子どもたちが安全に安心して利用できるようにしなくてはならない。

児童福祉法の改正により，障害のある子どもたちが身近な地域で，放課後等デイサービスなどの支援が受けられるようになり，それまで学校での授業が終了するとスクールバスや保護者送迎により帰宅していた子どもたちが，放課後等デイサービスでの活動を経て帰宅することとなり，保護者への負担が軽減されることとなった。また，「日中一時支援」という制度もある。これは，障害者総合支援法に基づいた地域生活支援事業であり，各自治体における任意事業となる。そのため，自治体によって目的や内容が異なることに注意しなくてはならない。厚生労働省通達では「日中一時支援事業は，障害者の日中の活動の場を確保し，障害者などの家族の就労支援や，日常的に障害者を介助している家族の一時的な休息を目的とする」とされている。さまざまな事情で保護者が一時的に子どもの面倒が見られなくなることがある。日中の支援で済むことや場合によっては数日になることもある。この場合でも，肢体不自由のある子どもの受け入れ施設は限定されることがあるので，学校として日中一時支援が受けられる施設を確認しておく必要がある。このような施設利用の保護者からの相談は突発的になる。いざというときに備え，情報を収集しておき迅速に対応することが求められる。

6　学校，保護者，関係機関が連携を進めるために

障害のある子どもたちが就学している期間，学校が中心となり関係機関と連携を図ることは言うまでもない。そのために，子どもが利用している医療機関，福祉制度などを把握し，その履歴を個別の教育支援計画に記録していく必要がある。そして必要に応じて学校から関係機関を訪ねたり，情報共有を図ったりしいくことが大切である。たとえば，対象となる子どもの障害の状況が変わったり，生活環境に著しい変化があったりしたとき，学校だけで解決が困難な場合，関係機関の担当者が集まって支援会議（ケース会議）等を開催することがある。この場合も学校主導で行う必要があり，事前に会議への参加者の調整，資料の準備，会議で解決しなければならない事項，時間設定などを行う。関係機関の担当者もその多くが多忙であるため，出席できない場合は事前に意見を聴取する等も必要となる。またコロナ禍以降，リモートでの会議が開催広く行われるようになってきた。移動時間の削減等も図れるため必要に応じて活用することも有効である。

学校は，学年が替わるごとに担任が替わっていくことは，どうしても避けられない。このようなことを医療機関の方から伺ったことがある。「子どもへの支援は，やはり保護者が中心となって学校や関係機関と情報共有を進めることが一番である。」このようなことを言われた。通院に常時教員が引率するわけではない。保護者が家庭での状況，学校での状況を通院時に医療機関に伝えることになる。学校でも個別の教育支援計画，個別の指導計画等を引き継ぐこと

で担任が替わっても継続した指導や支援に取り組むが，やはり一番長い時間継続して子どもと接している保護者の情報が大切である。だからこそ，担任は保護者に日々の子どもの様子を的確に伝え，家庭との情報を共有しておく必要がある。その上で，必要な関係機関と直接，あるいは特別支援教育コーディネーター等を通して連携を進める必要があると考える。

学習課題

① 個別の教育支援計画と個別の指導計画の役割や内容の違いについて説明できるように整理しましょう。
② 居住している地域の肢体不自由の子どもたちの診察を行っている病院や小児のリハビリテーションを行っている病院や療育機関を調べましょう。

参考文献

厚生労働省（2015）．放課後等デイサービスガイドライン
厚生労働省（2017）．児童発達支援ガイドライン
文部科学省（2018）．特別支援学校学習指導要領解説自立活動編（平成30年３月）

人名索引

事項索引

A-Z

ア行

タ行

ナ行

ハ行

マ行

ヤ行

ラ・ワ行

執筆者紹介（執筆担当，執筆順）

金森 克浩（かなもり・かつひろ） はじめに
編著者紹介参照。
大森 直也（おおもり・なおや） はじめに，第１章
編著者紹介参照。

山崎 智仁（やまざき・ともひと，旭川市立大学経済学部） 第２章
鴨下 賢一（かもした・けんいち，リハビリ発達支援ルームかもん〔福津市〕） 第３章
小玉 武志（こだま・たけし，北海道済生会小樽病院 みどりの里） 第３章
中村　晋（なかむら・すすむ，帝京大学教育学部） 第４章
水内 豊和（みずうち・とよかず，島根県立大学人間文化学部） 第５章
船橋 篤彦（ふなばし・あつひこ，広島大学大学院人間社会科学研究科） 第６章
髙橋 知義（たかはし・とものり，株式会社 LikeLab 保育所等訪問支援事業 Switch） 第７章
西村 健一（にしむら・けんいち，島根県立大学人間文化学部） 第８章
樫木 暢子（かしき・ながこ，愛媛大学大学院教育学研究科） 第９章
下川 和洋（しもかわ・かずひろ，地域ケアさぽーと研究所〔小平市〕） 第10章
佐野 将大（さの・しょうだい，香川県立高松支援学校） 第11章
新谷 洋介（あらや・ようすけ，金沢星稜大学人間科学部） 第12章
坂口しおり（さかぐち・しおり，東京都立八王子西特別支援学校） 第13章
太田 容次（おおた・ひろつぐ，京都ノートルダム女子大学現代人間学部） 第14章
大井 雅博（おおい・まさひろ，帝京大学教育学部） 第15章

編著者紹介

金森 克浩（かなもり・かつひろ）
現在　帝京大学教育学部 教授
主著『特別支援教育』（共著）ミネルヴァ書房，2019年。
『新しい時代の特別支援教育における支援技術活用とICTの利用』（共著）ジアース教育新社，2022年。
『支援機器を用いた合理的配慮概論』（共著）建帛社，2021年，ほか。

大森 直也（おおもり・なおや）
現在　浜松学院大学現代コミュニケーション学部 教授
主著『特別支援教育を支える行動コンサルテーション――連携と共同を実現するためのシステムと技法』（共著），学苑社，2004年。
『実践特別支援教育とＡＴ第１集～第７集』（共著），明治図書，2012～2016年。
『特別支援学校 新学習指導要領・授業アシスト 自立活動』（共著），明治図書，2022年。

肢体不自由児の心理

2024年４月20日　初版第１刷発行　〈検印省略〉

定価はカバーに表示しています

編著者　金森克浩　大森直也
発行者　杉田啓三
印刷者　中村勝弘

発行所　株式会社　ミネルヴァ書房
607-8494　京都市山科区日ノ岡堤谷町1
電話(075)581-5191／振替01020-0-8076

中村印刷・吉田三誠堂製本

ISBN978-4-623-09693-0

Printed in Japan